网上思想文化阵地建设研究

孟宪平　张文君◎著

WANGSHANG SIXIANG WENHUA ZHENDI
JIANSHE YANJIU

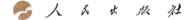

人民出版社

目　　录

绪论　网上思想文化阵地建设的
研究理路

　　"网络与数字时代"提供了什么样的文化环境？带来了什么变化？提出了什么要求？对网上思想文化阵地建设有何影响？在"量态"上的表现是什么？在"质态"上的表现是什么？中华文化的增量和存量与影响力有何关系？在总体认识上，要把这些方面连成一体，在逻辑上、结构上和意义上形成连贯的思路，最终落脚在网上思想文化阵地的建设和巩固上，并在理念定位、方法构设、路径选择、实践方式上体现全局性、前瞻性、整体性。这是本书研究的基本目标。

一、研究的价值或意义

　　建设网上思想文化阵地是巩固马克思主义指导地位的重要保障。从 20 世纪 90 年代开始，互联网时代在社会舞台上崭露头角，并以飞快的速度在人们现实生活中生根发芽。由网络媒介的广泛运用所催生的新的文化形态中,人们的思维和行为有了新变化和新特征,一方面,网络思想文化为人们提供了新空间。网络思想文化打破了时空局限,将整个世界用网络文化连在一起,以无障碍、高效率传导的资讯媒介赋予了不同地域人们第一时间的"在场感",对推进民主政治建设、发展信息化产业产生了重要的影响。另一方面,当我们在快速便捷、充满诱惑的网络文化海洋中尽情徜徉时,也感到作为一把"双刃剑"的网络文化,其海底布满了礁石、海草与鲨鱼。当我们打开网络空间大门,通过网络平台汲取世界先进文化养分的同时,也给了不良文化思潮可乘之机。不良网络传播主体编造虚假新闻,误导网民舆论倾向;西方各种文化思潮进行网络文化渗透,歪曲中国共产党的历史,夸大西方文化优势,严重冲击我国主流意识形态的地位。纷繁复杂的网络文化对网民的信息甄别力提出了更高的要求。建设网上思想文化阵地,坚持马克思主义在我国意识形态的主导地位不动摇,将各级各类媒体都置于党的领导之下,严格审查各类网络媒体平台,对网络文化信息进行严密监控与筛查,有利于抵制文化霸权主义;坚持党在网络宣传阵地、舆论阵地的绝对领导权,用社会主义核心价值观引导网民网络行为,是高举马克思主义旗帜,巩固马克思主义指导地位的重要体现。

建设网上思想文化阵地是提升中国特色社会主义文化自信的重要途径。随着互联网技术的普及,越来越多的人开始加入网络空间。网络文化的受众主体由城镇网民、中青年网民逐渐向农村网民和中老年网民扩张,网络文化的主体数量越来越多,范围也越来越大,它已经成为最具影响力的一种文化形态。但是,网络空间里充斥着暴力文化、恶搞文化、庸俗文化等,需要我们细加甄别;个别网络传播主体的道德价值与经济价值发生冲突,不良欲望超越了道德和法律的边界,为博取网民眼球、换取更高点击量,背离信息传播的宗旨,以假乱真,嫁接信息,窥探网民隐私,网络侵权、网络诈骗、网络信息污染事件时有发生。建设网上思想文化阵地,将博大精深的中华优秀传统文化、独特鲜明奋发向上的革命文化,以及继往开来、承前启后的社会主义先进文化灌输到网络空间中,借助快速便捷、超越时空差异的网络平台将中国特色社会主义先进文化的种子播撒到全国各地、世界各地,发扬中国特色社会主义的魅力与活力,用中国特色社会主义文化来抵制粗鄙的网络文化,切实提高我国的文化自信。

建设网上思想文化阵地是建设网络强国,是构建网络命运共同体的必然要求。党和国家在互联网进入中国起就非常重视网络文化的建设和发展。党的十六大、十七大、十八大、十九大报告中都对网络文化管理提出了要求。同时,习近平总书记在多次讲话中强调了加强阵地意识、掌握舆论引导权、建设网络强国的重要性,并在世界互联网大会上提出构建网络命运共同体的理念,指出网络空间是人类共同的活动空间,同时互联网发展具有无国界、无边界的特点,倡议各国联合起来共同发展好、治理好网络空间,构建网络空间命运共同体。党中央对互联网及网络文化管理建设要求体现了对网上思想文化阵地建设的高度重视,体现了建设网络强国和构建网络空间命运共同体的重要意义。

二、相关研究的学术史梳理

随着互联网逐渐融入人们的生活,学界由深到浅、由点到面地从网络文化以及网上思想文化阵地建设等方面进行了研究,取得了丰硕的成果,主要观点集中在以下几个方面。

1. 关于网络文化内涵的研究

学术界关于网络文化内涵的界定,由于研究者的视角和侧重点不同,表述和理解也不尽相同。总的来说,对网络文化内涵表述的侧重点主要表现在网络文化内容、网络文化载体、网络文化的本质和网络文化的特征。从网络文化内容的角度分析:学界关于网络文化内容的界定有"三分法"和"五分法"。周鸿铎、宋学清、陶善耕等学者按照网络文化内容的性质,将网络文化的内容分为三种:网络物质文化、网络行为文化和网络精神文化;彭兰等学者按网络文化内容的表现形式,将网络文化的内容分为五种:网络文化行为、网络文化产品、网络文化事件、网络文化现象、网络文化精神。周鸿铎提出网络文化是在计算机技术的基础上,包括制度、行为、心理等文化内容的综合文化。① 陶善耕、宋学清在《网络文化管理研究》一书中指出网络文化是改变人们行为方式、思维方式的形态文化的总和。程正彪和周毅在对网络文化进行阐释时侧重

---

① 周鸿铎:《发展中国特色网络文化》,《山东社会科学》2009 年第1 期。

于网络文化精神层面的内容,程正彪在《网络背景下教师信息素养论纲》中,提出网络活动除了依托于物质层面的内容,更体现了道德规范、价值取向、审美情趣、道德观念、社会心理等精神层面的内容。周毅提出,网络文化是信息技术和经济支持基础上的精神创造活动及其成果,网络文化的内涵包括人的心理、知识、思维、价值和行为方式等方面的内容。① 彭兰从网民在网络空间所进行的行为活动、在传播过程中的盈利文化产品和原创文化产品、在网络虚拟社会中所出现的带有文化意义的事件、行为产品以及在网络社会中所体现出的精神层面的特质等方面进行细致分析,得出网络文化由网络文化行为、网络文化产品、网络文化事件、网络文化现象、网络文化精神五个部分组成的结论。②

　　学界关于网络文化载体的认定比较一致,认为互联网技术的发展应用带动了网络文化的发展。张相轮从较为宏观的角度分析得出电脑上体现的文化就是网络文化。王文宏、许萍丽在《网络文化与文化霸权主义》一文中指出,网络文化是"节点与边"的组合,以互联网技术节点为中心,由此辐射出网络医疗、网络交通、网络教育等若干领域的发展。尹韵公高度评价了网络文化的发展所呈现的靓丽文化景观,指出网络文化是一种综合视觉符号、语言符号和听觉符号等多种符号融为一体的,传递情感、信念、文化,并开展彼此之间交流的义化表达方式,这种文化的表达是以互联网和

---

① 周毅:《网络文化释义》,《重庆交通学院学报(社会科学版)》2003年第4期。

② 彭兰:《网络文化发展的动力要素》,《新闻与写作》2007年第4期。

手机为依托进行的。① 以李仁武、祁林、孟建为代表的学者认为网络文化的本质是将真实世界建构在互联网技术基础之上的虚拟反映。李仁武在《网络与当代社会文化》中指出：网络文化是"一种反映社会现实的文化形态"。孟建、祁林在《网络文化论纲》中借鉴电视与电视文化形成的过程，从文化是一种生活方式的角度入手，得出网络文化也是互联网所形成的一种生活方式。随着互联网技术的发展，人们在生活中逐渐习惯了在网络空间中活动，人们行为方式和生活习惯就逐步积累起来，网络文化也就形成了一种生活方式。丁三青认为分析网络文化要从网络文化模式、网络文化内容、网络文化本质三个角度作为切入点进行研究。从网络文化模式来看，网络文化是一种新型的文化样态，是互联网技术将改造自然、社会和人的活动客体化的成果，是技术与文化的联姻；从网络文化的本质来看，是"以真实世界为摹本通过复制、仿真而虚拟创造的文化"②。

　　一些学者在研究网络文化特征的时候，主要基于互联网的特征探讨衍生出来的网络文化问题，认为网络文化的特征都是以网络文化开放性的特点为基础的，同时，网络文化在社会中的应用和发展，又赋予了网络文化社会性的特征。韩振丽、王景华从功能、传播角度和存在方式三个切入点对网络文化的特征进行了阐述，系统概括了网络文化在功能方面的商业性、娱乐性和教育性等特点，在传播方面的即时性与时空性特点，在存在方式上的虚拟性、

---

① 尹韵公：《论网络文化》，《新闻与写作》2007 年第 5 期。
② 丁三青等：《网络文化概念及内涵辨析》，《煤炭高等教育》2009 年第 3 期。

开放性和包容性特点。① 一些学者从技术特征和精神特征角度出发,分析了网络文化与传统文化由于传播媒介的不同所体现出的技术特征和精神特征。孙祥云等在《网络大众论》一书中把网络文化定位为大众文化的最新表现形式,从文化产品的技术、内容、表现形式、传播工具、时空等多维度具体分析其特征。此外,以尹韵公为代表的一些学者在探讨网络文化特征时,除了网络文化具有的基本特征,还与时俱进地加入了其在发展过程中出现的新特征,指出网络文化作为一种与全球发展同步的文化形体,是一种全民参与的、集大成的强势文化,并且随着社会日新月异的发展,新的网络文化形态不断出现,导致社会性和问题性在网络空间凸显。②

学术界对网络文化的内涵从多种角度进行了多种阐述,学者们对网络文化的认识随着网络文化在社会实践中的运用发展不断加深。就网络文化的含义而言,网络文化是人类以互联网技术为载体,通过信息传递和交流的基本手段所进行的物质层面和精神层面的活动及其成果,是一种具有现实性特征的文化,包括人们在网络中所创造的物质文化、精神文化以及网络习俗、网络风尚等;就网络文化的特征而言,随着网络文化在现实中的发展其特征也不断丰富和发展。网络文化的特征既包含了文化的特征,又涵盖了互联网的特征。同时随着网络文化作为一种目前最具影响力的

---

① 韩振丽、王景华:《网络文化安全问题及其对策思考》,《新疆社科论坛》2017 年第 3 期。

② 尹韵公:《论网络文化的新特征与新趋势》,《新闻与写作》2012 年第 1 期。

文化形态,在社会中的实践性不断加强,其所具有的现实性特征也
逐渐凸显。

2. 关于边界意识与思想阵地关系的研究

文化边界是一种文化形态区别于其他文化形态的重要标识,
学界对文化边界的专门研究较少,在涉及文化边界内容时一般都
是直接使用,但关于文化边界的具体内涵和表现形式却鲜有人论
述,比较有代表性的是孟宪平《论文化全球化中的边界意识及影
响因素》及《马克思主义视阈中的文化边界及其守护分析》两篇文
章。贺来认为边界意识是一种既区别于形而上学思维方式及其元
意识,又区别于形而上学的终结及其虚无意识,用古代哲学的表
达,这是一种"和而不同"的理论意识。①《论文化全球化中的边
界意识及影响因素》一文对文化全球化中的边界意识进行了具体
阐述,认为文化边界意识和文化边界之争古已有之,但在文化全球
化进程中,多元文化相互碰撞,强势文化企图向弱势文化扩大自己
的文化边界,而弱势文化在不断守卫自己文化边界中挣扎,所以文
化边界的斗争尤为明显。"文化全球化的边界意识类似于中国古
代社会的'和而不同'思想,它不是要用一个观点来涵盖生命、存
在、思想和语言的一切内容,而是承认差异、承认多样、承认个性;
它不是要寻找一个在文化上普遍适用的游戏规则,而是承认各个
领域按照自己的游戏规则运行。"②《马克思主义视阈中的文化边

---

① 贺来:《边界意识和人的解放》,上海人民出版社 2007 年版,第 121 页。
② 孟宪平:《论文化全球化中的边界意识及影响因素》,《理论学刊》
2010 年第 5 期。

界及其守护分析》一文对文化边界的内涵、马克思主义文化的边界形式、功能和影响因素做了详细阐述,指出了文化边界是指文化的活动范围和存在空间,马克思主义文化的边界形式主要包括:价值边界、话语边界和交流边界,守护马克思主义文化边界对于保护马克思主义主流意识形态、增强我国文化自信、提升国际话语权和保障文化安全问题有着重要意义。

从文化边界的研究成果看,学者们应用文化边界时,一是用文化边界来区分资本主义和社会主义文化的不同,以此来守卫社会主义文化边界;二是侧重于不同民族、不同地区之间文化的交流与碰撞,通过分析不同民族、不同地区之间的文化边界来促进不同文化之间的交流;三是侧重于文化边界在高校思想政治教育中的重要价值,通过维护文化边界、树立文化自觉可以促进高校思想政治教育的发展创新。何清新等学者在研究跨文化传播时引入文化边界概念,提出跨过文化边界可以实现不同文化的交流、碰撞、分享,在此基础上也会形成新的文化形式;段会平、吕永红在《跨越文化边界与和谐民族关系的构建》一文中提出,文化边界是由不同的语言、不同的经济生活、不同的文化心理、不同的价值体系构成的。跨越文化边界有利于民族交流和各民族共同发展。①《资本逻辑视阈下社会主义文化边界的守护》一文提出马克思文化理论在创立之初就有自己鲜明的文化边界,这与趋利、扩张的资本主义文化有着截然不同的表现,是服务于全体人民群众的文化边界。在中

---

① 段会平、吕永红:《跨越文化边界与和谐民族关系的构建》,《新疆大学学报(哲学人文社会科学版)》2015 年第 2 期。

国特色社会主义建设中守卫社会主义文化边界,要处理好"一与多""快与慢""叶与根"的关系。① 李艳、袁丽等学者提出文化边界是高校思想政治教育研究与实践中的一种自觉意识,强调文化边界的自觉在高校思想政治教育中的重要作用,认为思想政治教育是一个有着清晰理论知识、结构框架、运行机制和逻辑体系的学科领域,它的边界非常清晰,随着社会的发展逐渐沉淀,并表现出自身形态的稳定性。

一些学者基于网络文化自由性、虚拟性的特点对网络文化边界进行了研究,提出网络虚拟社会极大的开放性造成了众多网络社会问题的暴露,因此要通过建立网络文化边界来规范和约束网民的失范行为和混乱的网络秩序。任祥等学者指出网络文化存在于极其开放的网络环境中。网络空间中的自由也是规则之内的自由,不能任由极端文化的恣意发展而造成对文化的亵渎和法律的破坏,网络社会是有边界和底线的社会。王丽鸽在《网络空间主流意识形态建构的理路探析》一文中指出文化边界受到网络空间中多元文化与本土文化碰撞的影响,网络虚拟社会的发展造成了现代意识与传统意识、多元意识与民族意识、全人类意识与阶级意识的碰撞,网民的网络行为应遵循网络文化边界,自觉守护主流意识形态的理性权威,建构严密安全的意识防御体系。② 学界对文化边界的实践研究主要集中三个区域:第一是文化边界在不同区

---

① 刘旺旺、俞良早:《资本逻辑视阈下社会主义文化边界的守护》,《思想政治教育研究》2017 年第 6 期。

② 王丽鸽:《网络空间主流意识形态建构的理路探析》,《中国社会科学研究生院学报》2016 年第 5 期。

域、不同民族之间文化交流过程中的阻隔,研究文化边界一定程度上促进文化沟通和人类文明的发展;第二是高校思想政治教育中,形成文化边界自觉意识有利于高校学生树立思想道德界线;第三是网络空间中,网络文化的自由性和难控性,以及不断出现的网络问题要求必须建构网络文化边界。

3. 关于思想文化阵地及其领导权问题的研究

20世纪20年代,葛兰西提出的阵地战和领导权理论,给思想文化阵地以新的界定,卢卡奇的阶级意识理论也在主观上设定了一个思想边界。一些现代西方马克思主义者认为,话语理论是体现文化形貌及边界的主要方式,拉克劳和墨菲的话语叙事,德里达、利奥塔和福柯的结构主义话语,都在不同视角和语境中延伸和拓展了阵地战思想。一些研究者赋予文化形貌以意识形态特征,认为从马克思、恩格斯到列宁、斯大林再到中国共产党历代中央领导集体,都强调思想文化阵地建设,资产阶级统治者也不遗余力地维护自己的思想文化阵地。马克思主义理论中关于意识形态工作领导权思想的阐释与思想阵地建设理论经常联系在一起。马克思、恩格斯的论述偏重无产阶级革命中的意识形态领导权,列宁、斯大林比较关注社会主义实践中的意识形态工作领导权,葛兰西注重文化或意识形态工作领导,中国共产党人的意识形态工作领导权理论和实践具有更多的现实性。学术界主要有以下方面的认识:

(1)马克思、恩格斯、列宁的意识形态工作领导权思想。马克思、恩格斯领导理论建立在辩证唯物主义和历史唯物主义基础之上,在领导权理论上实现了革命性转变,赋予无产阶级领导权思想以科学形态,主要内容有以下几个方面:马克思、恩格斯、列宁所说的领导,是对社会思想行为的组织、指挥作用。马克思认为,领导是社会性活动的必要条件,一切社会实践或活动都需要有组织的指挥,这是协调个人、群体、社会活动的重要方式。恩格斯特别强调近现代社会中的领导作用,认识到没有一个做决定意志的统一的领导,人们就没法成就大规模的事业。领导是一种权威,现代工业条件下,没有领导就不可能有一致行动和良好合作。列宁把领导看成按大机器工业形式组织起来的重要前提,是统一意志的必要条件。马克思、恩格斯、列宁所说的领导和领导权,就是无产阶级的领导和领导权,是无产阶级在整个社会主义运动中对广大群众的引导和指挥,是通过无产阶级政党对广大群众的引领来实现的。马克思有一个形象的比喻,他把新哲学看作促成人类解放的头脑,把无产阶级作为实现人类解放的心脏。列宁指出:无产阶级是"全体被剥削劳动者的先锋队"[1],"是唯一能够引导资产阶级民主革命取得胜利的领袖"[2]。无产阶级领导权贯穿于社会主义运动的全过程,在革命时期、过渡时期、社会主义建设时期都是必不可少的,这是在阶级、政党和群众关系的协调中实现的。马克思、恩格斯、列宁深刻地揭示了领导的本质,阐释了领导任务,提出了领导方式,制定了领导策略,构建了领导理论的科学体系。在这个理论系统中,无产阶级领导本质是核心内容,它所规定的领导任

---

[1] 《列宁选集》第4卷,人民出版社2012年版,第224页。
[2] 《列宁全集》第14卷,人民出版社2017年版,第74页。

务是打碎资产阶级国家机器,剥夺资产阶级的全部资本,努力提高社会的物质和文化生活水平,并为人的自由而全面发展创造条件。经典作家对领导方式的分析也是基于领导的本质做出的,在先进分子组成的无产阶级政党的领导下,在科学理论武器指导下,在民主集中制的组织纪律中,达到党的团结统一,达到与人民群众生死与共。马克思、恩格斯、列宁把正确的策略看成重要手段和重要保证,并依据当时的情况制定重要的策略原则。在他们看来,领导者素质是实现领导权的重要环节,领导者的政治品格、理论知识、实践经验、道德情操是必备的要素,工人阶级政党始终是社会公仆和勤务员。马克思、恩格斯、列宁领导理论是通过一系列基本原理表现出来的,要理解其精神实质,就对这一理论作全面考察,认识在夺取政权的革命时期表现为无产阶级领导权的要求,在实践中体现无产阶级领导的本质、原则、策略和方法,对于我们的意识形态工作具有重要的指导意义。

(2)葛兰西对意识形态工作领导权的认识。葛兰西提出的"意识形态领导权"可以在普列汉诺夫、列宁等思想家那里找到话语渊源,其思想要点有以下方面:第一,在含义上主要指意识形态领导权,葛兰西把领导权分为广义和狭义内容,认为广义的领导权包括政治领导权、经济领导权和意识形态领导权,是一个涉及面广泛的综合体系;狭义的领导权特指意识形态领导权,主要指对群众进行知识或道德方面的指导。第二,领导权是一个动态过程,而不仅仅是静态实体。在静态意义上,领导权是社会的政治、精神、道德等在一定环境中的综合表现;在动态意义上,领导权是一个阶级及其运动中的思想愿望或表现方式。领导权不完全等同于统治权,二者都是领导权实现过程中的目标,统治权是更高的阶段。领导权实现标志着相应阶级运动及认识的自觉和成熟。葛兰西所说的领导权阶段,就是能够破坏敌对阶级意识形态及其支配地位的阶段,是确立革命阶级在相应领域的领导权阶段。第三,领导权的实现条件是同意或意见一致,用现在的术语来说,就是认同或高度认同。现代工人阶级的主要任务就是从资产阶级文化和宗教中解放出来,通过自己独立的文化价值来吸引其他阶级或阶层。第四,阵地战是实现无产阶级领导权的基本方式。这是实现领域中的一种战略选择,因为市民社会是西方发达国家防御无产阶级的坚固阵地,必须立足于意识形态领域的长期作战才能摧毁它,因此市民社会是需要打开的缺口,在发动外线进攻前,需要先从内线实现精神文化上的革命。葛兰西的领导权思想贡献表现在:在以前的马克思主义者那里,领导权问题主要是指无产阶级革命中的策略问题,葛兰西把它提升到革命运动中一般原则的高度;在以前的马克思主义者那里,领导权的主要是指政治方面领导,葛兰西把领导权具体化为文化或意识形态的领导权,认为这是总体革命的一个环节和前提,由此对马克思主义领导权做出了新的解释;葛兰西发展了列宁的领导权思想,列宁把无产阶级的独立性和团结一致作为领导权的基本条件,葛兰西强调的是无产阶级的同意和社会一致。

中国共产党对意识形态工作领导权的理解。中国共产党一贯重视意识形态领域的工作和掌握意识形态工作领导权。以毛泽东同志为核心的第一代中央领导集体在革命和社会主义建设初期就意识到抓紧意识形态工作对取得革命胜利、全力建设社会主义的重要性。毛泽东对意识形态工作及其领导权的探索和主张主要是:坚持党对意识形态工作的绝对领导。新民主主义革命胜利之后,中国共产党面临着思想领域中的领导权的巩固问题,教育群众和吸引群众参与到新中国的建设之中,首要的是做好思想工作,尤其是面对肃清封建思想残余的现实任务,不掌握意识形态工作的领导权是无法达到目的的。这需要高度重视思想政治工作并在实际环境中探索思想政治工作的思路和方式。知晓任务不等于完成任务,没有以马克思主义辩证法为指导的具体方法是不行的,这又需要把党对意识形态工作的领导与党的中心工作结合起来。第二,建立一支强大的马克思主义的社会主义意识形态工作队伍。意识形态工作是一个技术活,不是靠主观冲动或单纯的激情就能实现的,它需要一批熟悉业务精于传播并善于表达自己观点的宣传者。中国共产党作为意识形态工作的领导者,要不断加强自身建设,提高科学执政水平,抵御风险,迎接挑战,不断增强拒腐防变的能力,牢牢承担起领导意识形态工作的责任。第三,牢牢把握意识形态工作的重要地位。在中国共产党的早期工作中,就已经看到意识形态工作对维护思想阵地的重要性,并把牢牢把握意识形态工作的正确方向作为自己长期不懈的要求。毛泽东十分重视思想政治工作,他认为:“掌握思想教育,是团结全党进行伟大政治斗争的中心环节。如果这个任务不解决,党的一切政治任务是不能完成的。”①毛泽东重视思想政治工作的作用,认为“提高劳动生产率,一靠物质技术,二靠文化教育,三靠政治思想工作。后两

---

① 《毛泽东选集》第三卷,人民出版社1991年版,第1094页。

者都是精神作用"①。面对改革开放中的新形势、新情况、新问题，邓小平以独到的眼光和魄力强调党的意识形态工作的重要性和必要性。他认为，要把工作做好，必须先从思想上解决问题。面对改革开放中的负面思想及其影响，尤其资产阶级自由化思想的猖狂进攻以及国外不良价值观的演变攻势，邓小平把意识形态工作提高到关系党和国家前途命运的高度来把握，这是从全局、大局视野对待意识形态工作。面对苏东剧变及其对世界社会主义的消极作用，他要求思想领域要稳住阵脚；面对精神领域中的污染和道德问题，他提出抓精神文明建设；面对多种思想的交汇与冲突状况，他提出意识形态工作是我们的真正优势，认为"过去我们党无论怎样弱小，无论遇到什么困难，一直有强大的战斗力，因为我们有马克思主义和共产主义的信念"②；面对党内腐败和个别党员的思想颓废，他要求"我们一定要把思想政治工作放在非常重要的地位，切实认真做好，不能放松"③。研究者认为，在深化社会主义改革中，江泽民、胡锦涛在对意识形态状况进行全方位审视的基础上提出了新要求：一是把国家的经济独立、政治独立与思想独立联系起来看待意识形态工作；二是充分认识党和政府意识形态工作领导权的作用；三是意识形态工作领导权及其效果是社会主义前途命运的重要标度；四是意识形态工作的领导权是一个国家综合国力的重要体现。

---

① 《毛泽东文集》第八卷，人民出版社 1999 年版，第 124—125 页。
② 《邓小平文选》第三卷，人民出版社 1993 年版，第 144 页。
③ 《邓小平文选》第二卷，人民出版社 1994 年版，第 342 页。

4.关于党的十八大以来国家网络文化思想及其实践的研究

有学者指出,习近平总书记关于互联网建设的重要论述核心体现在三个方面:一是通过"网络治理",建设网络空间命运共同体。认为习近平总书记基于对互联网本质的深刻理解,从政治家的高度,从"世界地球村"生发出建设人类网络空间命运共同体的新命题,并且针对互联网在发展过程中出现的乱象和不均衡的问题,提出了"建立多边、民主、透明的国际互联网治理体系"。二是通过"网络赋能",促进经济和社会发展,将互联网定义成为我国经济发展新常态的动力来源,要求以网络信息技术的发展带动实体经济中的各类资源流动,促进实体经济的创新和转型。三是通过"网络惠民",让人民群众的生活因互联网而更美好,提高社会治理社会化、法治化、智能化、专业化水平,打造共建共治共享的社会治理格局。[①] 国内研究者结合习近平总书记关于网络文化强国建设的重要论述,提出以下主要观点:把网上思想文化阵地建设概括为以我为主、体现特色、立足前沿、综合创新;提出网上思想文化阵地建设的规范性、科学性和导向性;建立以政府为主导、以群众为主力、以网站为基础、以法律为准绳的立体管理格局;阐释网络文化发展与人的发展的关系、与社会主义核心价值体系建设的关系、与社会主义文化建设的关系、与社会主义民主法制建设的关系

---

① 宋建武:《让生活因互联网而更美好——学习习近平总书记的互联网思想》,人民网,2017 年 12 月 3 日。

等;以互联网思维打造网络宣传"强矩阵",打开话语融通转化"旋转门",打赢网上理论斗争"阵地战",着力抓好"植根"工程、"网军"工程、"双赢"工程,在传播和共鸣上下功夫,在政策和导向上做文章,在融合与创新中找出路。不少研究者提了解决问题的办法,如:脚上的问题从头上解决,官方的问题从民间解决,制度问题从自律解决,舆论问题从改善媒体心态来解决。

5.关于网民越轨行为及其对网上思想文化阵地的影响研究

一是发展名义下的"借鉴"与"抄袭",违背了社会公德。为了名利,一些人不惜违背法律规范和道德原则把别家的作品据为己有,或者以借鉴的名义抄袭剽窃,以至于乱了规矩,坏了名声,损了公德,误了自己。整个社会中,涉嫌创意产业抄袭的诉讼案、口水战,构成这个行业的一大景观。维权者凿凿其言、不吝夸夸,侵权者振振有词、信誓旦旦,旁观者拍砖灌水、态度不一,由于标准难定,理据不一,有关争论就成难断的官司和不了的争论。利益的诱惑下,舍弃道德标准和价值追求的文化产业抄袭如雨后春笋,而维权过程中的尴尬也使一些抄袭者肆无忌惮。一边是剽窃活动的风生水起,不择手段地捞取利益,一边是无奈叹息,为网络文化创意产品唱悲歌。

二是文化作品中的"混搭"与"恶搞",超越了社会的价值底线。在当下,混搭成了一种时尚。但是,如果混搭得好,会形成审美创意;混搭得不好,会造成恶搞出丑。文化创意产业产品的混搭,以影视作品、动漫作品、网游作品中最为常见,吸引不少观众和参与者,也获得了巨额利润。一些文化公司竞相效仿,但由于思路跟不上,创意跟不上,加上一心盯着"钱"途,造成混搭成瘾,甚至恶搞。恶搞是新媒介与传统媒介之间断裂而造成的文化伤逝,用"恶搞"之"恶"来注释现实之"美",是一些人试图寻找新的文化功能的表达的一种方式,当然存在着试图标新立异的成分。恶搞的形式大体有以下几种:恶意猜度,话语似乎幽默,意向充满调侃,通常让人一笑了之,这是轻度恶搞;故意施虐,恶搞文化产业,尤其是那些传统作品或者影响较大的现实作品,往往是在原文中附加一些自己想象出来的东西,这种方式通常是出于故意的恶意篡改,是对主流文化产业的反动;恶意重组,对已经定格的传统文化内容进行模仿或重组,颠倒语义和颠覆结构;恶意炒作,张扬审丑意识,是凸显底层社会抵触意识的一种方式。围绕着生活的梦想和未来的憧憬,今天的广告中被注入很多象征内容,也出现很多象征禁忌。

三是网络歌曲中的"下作"与"粗口",破坏人们的是非观念。在网络普及化、平民化的冲击下,过去依靠销量支撑的唱片业走向萧条,在大众文化消费中能够流行的大多是"神曲",和者甚众,颇为流行,甚至那些内容不健康或歌词不雅的曲调也能有不少翻唱者,而《二泉映月》《春江花月夜》《赛马》之类的民乐或名曲经常因"曲高和寡"而"高处不胜寒"。就质量而言,平民化的翻唱方式替代传统唱片业的传播方式,这种"快餐"模式、廉价方式和规模形式导致精品歌曲和超级明星越来越少,甚至自娱自乐也成了文化创意的表现。全民参与的结果是,人人可以写歌词,人人可以谱歌曲,形式严重低俗化和庸俗化,表现严重模仿化和抄袭化,失去了昔日的优美旋律,失去了过去的文辞华美,一些歌曲逻辑不通,语言粗鄙,甚至是极不健康的。

四是无羁想象中的"穿越"和"搞怪",造成历史错乱。"穿越剧"以其奇妙、刺激、未知的特征表达了抽象或想象的内容,会"穿越"成了一种能力表现,在其中,人的精神可以无拘无束,想象可以自由翱翔,思维不受时空限制,构思可以荒诞不经,以穿越为题材的电影、电视剧等层出不穷。如:唐伯虎飞檐走壁,康熙帝武功卓绝,宋江深慕阎婆惜,唐僧钟情白骨精,孙悟空爱上蜘蛛精,俱是荒唐之言、搞怪之思。很多穿越剧都体现了跨越时空的想象,国内很多电视台都播出过穿越剧,以至于穿越成了创作时尚。这一个个穿越剧看下来,让人忽而在上古,忽而在秦汉,忽而在天上,忽而在地狱,忽而是现在,忽而是未来,"上穷碧落下黄泉""一夜飞度镜湖月",好似一场梦游。它造成认知上的误差和困惑,穿越剧是以颠覆原有知识为基础的,篡改历史是经常性的手段;它造成价值观上的迷失,穿越剧常常根据受众需要编织剧情,经常颠覆社会中已经定格的观念,造成是非模糊,尤其是青少年在书上看到的、在课本上学到的与穿越剧内容完全是两回事,他们还没有充分的判断能力,难免形成混乱的认识,影响意识形态工作的效果。

6. 关于网络虚拟社会性态的研究

网络虚拟社会存在的问题是互联网技术在发展过程中衍生出的消极产物,媒介表达的多样性、网络话语的自由性、数字技术造成的德性转移和知性变迁,是影响文化生活的基本原因,其中的网络暴力、网络霸权、网络个人主义等,都催生出极端的文化生态。

学界在对这些问题进行研究时,落脚点不同,体现出多样化的研究样态,总的来说主要集中于:网络文化对主流意识形态的消解、网络文化内容变异的消极影响、网络信息安全问题的研究、网民价值取向迷失行为失范、网络虚拟空间与现实生活关系模糊不清,以及错误的舆论引导所引发的网络事件等问题。从对主流意识形态影响的角度分析:一些学者认为互联网的发展推动了文化全球化进程,任何样态的文化都可以手握"麦克风",网络平台成为多种思想文化交流碰撞的前沿阵地,这对马克思主义主流意识形态的传播和坚守带来了更加严峻的挑战。杨静娴等学者提出马克思主义主流意识形态在网络空间的建设中存在功能性差、推广度较低、信息量不够丰富、网络管理者与网民的互动不够紧密等问题,这导致主流意识形态在网络虚拟社会中坚守力度缺失,影响力和吸引力弱小,在意识形态斗争中无法形成强有力的竞争优势。陈联俊等学者指出马克思主义在网络空间中被边缘化,在网络群体场所导致引导力薄弱和"失语"问题,与人民群众的关系也逐渐疏远,在泛滥的物质文化、消费文化和西方多种社会思潮的冲击下,主体地位发生了偏离和倾斜。① 黄一玲、焦连志、程世勇等学者指出网络虚拟社会的发展为主流意识形态的培育提供了新的场所,但在商业资本的助推下,娱乐效应逐渐成为网络文化的主流,"泛娱乐化"现象越来越严重,严重冲击了大众的文化需求和审美取向,动摇着主流意识形态的核心地位。

---

① 陈俊联:《网络空间中马克思主义认同的挑战与应对》,《马克思主义研究》2017 年第 6 期。

网络文化具有开放性、虚拟性的特点,造成了网络文化内容的多变。彭兰等学者认为网络文化内容变异问题主要体现在:粗鄙文化在网络空间盛行,恶搞文化在网络空间走红,反动文化也在网络空间叫嚣等方面。蔡骐等学者对网络恶搞文化的现象及其背后原因进行深入剖析,指出恶搞文化的主要形式是复制和拼贴,恶搞者一方面嘲笑原作品,另一方面又跨时空地利用原作品创造新的语义,"恶搞的亚文化表征是由诸多后现代手法汇集而成的,从而制造出强烈的反讽效果。也许恶搞者的初衷只是表达一种个体的'解读'行为,而他们采取的策略却是标准的后现代'解构'——将作品的能指和所指撕裂,从而瓦解其中所蕴含的深度模式。它往往以戏谑、搞笑的方式让人们开怀一乐,并给被批判者一种尴尬。"①彭兰在《网络文化的构成及其与现实社会的互动》一文中提到,恶搞是当今我国网络文化的一个突出特点,恶搞文化的盛行对精英文化形成了一种巨大的挑战,网络恶搞文化不仅仅是一种文化现象,更是一种社会现象,恶搞文化承载了人们的价值观与生活态度。彭兰强调,除了恶搞之外,娱乐化也是网络文化作品的基调,由于受到娱乐化的影响,越来越多的人参与到网络文化中,借助网络空间释放自己的现实压力。个别低俗粗鄙的文化形态延伸到网络空间中,污染了网络生态环境,误导了网络文化的发展方向,导致了网络文化粗鄙化现象的盛行。

网络空间无远弗届,网络安全风险日益增加,对我国国家安全造成了严重影响。学界在对网络安全问题研究中,一些学者指出

---

① 蔡骐:《对网络恶搞文化的反思》,《国际新闻界》2007 年第 1 期。

网络安全问题主要体现在不负责任地歪曲民族历史、肆无忌惮地窃取个人信息、危言耸听地捏造虚假新闻等方面。韩振丽、王景华等学者指出，一些人沉迷于网络社会不能自拔，甚至丧失了理性思维能力，致使网络空间中恶意歪曲党和国家英雄人物的历史谣言、微信谣言、时政谣言时有出现，用一些危言耸听的虚假事件、具有视觉冲击的图片视频、毫不相关的夸张标题来博取网民眼球，换取网民点击量。郑洁在《网络社会的伦理问题研究》中指出网络犯罪、网络行为、网络信息污染、网络主体隐私权、信息所有权、网络中的知识产权保护、网络社会的安全机制、文化多样性、网络沉溺、人性变异等网络社会伦理问题的凸显，严重妨碍网络社会的健康、快速、全面协调和可持续地发展，同时指出个人主义道德观盛行，道德虚无主义是纵容网络主体"无法无天"的重要原因。

价值取向是人的目标追求和行动准则。一些学者认为网络文化在发展过程中，由于其内容良莠不齐，影响了网民的价值取向和道德自律，尤其对大学生认知传统文化和树立正确价值观念产生了严重影响。文军在《网络阴影：问题与对策》一书中指出网络文化中的价值迷失问题日益突出，表现为价值多元与伦理标准的丧失、价值的虚拟与传统道德的失范、价值的"海洋"与无政府主义的泛滥、价值的"蔓延"与个人隐私的脆弱。一些学者提出大学生群体受到新媒体环境影响，对中华文化认同感出现非理性的倾向。在享乐主义、拜金主义、各种西方强势文化的冲击下，一些青年大学生由于自身的辨别是非能力和认知能力尚浅，极易陷入价值认同困境和文化认同困境，导致心态失衡、主流意识形态淡化、社会责任感和传统美德缺失等严重问题。张易在《论新媒体发展趋势下高校思想文化阵地建设》一文中,对新媒体的含义和特点进行了详细阐述,在剖析新媒体技术对高校思想政治教育的积极意义时,辩证地分析了新媒体对高校思想政治教育的消极影响。指出由于受到网络文化特点的影响,以及大学生自身学习能力、接受能力强和对新事物的极大好奇心,在网络空间中往往不能有节制地控制自己,陷入崇洋媚外的价值误区。①

　　一些学者提出网络文化创造的丰富多彩的虚拟世界吸引了人们的狂热追求,一方面人们容易将其和现实生活混淆,从而影响现实正常生活的有序进行;另一方面,人们容易将网络社会的虚拟性带入行为影响中,滋生网络行为是虚拟不存在的,可以恣意妄为的错误观念。赵惜群、翟中杰在《双刃之利剑:网络文化价值初探》一文中指出网络文化影响个人的身心健康、也扩大了个人与社会的隔离。网络虚拟社会对人们有着强大的吸引力,能够帮助人们获得在现实生活中无法得到的满足感,这就导致一些人沉溺于网络虚拟社会中,渴望在网络社会寻求心灵慰藉和情感满足,最终不能自拔,网络成瘾。② 李宏利等学者提出从网民生理—心理—社会模式出发可以更好地理解网络成瘾。网民在长时间上网的过程中会使大脑中多巴胺分泌水平升高,令自己出现短暂的高度兴奋,沉溺网络世界不肯自拔,但这之后带来的颓废感和沮丧感也会更

----

① 张易:《论新媒体发展趋势下高校思想文化阵地建设》,《学术交流》2013 年第 9 期。
② 赵惜群、翟中杰:《双刃之利剑:网络文化价值初探》,《首都师范大学学报(社会科学版)》2011 年第 2 期。

加严重,最终导致认知功能、情感情绪功能以及行为活动,甚至生理活动都偏离现实生活,受到严重伤害,却仍不能减少或停止使用网络。①

　　研究者认为,以网络舆论引导权为代表的"第五种权利",由于任何网民可以在任何时间地点参与、表达和互动的网络媒介特征,使得传统的新闻传播、舆论监督,向网络舆论或网络话语权发生转变。这就对政府正面引导舆论,处理网络群体性事件提出了更高要求。一些学者认为网络舆论是多种社会因素复杂互动的结果。研究网络舆论,需要将它放在更宏观的社会环境下,深入地研究它与其他社会因素或社会现象之间的相互作用及其结果。从网络舆论与现实民意的关系来看,网络舆论并不等于现实民意,但它是观察现实民意的一个重要的参数。从网络舆论与网络暴力的关系看,网络舆论中确实存在着一定的暴力现象,但这种现象是社会舆情的一种反映,不能简单以制止网络暴力为理由来阻止网络自由表达;从网络舆论与传统道德的关系看,中国传统文化在现代化与全球化进程中受到冲击,表现出了自我纠结的困惑,这种困境在网络舆论以及网民的行为中表现得尤为突出。张志安在《网络舆论的概念认知、分析层次与引导策略》一文中对网络舆论的概念、网络舆论的分析层次以及网络舆论的引导策略进行了详细论述,指出要从潜舆论、显舆论、行为舆论三个层面进行分析,根据网络空间的特点和计算机技术的特点,分别从情绪、态度和行为三个方

---

① 李宏利:《网事在心:网络的心理影响及行为分析》,北京交通大学出版社 2015 年版,第 51—52 页。

面进行划分。在网络舆论引导时,要注重遵循规律和坚持导向原则两方面的问题。① 学界针对网络虚拟社会存在的问题进行了全方位、多层次的分析,从网络文化对国家、对主流价值观、对社会、对网民几个层面进行了阐述,为研究网上思想文化阵地的变异提供了重要的理论基础和丰富的现实案例。

研究者指出,随着网络技术的发展,对网民行为的研究成为一个主要的学术领域,这方面国外起步较早。塔尔将网民越轨行为称为"灵与肉"的分离,伊丽莎白·诺伊曼用"沉默的螺旋"予以诠释,研究者分析了其中的价值颓废、精神变异、人格分裂和心理偏执,揭示了技术媒介、符号中介造成的边界移位和结构重置。一些学者分析了网民行为对网上思想文化阵地的影响,有"传统国家主权挑战论""现实意识形态颠覆论""社会价值体系重构论"等。蒂姆·乔丹(Tim Jordan)的"网络权力论"、罗斯克兰斯(Rosecrance)的"虚拟国家论",维托克·迈尔-舍恩伯格的"大数据时代",也多有指涉。国内研究者指出,网上思想文化及其价值观的互依和折射,造成了网上阵地的高雅与低俗、主流与支脉等共存的价值混融状态,其中包含着价值倾斜、价值疏离、价值越轨和价值迷失。一些研究者认为,网上的"娱乐浮肿"、角色错位、身心迷离、绮靡轻薄等,是影响网上思想文化阵地建设的重要因素。一些研究者指出,媒介表达的多样性、网络话语的自由性、数字技术造成的德性转移和知性变迁,是影响网上思想文化阵地的基本原

---

① 张志安等:《网络舆论的概念认知、分析层次与引导策略》,《新闻与传播研究》2016 年第 5 期。

因,其中的网络暴力文化、网络霸权文化、网络个人主义文化等,都催生出极端的网络生态。

三、研究思路

关于网上思想文化阵地边界意识、形貌结构及其变化的研究,国外一些成果可以借资考镜,但一些论说囿于偏见,应当慎思明察,其研究动态是:从单一学科延伸到跨学科领域,从对网络思想文化的主观分析转向实证研究和模型构建,从对网络思想文化本体研究拓展到对网络思想文化主客体的研究。国内相关研究,体现了应有的学术致思方向,其中有博雅宏阔之论,亦有枯塞空泛之说,目前的研究动态是:网上思想文化阵地建设中突出理论创新和特色,在网上思想文化管理上突出对网民行为的预见和规制能力,在网上思想文化阵地建设方法选择上突出良性表达,在网上思想文化阵地建设目标上突出强国意识。基本思路是:深化有关理论的研究,理解网上思想文化阵地的边界特征及其功能,探究思想文化阵地的存在和发生机理,找出维护网上思想文化边界建设的理路;深化有关现实问题的研究,探究网上思想文化阵地的形貌结构,认识网上思想文化的内在品质,探索优化思想文化阵地形貌与边界的机制;分析网上思想文化阵地边界意识和形貌结构的关系及变异状况,探究网上思想文化阵地的话语逻辑、理论逻辑和实践逻辑及其关系,探索网上思想文化阵地建设的方法和路径。

四、研究方法

（1）理论分析与调查研究结合。联系党的方针政策，着眼于对现实问题的考察分析，着眼于突破和创新，从发生学和逻辑学的视角客观认识影响网上思想文化阵地边界和形貌的因素及原因。（2）总体研究与专题分析结合。采用整体研究把握网上思想文化阵地的结构和特征，采用分类研究认识网上思想文化阵地存在形式，采用比较研究考察网上思想文化阵地建设的差异性和重要性。（3）实证研究与辩证分析结合。运用归纳和演绎把握网上思想文化阵地的共性和特征，运用分析和综合认识网上思想文化阵地存在机理，在定性分析和定量研究中认识网上思想文化阵地建设现状。（4）创新与借鉴结合。通过创新思维透视网上思想文化阵地建设全景，从"内部"审视思想文化阵地，从"外部"借鉴有关成果，在共性与个性的比较中构设网上思想文化阵地建设机制。

五、研究目标

（1）系统认识思想文化的边界特征，明确网上思想文化阵地的边界及影响因素；（2）系统认识网上文化模式及其形貌结构，分析网上思想文化阵地的基本面貌和构成要素；（3）系统认识我国网上思想文化阵地建设现状，分析其中的问题与挑战；（4）系统总结网上思想文化建设规律，形成切合实际的网上思想文化建设阵地建设思路和对策。

第一章　网上思想文化阵地的型貌结构与基本表征

网上思想文化阵地与现实的疆域阵地有着很大差别,前者比较虚拟,后者比较具体;前者是流动的,后者是固定的。网上思想文化阵地与现实的疆域阵地也有很多相似性,二者都有阵地的坚守者,都有体现阵地方向的主流意识,也都有捍卫阵地的武器(物质的或思想的)。如果从形貌和结构看,网上思想文化阵地也有主体、边界、空间等要素,而且,网上思想文化阵地一旦形成,就具有明显的符号表征和意义寄托。从不同的维度审视网上思想文化阵地的边界特征和形貌结构,是深入认识网上思想文化阵地的基础,也是探索网上思想文化阵地建设路径的鲜明前提。

第一节　文化的多元表征及其在网络空间的意义延伸

文化具有规范特征,它给人的行为、情感及价值判断提供一种预设,文化具有艺术特征,它给人的审美追求和伦理表现提供一个方向;文化具有认知特征,它是人们对自然之物、历史之事和人事变迁的体悟;文化又具有器用特征,它是人们生活和求知的工具。文化的上述特征,既有内在的质的规定性,又有外部的量的扩张性,是一种多元的表征方式。而要赋予这些表征以恰当的描述,需要一个合理的研究理路。网络文化是社会文化在网络空间的延伸,又因虚拟性和技术性而带有自己的独特特征。

一、文化的多元表征

1. 静态表征:文化结构、文化层次和文化模式

文化结构是指文化的组成或要素的结合方式,它包括实物体系和价值体系,前者是人类改造自然而形成的技术的、器物的、非人格的、客观的东西,后者是人类在改造自然过程中形成的规范的、精神的、人格的、主观的东西。这两个方面可以进一步细分为,由物化的知识形成的物态文化、由社会规范构成的制度文化、由约定俗成的思维定式构成的惯俗文化、由价值观等心理因素结合成的心态文化。如果进一步分析,可以把文化结构看成由内因决定的结合方式,把文化表现看成由外因影响的表现形式。它们在结构上从小到大的排列顺序是文化元素、文化分子、文化个体、文化群体、文化类型,我们经常说的文化模式和文化形貌就是文化元素的固结方式。

文化层次包括物质内容、心理内容和心物结合而成的内容。

物质层面是对象化的劳动产物,大体上对应于马克思所说"第二自然","文化的物质层是最活跃的因素,它变动不居,交流方便;而理论、制度层,是最权威的因素,它规定着文化的整体性质;心理层次,则最保守,它是文化成为类型的灵魂。"①这种形式的细分结果是将精神产品和思想意识归入文化的深层结构中并将此部分称为"精神文化"或"观念文化",如果对精神文化层面和制度文化层面进行再分割,可以把精神文化分为文化心理和社会意识,把文化心理再分为表层、中层、深层三部分。文化具有外显模式和内隐模式两种状态,前者是各种意识形态文化和制度文化,"它们各自都是给定的外显模式总系中的小系统,都有明确的外壳形式,并以文字等符号系统或人的具体行为作为其载体"②;后者主要是价值观念、情感系统、思维方式,它们没有外壳形式,"只表现为一种意向性力量或趋向性力量,或者是某种自成体系的密码系统"③。仔细审视,社会制度可以分为三个层次,分别是社会形态方面的制度、一定社会形态下的具体制度、具体制度下的办事程序和行为规范。这些方面对应的文化可以称为内在性制度文化和正统性制度文化,在社会中还存在一些外在性和非正统性制度文化,它们在一定条件下可以相互转化。可见,文化层次体现了文化系统内诸要素相互联系相互作用的方式。

①　庞朴:《文化的民族性和时代性》,中国和平出版社1988年版,第82—83页。
②　黄正平:《文化的外显模式与内隐模式相互关系概观》,《上海大学学报》1989年第5期。
③　黄正平:《文化的外显模式与内隐模式相互关系概观》,《上海大学学报》1989年第5期。

　　理解文化与文明的关系有助于我们认识文化模式。西方社会的早期研究中,文化和文明的概念经常混用,泰勒曾把文明看成文化的同义语。马克思、恩格斯在谈到蒙昧时期和野蛮时期的成果时,都用文化来表示,这也和文明是同义的。"只有到了野蛮时期高级阶段或文明时代,他们才用文明说明人类发展的各种社会特征,也只有在论述人类进入文明时代以后的成就时,他们才有时把文化与文明通用,或者把物质文化称为文明,而在此之前却从来没有这样使用过。"①"文明"与"文明时代"不完全等同,人类早期社会不是文明社会,但却在积累文明要素。"人类必须先获得文明的一切要素,然后才能进入文明状态。"②每一个文明形式都有自己的标志性内容,文明时代就是较为全面的文明状态。文化与文明的联系可以概括为:二者都是人类实践的产物,在发展中具有共生和递进关系,都具有动态性和历程性;文明一般只包括具有积极意义和进步观念的内容,其单进性极其明显;文化成果可以包括双向的和性质不同的内容。上述因素影响下的文化模式是多样性的。在国家层面上,它与民族心理、民族习性、民族活动等因素有关。在个人层面上,它与人的交往方式、生存状态等因素有关。文化型构与文化形貌很接近,但前者偏重于内在结构,是指文化发展中形成相对固定的内在关系以及各部分结合状况;后者偏重于文化的外部形态,是文化发展中内在联系的状况。不同文化的结构会有很大差别,

---

　　① 司马云杰:《文化社会学》,华夏出版社 2011 年版,第 410 页。
　　② [美]路易斯·亨利·摩尔根:《古代社会》(上册),杨东莼等译,商务印书馆 1977 年版,第 28 页。

这与不同时期的经济、政治、文化发展状况有关。文化型构与文化形貌反映了文化变迁的经历和机制,是理解文化内涵的重要方面。

2.动态表征:文化的濡化、涵化及其价值移接

文化濡化是文化之间相互作用相互影响而引起的形态和结构变化,其中蕴含着文化变迁的动因和机理,包括自动濡化、被动濡化、应激濡化等形式。濡化显示出不同文化群中的个体之间进行持续性的直接接触,因而导致文化形态改变,这是一个潜移默化的过程。认识濡化问题,"首先要对接触它的群体进行分类、对产生它的环境进行了解、对它的过程进行分析。结果体现在三个方面:一是接受即同化,从行为方式到文化价值观,这里包含失去或忘却原有文化;二是适应,原有文化和新文化特征相结合,使两种文化特征和谐并存或对立冲突;三是反抗,由于压迫或不可预见的因不断接受新文化方式而产生的对立情绪,给自身造成心理压力,感觉自身处于弱势,便以强迫确定对方为弱势作为自己心里的补偿;或通过标志回归传统作为自以为是的优势。"①文化濡化或由内部原因促成,或由客体文化的扩散刺激而成,都表现为文化基线的变化。当不同的文化基线相近或相交时,会在时空或理念上形成一个文化边界和价值边界,一方对另一方的吸收或排异造成两种文化在接触面上的共性内容增多。不同国家边界处的居民有很多相

---

① 安然:《解析跨文化传播学术语"濡化"与"涵化"》,《国际新闻界》2013 年第 9 期。

同的风俗和语言就是一个事例,而不同民族交往中认可度以及接受空间的增大,也和文化濡化有关。一定程度上说,濡化是文化之间相互作用的表现,也是文化生命力的外显方式。"文化接触时文化分子的团体之大小,接触时是出于被动抑或是自动,文化分子的相对地位,双方的态度是友好或是敌意,彼此的风俗习惯是否相同,这等等因素决定濡化的类型之差异。"①濡化也是文化扩散的重要动因,它经常为文化注入新的内容,也可能会使文化结构受到影响,不论是哪一种情况,都给文化发展提供了一种契机。濡化的发生在于是否接受自身价值观的变迁,同质与异质、共识与异端、认可与不认可,是主要的影响因素。"饿死事小,失节事大",是一种价值坚守,这种排拒性文化不易濡化;"宁为玉碎,不为瓦全",也是一种价值坚守,其文化是刚性的,也不易濡化;贞节烈妇、忠臣孝子,也是一种价值坚守,其文化也具有很强的抵御力。宁折不弯的态度、无欲则刚的心思以及诸多类型的边界守望,都对濡化产生一种阻滞力。相反,"好死不如赖活着"、"人穷志短"、折节取利等心态下的文化形式,是容易濡化的。抵制力的强弱在于对文化变异忍受度的大小,一般说来,当文化接受者感到外来文化不会和自己的价值观发生冲突的时候,这种文化容易被接受。我们现在讲维护文化安全、捍卫主流价值观,也表明了对文化濡化的容忍界限,不论古代还是现代,文化发展中的民族情结是难以割舍的,按照殷海光的观点,这种抗拒力在"通体社会"中表现得很顽固,在"联体社会"里社会中却有很大松动,老一代与青年一代的权威形

---

① 殷海光:《中国文化的展望》,上海三联书店 2002 年版,第 47 页。

态有很大差别,社会的弹性和多样性增多,对外来对文化的接受能力较强。总体上看,核心价值相同或相似的文化,容易产生濡化现象。

濡化不完全等同于同化,因为同化是一方主动传播而另一方被动接受。中西方文化早期接触中的冲突是很明显的。"中国思想在欧美所发生之影响,于十七八世纪颇有风靡之势。如自由思想家 Freethinker 之自然神教(Deisn)提倡理性哲学之启明运动,主张唯物无神论之民主思想,罗柯柯艺术,重农主义派,以及美国之'独立宣言',殆无不由于中国文化之影响而来。"①利玛窦颇知中国先圣之学,来华之时"衣僧衣,服儒服,研究中国文字思想",他认为养亲敬天与基督教义并不矛盾,信仰天主耶稣并不妨碍祀孔祭祖。徐光启认为耶稣教与中国圣贤之教,"皆修身事天,理相符合"。史蒂芬认为基督教在中国的濡化是不可能的,"基督教徒以为能知教义者,可以上天堂,享永恒之生命;否则下地狱,受无穷之痛苦。中国三万万人,根本不知此种教义,基督教无论在地球或月球,与之毫不相干,而中国人皆需下地狱受苦乎? 实际不然,中国人与基督徒,同样的快乐纯良,全未吃苦。是以基督教义,在中国之情形下,无论如何是讲不通的。"②不少西方学者指出,孔子之书对西方影响很大,其中的精纯道德对于国民修齐治平具有极大功效。甚至有人认为,"若是中国的法律变为各民族的法律,地球上

——————————

① 萧一山:《清代通史》第一卷,华东师范大学出版社 2006 年版,第569 页。

② 萧一山:《清代通史》第一卷,华东师范大学出版社 2006 年版,第571 页。

就成为光华灿烂的世界"①。涵化是文化变迁的另一种机制,不同群体相互接触时,其文化必然会因相互影响而部分地发生变化,但总体上仍然保持自己的特点,还是各自的文化形式。只是涵化强调在人生涵养的变化,濡化强调不同文化类型接触产生的变化,汉语中的"相濡以沫"和"涵养功夫"有助于理解涵化的基本意义。

其实,两种文化接触就是两套价值系统的接触,这种价值移接使另一种文化注入了新价值。如果两种文化之间有贸易关系、战争关系或婚姻关系等,就有了直接传播或扩散的机会。通常情况下,价值移接在风险较小时容易发生,而在风险较大时不易发生。现代社会中,当文化交流存在价值风险时,防御心理会上升到主导地位,尤其是当危及国家政权和社会性质时,激烈的对抗会应时而生。在新技术的应用中,人们通常也会先估量其价值风险,利益考量可能会占据上风,能否接受新技术文化不是以"新"为标准的,当它不会对旧文化结构产生太多的干扰时,或者能够较好地协调旧有风俗习惯时,更容易形成价值移接。文化价值可以和生物逻辑互不相干,王位继承通常是血缘关系决定的而不是文化水平决定的。文化价值也可能与生物逻辑互不相容,"舍生取义""贫者不食嗟来之食""志士不饮盗泉之水"等即为此类,这是道德律令与个人情欲的矛盾。但是,在"天理"与"人欲"之间,生物界层和道德界层之间如何规避或推进,是一个争论不休的问题,价值上的坚守和行为上的越轨,是人们经常面对的。

---

① 萧一山:《清代通史》第一卷,华东师范大学出版社 2006 年版,第575 页。

3.能量表征:文化运动、文化革命和文化霸权

文化运动表现出两种方式,一是文化形式的延续,主要体现为量的扩张;另一种是文化内容的变化,表现为质的更移。前一种方式通常是文化习俗、文化传统和文化方式的延续,是反濡化的力量;后一种方式通常要吸收外来文化,进行文化整合,并在经济行为、制度内容中注入新的文化因素,文化革命是其重要的表现形式。在中外历史上,这样的文化运动有无数次,它不仅在实践上形成波澜壮阔的文化变革,也在理论上形成一个具有新内容的思想谱系。马克思、恩格斯都肯定文化革命的意义,列宁、斯大林直接领导了苏维埃俄国的文化革命,葛兰西的文化霸权理论也影响着人们对文化革命的认识。

马克思、恩格斯在《共产党宣言》中提出的"两个决裂"包含着思想文化上的革命,列宁希望通过"文化革命"推进苏维埃社会主义建设,是将关注点聚焦在灵魂深处的变革上。人们关注"文化革命"和"文化霸权"的原因大体有以下方面:第一,文化是社会发展的重要方面或环节,文化素质的高低决定着人的世界观和思想总开关。有了文化,就有了推动社会发展的高素质的主体,就有了使社会健康发展的思想保证。第二,文化是社会发展的产物,又是社会发展的标志,其中被作为上层价值的一部分,代表着统治阶级的意志,它必须经常处于主导地位并且要抵御外来思想文化的颠覆,要进行的"心灵净化"活动。第三,文化是民族精神的代言者,是国家形象的宣示者,是国民素质的承载者,我们所说的文化软实力是由文化自信和价值自觉决定的。文化革命是社会现实的需

要,在当时,无论是在新生的苏维埃社会主义国家中,还是在新中国,广大群众都不具备高效管理国家事务的文化素质。很多事实表明,只有物质变革难以起到教化作用,只有经济手段难以起到长期效果,很多时候,社会问题的出现,不是由于物质资料的匮乏,不是由于政治统治的原因,而是由于人的思想出了问题,是由于社会的价值观出了问题。解决这些问题,那种不流血的而且社会动荡很小的方式,就是开展思想上的文化革命。第四,关注文化革命,具有深刻的思想根源。在马克思、恩格斯那里,有关于改造主观世界与改造客观世界结合的教诲;在列宁、斯大林那里,有关于清除"奥吉亚斯牛圈"的设想;在葛兰西那里,有关于社会的有机知识分子的认识;在毛泽东等人那里,有关于思想与政治关系的认识。文化成了走向强大的工具,成了追求美学的手段,成了寄托思想情感的寓所。

葛兰西的文化霸权思想有着承前启后的影响,其表现是:(1)"工人阶级夺取政权之前,必须首先夺取文化意识形态的领导权。"[1]在社会主义革命取得成功之前,无产阶级必须取得思想文化领域的主导权,这是革命的思想准备和前提条件;在革命取得胜利后,仍要重视文化领导权,因为革命成功并不意味着思想阵地牢不可破。这是革命后的思想建设。(2)过程性和阶段性是领导权的一个重要特点。从静态意义上说,领导权是政治、精神、道德等的综合体;从动态意义上看,领导权是一个过程,该阶级的运动及

---

[1] 萧贵毓等:《社会主义思想史纲》,中共中央党校出版社 1998 年版,第 451 页。

认识的自觉和成熟,表明理论和实践的统一。这一阶段,就是破坏资产阶级在意识形态的领导权、确立革命阶级的领导权的阶段。(3)思想上的一致性是领导权的实现方式,换句话说,领导权的实现是通过同意和意见一致体现出来的。在葛兰西看来,"领导权的特征是广大人民群众自发地同意主要的统治集团对社会生活作总的指导"①。它不是靠强制手段来实现的,而是同工人阶级的同意和平等联系在一起的。第四,领导权的主要载体是市民社会。葛兰西认为,市民社会是国家政权结构的重要方面。"国家=政治社会+市民社会"②是葛兰西提出的公式,按照他的观点,市民社会涉及市民的世界观、行为准则、道德观念等;市民社会也涉及意识形态领域的斗争,不同的利益集团可以通过不同的意识形态在市民社会中表达其利益需求,把自己装扮成社会公共利益的代表者,用舆论来说服市民社会,从而赢得被统治阶级的拥护。

霸权理论是在反法西斯战争的历史关头提出的,由于环境不同,其内容与中国新民主主义革命中的文化理论与实践有着明显的区别。中国的"文化大革命"时期,也正是西方激进文化理论和潮流的高涨时期,法国的学生运动中的文化口号具有时代特色。我们找不出二者的必然联系和"血缘关系",但是仔细想一下,不同国度的人们对于文化功能的理解有相似之处,而这两个方面对于重新审视葛兰西的文化霸权理论起到了积极作用。在西方社会的一些研究中,革命理论被转换成与革命无关的学院式话语,革命

———————

① 毛韵泽:《葛兰西:政治家、囚徒和理论家》,求实出版社 1985 年版,第 168 页。

② [意]葛兰西:《狱中札记》,人民出版社 1983 年版,第 222 页。

的决心和目标也被重写、置换、解构和遮蔽，其中的文化精神、反系统性、反整体性特征被放大和延伸。当今世界的文化交往中，人们常用的"文化霸权"的意义与葛兰西提出的"文化或意识形态领导权"相去很远，它的意义演变成了强势的或暴力的或野蛮的文化表现，其贬义特征经常受到很多人诟病。

二、文化概念的界说形式

对文化表征的描述，在学术界和思想界基本上是仁者见仁、智者见智，各学科及其分支、各个人及其群落、各部门及其附属机构、各地区及相关区域，都可以有自己的文化理解，出现这一困惑的原因有学科体系的多样、方法论上的分歧、政治立场的差异、民族语言的变化以及观察视角的不同。

1."创造说"：文化表征是人类创造成果的总和

文化的创造性表现在很多方面，是在创造主体和创造对象的结合中产生的。"文化是人类创造成果的总和。如果说创造是人的至高至圣的能力，是上帝赐予的一种精神特权的话，那么世界上就没有，也不可能有比文化更珍贵、更神圣的了。而且，一种文化阶层的精神、一种文化领域、一种文化创造越高尚，其文化就越弥足珍贵。"[①]文化是人通过实践活动实现自我完善和自我发展的一种方式，创造性文化活动可以分为物质生产活动、精神生产活动以

---

① ［俄］安德烈耶夫：《世界玫瑰》，莫斯科出版社 1991 年版，第 22 页。

及理论创新活动,它的每一类活动都有自己的主导性方法并在总体上取决于人的认识、愿望和能力。因此,文化是我们个人、社会之间的关系网,是使我们在社会和国家内生活在一起的图像和抽象,是我们生活的基本要素。西方社会中,把文化视为人的活动的观点,源于欧洲社会中的"个性"意识,这种观点认为,文化是在人的活动中寄托的精神愿望,后来又演化为哲学意义上的"活动"。与此相反的观点是,否认文化活动是人的本质,他们从理性分析转入非理性研究,以叔本华、尼采等人为代表的存在主义派持有此说。新康德主义者试图重新审视上述问题,卡西勒的文化象征结构说和胡塞尔的"生命世界",是注重文化的人际因素的代表。韦伯的观点具有折衷倾向,他一方面承认"活动"对文化的影响,另一方面又推崇其他因素对价值观的作用。实际上,影响文化的因素包括人们生存和活动的社会环境,物质活动和精神活动的成果,人的力量和能力,社会、民族和文明的发展程度,历史发展的水平。可见,文化活动有自己的特质及其所引起的迷误。当人以自主性活动进行创造时,人与自然的贴近和疏离同时存在,二者在主体客体化及客体主体化过程中变得复杂化了,当人界定行为的界限时,也意味着在某一方面的秩序有可能变得僵化。因此,文化活动所引起的迷误,表现为主客体相互关系上的悖论以及认识的眼界和局限性。

早期为生活而创造的文化常常带有认识的局限性和对未来预见性的不足,中国古代社会的道家思想中有不少这样的述说。如:为了制造一件器物而毁掉一棵树,这是木匠的过错;为了培植人道和天职而毁掉人们心中的"道",这是圣贤们的过错。这种意识下的人道与天职与其说是文化,不如说是悖论。由于"道"经常飘忽不定,其伴随的文化意念也比较虚幻。在一些人心中,词语如淙淙泉水,行为就像飞鸟在天,学习就如捕风捉影,认知无疑痴人说梦。神学所评价的文化世界是没有边际的,它用所谓的心灵对话构建出来,也用心灵选择自己的生活之道,对这种文化迷误,"现代的自然研究不同于古代人的天才的自然哲学的直觉,也不同于阿拉伯人的非常重要的、但是零散的并且大部分都无果而终的发现,它是唯一得到科学的、系统的、全面的发展的自然研究——现代的自然研究同整个近代史一样,发端于这样一个伟大的时代,这个时代,我们德国人根据我们当时所遭遇的民族不幸称之为宗教改革,法国人称之为文艺复兴,而意大利人则称之为 16 世纪,但这些名称没有一个能把这个时代充分地表达出来。"①那个时期的文化思维并不是完全接近事实的,它在很多时候,"从歪曲的、片面的、错误的前提出发,循着错误的、弯曲的、不可靠的道路行进,往往当正确的东西碰到鼻子尖的时候还是没有得到它(普利斯特列)"。②视而不见、觉而不察造成的麻木态度使人难以深入到文化本质之中。

文化活动的局限性也会引起诸多猜想形态。这种局限性来自主体能力的有限性和活动范围的有限性,它在早期可能孕育出最原始的文化形态,古代神话、原始宗教、占卜文化、巫术文化等都可以归入此类。这种文化意向中,思想是简单的,活动是简单的,目

---

① 《马克思恩格斯文集》第 9 卷,人民出版社 2009 年版,第 408 页。
② 《马克思恩格斯文集》第 9 卷,人民出版社 2009 年版,第 499 页。

标也是简单的。出于对人类同源的自信,他们认为文化思想也是大同小异的,较为高级的思想活动大体上是由巫术向宗教发展的结果。作为文明重要标志的最初的文字是一些记事符号或象征表达,一些器物也折射出古人思想深处某些隐秘的观念,其中的象征意义很接近文化含义。古代祭祀活动中供奉天地、沟通天地和接引鬼神的意象,是一种神秘力量支配的文化想象。卜辞中所表现的祖灵崇拜和王权结合是这种文化走向秩序化的起点,祖先崇拜、宗庙祭祀等活动是对血缘凝聚意识和家族联络的强化,表达了形神二元、生死异路的文化观念,寄托着血缘情感和亲疏关系,这种逐渐定格的习俗慢慢成为一种原始的风俗文化。随着文化多样性的发展,对文化实质的研究成为必要。但是,关于文化本质的认识,学术界存在着具有共性的弱点:"自然科学和哲学一样,直到今天还全然忽视人的活动对人的思维的影响;它们在一方面只知道自然界,在另一方面又只知道思想。但是,人的思维的最本质的和最切近的基础,正是人所引起的自然界的变化,而不仅仅是自然界本身;人在怎样的程度上学会改变自然界。"①恩格斯揭示的这一现象,尽管在近世被普遍认识到并有所改观,但总体上看,各学派在研究文化概念时,有的忽视了文化的能动作用和再造过程,有的抽掉了文化的社会性和实践性,有的忽视了文化产品的研究。"天道"与"人道"的分裂、主体与客体的分离、"见物不见人"和"见人不见物"共存的现象,导致人们无法充分把握文化的本质。一种观点认为,"传统的力量是创造力的稳定器。如果把时间比

----

① 《马克思恩格斯文集》第 9 卷,人民出版社 2009 年版,第 483 页。

成筛子,那么筛下的作为传统保留下来的只是人们创造的一小部分,这就是所谓的文化遗产。人类珍视民族的文化瑰宝,以永远铭记历史。人们世世代代在浮生中拼搏,与变幻莫测的尘世苦斗,舍此他们无路可走。然而他们正是世间瑰宝的创造者,同时又是这些瑰宝的保存者——这就是文化的实质所在。"①还有一种观点认为,"文化的实质性含义是'人类化',是人类价值观念在社会实践过程中的对象化,是人类创造的文化价值,经由符号这一介质在传播中的实现过程,而这种实现过程包括外在的文化产品的创制和人自身心智的塑造。"②实践孕育价值,符号体现意义,文化经常表现为价值与符号的合体,文化符号的创生过程与人的文化理解有很大关系。而且,在早期被看作结果的文化形式,在社会发展中越来越被看成引起变化的原因。

2."本质说":文化表征是人的本质的对象化结果

当人在把自己的意志和能量注入自然以后,就实现了一种对象化活动,使人在认识世界和改造世界的过程中构建了"新的自然",由此也形成不同的文化形式。"文化上的每一个进步",都是迈向自由的一步。"③文化发展意味着自由精神的增长,文化交流就是自由精神的交换,文化语境中的交往价值观是个体、群体以及

① 〔俄〕叶琳娜·斯克瓦尔佐娃:《文化理论与俄罗斯文化史》,王亚民等译,敦煌文艺出版社 2003 年版,第 26 页。
② 冯天瑜等:《中华文化史》(上),上海人民出版社 2005 年版,导论第 14—15 页。
③ 《马克思恩格斯文集》第 9 卷,人民出版社 2009 年版,第 120 页。

国家精神的外显。交往作为文化解放的一种方式,也记载着人们不断摆脱精神束缚的过程,它与经济交往、政治活动形成互动。因此,"世界历史"不仅仅是经济发展史,也是人类文化交往史,在不同的社会制度、民族精神、风俗习惯等的影响下,把人们的活动推向生活,其中的价值寄托是多方面的。文化作为人的本质的对象化活动,其对象化的方式是实践,对象化的过程是生产劳动,其对象化的成果是物质文明和精神文明。对象化过程中,以前被认为是神秘的东西以及把人引向神秘的东西,会在人的实践中得到答案,以前曾经出现过的活动遗迹或以后的未来发展,都被打上对象化印记,让人们在解释世界与改变世界之间掂量出孰轻孰重。

人在自身的发展中和实践中,首先意识到自身的存在,意识到自身对于自然界的依赖,有意识地或无意识地把自己作为活动主体,把自然界作为活动对象,通过主体和对象的结合,或者说通过自身的对象化或活动,就形成了自己的文化创造,其结果表现为文化产品对社会的改造以及对自然的改变。自然哲学"用观念的、幻想的联系来代替尚未知道的现实的联系,用想象来补充缺少的事实,用纯粹的臆想来填补现实的空白"①,它看到了事实的一面,却又以主观的想象幻想着另一面,人的对象化创造不仅仅表现在自然体系上。一些旧唯物主义者认为,文化内容不是对象化的产物,而是想象出来的造物,其文化史观或者忽视了现实基础,是把

---

① 《马克思恩格斯文集》第 4 卷,人民出版社 2009 年版,第 300—301 页。

文化发展看成"意外","现实的生活生产被看成是某种非历史的东西,而历史的东西则被看成是某种脱离日常生活的东西,某种处于世界之外和超乎世界之上的东西"①。任何文化在形式上都具有自己的个性,在实质上、在生成机理和作用机制上却具有很多共性。在人与环境的相互影响中,人们从前代继承下来的不仅仅是物质形式的生产力,也有文化形式的精神产品,自我意识、社会意识、群体意识、国家意识等,都包含着历史的文化或现实的创造,人在表达以自己的行动改造的世界的意愿中,给自然社会和人的社会注入了新的因素,当然也会包括"幽灵""怪影""怪想"之类的成分。

3."交往说":文化是人类交往的成果

一是以个体为对象的文化创造和文化交流。每个人都以自己的行为方式和价值观影响着他人,个体的表率作用就是社会的价值楷模。那些德行高尚、学为楷模、知识渊博的人,总能获得人们尊重;那些欺世盗名、蝇营狗苟、利欲熏心的人,总是被世人唾弃。因此,个体交往中的价值主导是以向善的行为和思想为基础的。我们在社会生活中可以看到很多因对象化活动的差异而造成的文化差异,其中所包含的信仰和品质是多样的。个体文化交流的内容和形式是多样的,因为不同个体的价值选择不一样。中国社会中的关系文化、人情文化、面子文化也是较为具体的层面上的对象化活动,是一种"生动"的实践形态、心理表现和微妙关系。

---

① 《马克思恩格斯文集》第1卷,人民出版社2009年版,第545页。

　　二是以族群为对象的文化创造和文化交流。人们总是以自己独特的方式表达本民族的价值观，乡音成为标识，乡情让人记忆，乡思记载永恒，乡愁寄托向往。在这样的心理中，"各民族之间的相互关系取决于每一个民族的生产力、分工和内部交往的发展程度。这个原理是公认的。然而不仅一个民族与其他民族的关系，而且这个民族本身的整个内部结构也取决于自己的生产以及自己内部和外部的交往的发展程度。"①交往促进了对本民族价值观的认同，有助于形成共同的心理基础；交往也造成思想意识的区分，形成与其他民族之间价值边界的划分。不同的族群文化所包含的对象化成果是不一样的，拿宗教文化来说，有的宽容，有的苛刻。有人将现代民族文化表现概括为以下几种形式：以黑铁规则表现的形式，经常以眼还眼、以牙还牙；以白银规则表现的形式，经常能推己及人、爱屋及乌；以黄金规则表现的形式，经常表现为己所不欲，勿施于人。这些不同的文化价值观是长期发展过程中族群关系的对象化结果。

　　三是以国家为对象的文化创造和文化交流。人类社会的每一时期都有不同的交往形式和文化形态，交往性质、交往范围在不同时期有很大差别。新航路的开辟，使交往的数量和质量都在提升，基于经济、商业目的的文化交往在全球范围内形成。当资产阶级商人在世界各地奔忙时，他们不仅把自己的经济价值观撒向世界各地，也把自己的文化价值观、政治价值观传播到世界各地，也使世界历史的形成过程表现为价值观的模塑过程。然而，"文明每

---

　　①　《马克思恩格斯文集》第1卷，人民出版社2009年版，第520页。

前进一步,不平等也同时前进一步"①,马克思看到了文化发展中的价值悖论,他认为,当社会的物质生产和精神生产并与实际生活相联系时,就有可能建立一种全面的社会关系。"各个相互影响的活动范围在这个发展进程中越是扩大,各民族的原始封闭状态由于日益完善的生产方式、交往以及因交往而自然形成的不同民族之间的分工消灭得越是彻底,历史也就越是成为世界历史。"②在相似的平台和共同的场域中,每一种民族文化都在世界文化中扮演着独特的角色,表现出独特价值,各民族的精神产品被接受并转化为具有公共性质的文化成果。

4."人化说":文化是自然界的人化及成果

"文化"的词义变迁大体上经历了自然基础上的审美意象、情感引起的内心视像、社会进化模塑的价值取向等阶段。在西方,"文化"源于拉丁语,有"耕种""培养""装饰"等含义,希腊语中与之对应的词是"教养""学识"等。西塞罗在总结古希腊罗马的文化现象时使用了"精神文化"一词:"即便是肥沃的土地,没有耕耘,就没有收获,人的心灵也是这样,人的心田也需耕耘,这本身就是一种哲学。这种哲学会去除心灵中的污垢,开辟一片心灵的净土,然后去播种。然而,只有那些成熟了的种子才能结出丰硕的果实。"③18 世纪下半叶,拉丁语的"文化"含义进入日常生活,被理

---

① 《马克思恩格斯文集》第 9 卷,人民出版社 2009 年版,第 147 页。
② 《马克思恩格斯文集》第 1 卷,人民出版社 2009 年版,第 540—541 页。
③ 转引自[俄]叶琳娜·斯克瓦尔佐娃:《文化理论与俄罗斯文化史》,王亚民等译,敦煌文艺出版社 2003 年版,第 3—4 页。

解为"与野蛮抗衡的一种理智",科学和艺术、社会的公正以及社会制度,文化发展被赋予安康之愿,成了追求社会变革的动力。进化学派认为,文化既包括劳动过程,也是艺术、宗教、信仰的完善过程,人类思想和劳动产品就是在进化中不断发展的过程。

黑格尔把文化解释为"第二自然界""第二客观世界",这个范围比较广泛。一些研究者提出"痕迹说""耕耘说""第二自然说""人化说",其共性在于说明文化产生于人与自然的互动。"语言和意识具有同样长久的历史;语言是一种实践的、既为别人存在因而也为我自身而存在的、现实的意识。语言也和意识一样,只是由于需要,由于和他人交往的迫切需要才产生的。"①随着社会的发展,文化所处的场景也在转换,在文化的坐标系中,反映文化变化的标量和矢量都在变化。"思想、观念、意识的生产最初是直接与人们的物质活动,与人们的物质交往,与现实生活的语言交织在一起的。"②自然社会是文化产生的场景,人类实践是文化发展的重要素材,劳动是人和自然结合的中介,通过能量交换和物质交换,内在的追求经过对象化活动被注入到社会之中,结果不仅社会被"人化"了,形成了"人化的自然",人也被改造成为带有更多文化因子的主体。"人把自然人性化,融入了自己的信念和评价,通过自己的创造有所建树并以传统的形式维持着一种理想现实,一个用只有他们自己才能看懂的语言和符号表达象征的世界。这个象征的世界像任何一个力场一样,有因极点势差而产生的应力。文

---

① 《马克思恩格斯文集》第 1 卷,人民出版社 2009 年版,第 533 页。
② 《马克思恩格斯文集》第 1 卷,人民出版社 2009 年版,第 524 页。

化的语义场中决定其动态特征的因素是人们的创造势能,而决定其静态特征的因素是人们保持传统的需要,也正是由于后一点使文化有了滞后性。"①在文化场中,活动主体不能没有,活动载体不能没有,活动中介不能没有,这三个方面又是不断变更着的。"文化远远不是单一的、统一的或自成一体的。它们实际上含有的'外来'成分、'异物'和差异等等比它们有意识地排斥的要多。"②奥勒留曾用"世界=变化,人生=信念"来描述文化的发生,他认为变化中的社会信念就是文化,"世界"是文化场景,"人生"是文化内容,"信念"是文化动因,"活动"是文化过程。总体上说,当人们对宇宙的观察有所体悟的时候,文化产生了;当人们对社会的改造有所行动时,文化产生了;当人们对内心活动有所表达时,文化产生了;当人们对社会交往有所描述时,文化产生了;当人们对自身和社会的成长有所感受时,文化产生了。因此,文化是社会的个体或群体发展中形成的一套知识系统、观念系统、行为形态、价值系统、审美系统和判识系统。

三、文化问题的切入方式

任何一个给定问题的研究方法都不是完全雷同的,但是,学科是相通的,它有边无界;对象是不同的,它有界无边。在科学的开

---

① [俄]叶琳娜・斯科瓦尔佐娃:《文化理论与俄罗斯文化史》,王亚民等译,敦煌文艺出版社 2003 年版,第 6 页。

② [美]爱德华・W.萨义德:《文化与帝国主义》,李琨译,上海三联书店 2003 年版,第 18 页。

放性和对象的选择性引领下,研究文化的方法各有不同。对文化的研究,"我们应该认识到其中的相互联系,不应该割裂任何一个部分,而应该在所有的历史科学中保持紧密的联系,我们应该构建一种理想——这一理想不因其不切实际而价值稍减——即关于民族真实历史或关于世界的真实历史的思想,这种历史中的每种形式的社会生活和智力发展的每个表征的阐述均应观照其余,同时观照其对于发展或衰落的意义。"①对这些文化表征的认识需要条分缕析,在形态、量态、质态、对象、方法、原则、祛魅、解魅、开新等方面进行分析,对文化符号、文化边界、文化型构、文化叙事、文化自信等方面做出全方位的认识。

1. 总体把握:对文化结构体系的整体判识和定位

一是把握对文化整体结构的认识和理解,必须对它的结构、内容、特征等方面做完整的分析,理解马克思主义关于"一切从实际出发"的文化意义,理解"具体问题具体分析"的方法论意义,理解"历史和逻辑相统一"的思想前提。这里的"实际"是不同时期的现实状况,它宏观上决定着社会存在和发展的主题以及实现社会目标的手段;这里的"具体"是体现在实际环境中的运作方式,是在微观层面上的实践方式和路径选择;这里的"逻辑"和"历史",就是思想与现实关系的体现。二是对马克思主义经典作家对文化的认识和理解,包括文化的生成机理、表达机制和表现形式,主要

---

① ［英］约翰·伯瑞:《进步的观念》,范祥涛译,上海三联书店2005年版,引言第5页。

涉及意识形态、宗教文化、文学艺术、理想信念、科学技术等方面。对文化概念的叙述主要运用归纳总结的方法，在博览中提取要点，在披阅中归纳论点，在对比中显示观点，将已有的文化概念的逻辑呈现出来，从中把握文化概念多样性的原因，认识人类文化的发展的规律、共性和个性，并以客观的理解评说有关内容。三是对已有的文化研究成果的认识和理解。其中有予夺之思，有褒贬之说，有鉴诚之辩，基本愿望是冀求剪弃浮词，自开风气。关于文化符号、文化边界、文化型构、文化叙事、文化自信等方面的讨论，充满现实色彩并有明显"主观"意向，是个人体悟与研究的结果。"体悟"不是"妙悟"，"研究"不是"终究"，尽管信心满满，甚至希望思有雅度，立言籍册，但思力有所不逮，能力有所不称，其中必有困于方法而安排不当者，有欠于才识而论说不及者，这方面要有甄别判断。

2. 文本梳理：对经典文本与历史关系的整体判识和定位

经典文本研究是认识文化的基础和前提，这涉及方法论和价值观的定位问题。一些人对马克思主义文化的颠覆性解读，不是捍卫马克思主义，不是用新观点、新材料说明马克思主义文化思想的合理性，而是试图颠覆传统的世界观和方法论；一些研究者在对有关思想的比较研究中，不是关注马克思主义文化思想的创新发展问题，而是试图用西方思想体系框定马克思主义文化思想内容。这些偏差，不只是学术认识问题，更是政治导向问题。立场和方法决定着文本使用的效果，立场决定方法，方法显示立场，研究马克思主义文化思想，首先是坚持唯物主义和唯物辩证法。对文本的研究，不外是解读和创新，前者起着诠释和宣传作用，后者具有发展和完善功能,无论是实践中的探索还是理论上的归纳,都不能忽视经典思想产生的历史条件。解读马克思主义文化思想的有关文本,必须放在当时的历史背景中考察,既发挥主观能动性又不能随心所欲地延伸有关思想,既拓展研究空间又不能随意驰骋想象。如果把文本客观条件所决定的僵死教条,把文本解读视为简单的复述,或者把文本研究视为以主观意志为转移的事情,会隔断文本与现实的关系,这不符合马克思主义方法论。考据学、解释学的研究思路,具有启发意义,但不应取代马克思主义立场、方法和世界观,我们研究马克思主义文本,要着眼于马克思主义辩证法的创造性运用,着眼于用辩证唯物主义立场揭示现实问题,着眼于历史视角中的思维和观点表达。在文本与历史的关系上,虽然文本不能取代历史,但文本是对历史阐发和反映,研究马克思主义文本必须研究马克思主义文本产生的历史时代,以便以原生态的形式再现马克思主义文化思想的历程和创造活动。"必须重新研究全部历史,必须详细研究各种社会形态的存在条件,然后设法从这些条件中找出相应的政治、私法、美学、哲学、宗教等等的观点。"①因此,文本解释要注重文化背景和文化语境,就是注重由包括生产方式决定的历史大趋势、由经济基础决定的社会利益格局以及由社会交往决定的生存方式。

对马克思主义文化思想的研究,在时间序列上,可以依照国际共产主义运动的历史线索串接起来的,与国际工人运动的重大文化理论结合起来;从空间结构上看,可以与当时革命重心的转移以

---

① 《马克思恩格斯文集》第 10 卷,人民出版社 2009 年版,第 587 页。

及革命文化的任务结合起来,以便说明社会主义革命和实践中的文化的继承性是马克思主义文化思想谱系的向前延伸的生命力;从基本内容上看,各部分都为总课题研究服务,是马克思主义文化思想在不同时期的表现形式,各个部分的衔接是科学社会主义运动的连续性决定的。相关的要点是:(1)马克思、恩格斯文化思想的整体特征和叙事形式,包括它的基点、构成、目标、内容等;(2)马克思、恩格斯文化思想的专门研究,包括意识形态、文学艺术、理想信念、教育实践、宗教文化、精神动力等;(3)马克思、恩格斯文化思想的发展,包括资本主义相对稳定时期的马克思主义者的文化思想、苏联社会主义革命和建设中的文化思想、中国革命和建设中的文化思想、西方马克思主义的文化思想;(4)对代表人物的文化动力思想的专项研究,包括列宁、斯大林、毛泽东等的有关思想,对考茨基、普列汉诺夫、拉法格、梅林等的有关认识也给予一定的关注,还涉及东欧前社会主义国家的文化理论以及对东欧新马克思主义文化思想的影响,亚洲的一些社会主义国家的文化理论和文化思想研究;(5)对西方马克思主义典型人物文化思想的研究,包括葛兰西、卢卡奇、拉克劳、墨菲、阿尔都塞、齐泽克等的观点;(6)对重要文化理论和文化观点的研究,如:"文化革命"、文化霸权、文化话语等。

3.话语叙事:对文化实践主题与话语关系的整体判识和定位

网络文化结构是内在的因素,网上思想文化阵地是外部的表现,但是不能把它们理解为一一对应的关系。通常情况下,网上思想文化阵地的核心位置与网络文化的核心价值观是对应的,网络文化元素的固结方式影响着网上思想文化阵地结构形式。结合得越紧密,越不容易攻破,意味着这样的阵地很牢固,所包含的网络文化力量越强大。但是,文化实践的主题依时代变迁而变化,这是任何一个国家、政党和个人不能回避的事实,而主题的变化决定着话语叙事的变化。无视时代主题的政党是难以跟上发展潮流的,无视时代主题的国家是难以走在世界前列的,无视时代主题的学术研究是难以产生思想光芒的。马克思主义文化思想是对当时时代主题的把握,其话语特征和叙事内容都是依照那个时代的主题确定的。忽视这一点,一则会失去话语灵魂,变得漫无目标;二则会失去话语基础,变得神秘抽象。话语形式是对主题形式的回应,它是统治阶级思想统治的手段,是研究者表述思想的方式,从这个意义上说,话语权就是思想霸权或思想支配权。我们研究马克思主义文化理论,要点在于体现思想的坚定性和理论的创新性。在这里,语言的"能指"和"所指"必须尽可能与文本的精神实质相贴近,因为任何精神或思想都是通过语句表达的。如果词不达意,会损害精神实质;如果停留在词义表面上,会窒息精神活力。把"从上往下看"与"从下往上看"结合起来,是一种研究思路。研究网上思想文化阵地建设,不能脱离其思想方向和基本逻辑思维,不能脱离社会背景任意演绎。从上面往下看,就是要通过中心向一般拓展,把内容串接起来;从下面往上看,就是四方向中心归拢,把要点集中起来。处理好马克思主义主流意识形态与大众文化的关系,经典思想与社会文化符号的关系,官方学说与民间社会文化的关系,以及社会的思想认识与主流文化的关系。比如:宗教文化是一种社会力量,在政教分离的国家中,常常被认为是国家政权之外的思想控制形式,它以特殊的形式体现着广大信徒的社会政治观念、权威崇拜和社会理想。无视或忽视它的影响,不是辩证的态度。要注意"二分法"与"和合法"之间的互补,马克思主义文化研究中,精英文化与大众文化是互动存在的,不能过分夸大二者的差异,要从多层次、多视角认识二者存在和发展情况,要通过整体研究在宏观上把握马克思主义文化动力思想体系,通过分层研究把握马克思主义文化思想动力的结构,通过过程研究把握马克思主义文化思想的形成过程,通过个案研究把握马克思主义文化思想的特征,通过比较研究把握马克思主义文化思想的变化。

四、文化含义在网络空间的延伸及赋型

网络的特异功能在于除了固化那些密切关系以外,还能把看似不相干的事物联系起来。"网状风尚"正成为联系社会的新形式,现实社会的文化延伸到网络空间时,也有了新的意义赋形。"网络"是在当代技术和思想关联的造物,特定的词汇、特定的因果联系构成了网络文化的基本元素。网络文化就是网民在计算机网络技术与虚拟现实技术融合的基础上,通过虚拟实践创造出来的以光、电、声、色、影为表现形式,它是以网络交往形成的社会关系为框架,依托人类文明成果,对现实世界和非现实之物进行数字化编码而建构起来的文化形式,是人类交流信息、情感释放、知识生产的新型社会空间。"以客观化视角观之,网络就是一种座架,

它使世界以信息的方式被展现。"①网络文化融视听于一体,铸声色于一炉,它以技术为载体把发生在社会现实里的事件或网民自制的东西在虚拟世界里表现出来,把科学技术与人类社会的发展联结起来,把人类新的社会存在形式和人类社会历史的发展联结在一起,把现实社会的思想、活动与虚拟世界的思想与活动联系起来。网络文化的基本特征是:

1. 表达形式的虚拟性

在网络虚拟社会里,社会生活的接触面大大扩展,私人生活的界面与社会生活的界面呈现很多交织,不同文化都有了潜在的活动范围,在相对短暂的时期内就可以获得高度活跃的网络信息,临时集合起来的网络人群显示出高度的流动性,所有的信息都面对着聚散分和,他们经常被昙花一现般的信息流冲刷淘洗,一大批活跃的联系和关系是体现经常性的价值和影响,总希望有一个推进联系的稳固基地。虚拟社会里,虽然人依然是活动的主体,其行为却被注入虚拟化和非实体化的特征,其中介系统是符号或数字。在这个社会里,现实世界的长河落日、大漠孤烟,对网民的感情不会有太大的影响。草木荣枯可以无所容心,风雨雷电可以熟视无睹。但是,虽然相隔的是虚拟的空间和现实的距离,相连的却是心理沟通和思想交流,"寄形"的方式是虚拟,表达的渠道是网络,收到的效果是快捷。一方面,扑面而

① 王文宏、高维钫:《网络文化研究》,中国言实出版社 2006 年版,第69 页。

来的信息,犹如长江大河,让不少网民感到"云来气接巫峡长";另一方面,置身虚拟的氛围中,心境空无傍依,让不少网民不知"云横秦岭家何在"。虚拟社会的时空观发生了巨大变化,那种"珠帘幕卷西山雨,画栋朝飞南浦云"的文化意境很难再体验到,而"采菊东篱下,悠然见南山"的文化记忆似乎变得遥远而模糊了。

2. 表达主题的自由性

网络本身的特殊性,使人们在交流时就会处在一种"若即若离"、虚虚实实的状态,也使网民在精神方面减少了约束。在虚拟社会里,网民摆脱了外部因素的束缚,可以自由地创造任何自己想要创造的东西。一方面,网民可以自由选择虚拟实践的方向,可以寻找适合自己的虚拟活动方式;另一方面,网民可以按照自己的意愿与别人交往,削减了现实社会中身份、地位等事实上的不平等,进而达到精神上的平等。网络文化的"我在模式""跟帖模式""点击原则""众说原则",都可以自由选择。在这个空间里,关注网络文化可以自由地表达"倬彼昊天,宁不我矜"的心理感情;可以各擅胜场,"名逐物而迁,言因理而变","嗟叹之""永歌之""手之舞之,足之蹈之"都夹杂其中。对一些网民来说,现实的不平在虚拟社会得到补偿,心理上的不忿在网络社会得到慰藉。而且,充分的自由,成为网民发泄和表达的最佳媒体,打破了精英人物垄断话语权力的局面,淡漠了"阳春白雪",抬举了"下里巴人",冰释了知识权威,消解了文化霸权。

3. 表达内容的自控性

在虚拟社会里,网民可以自己决定交往、学习或娱乐,也可以随时离开感到压迫或强制的群体。交流的方式,交流的时间,交流的场所,差不多都是自己选择的,真正是"我的地盘我做主"。蜗居一隅,你可以把握乾坤;移动鼠标,你可以点击万事。打开了屏幕,就是打开了世界;关闭电脑,等于关闭了心灵之窗。虚拟社会里,网民可以选择 E-mail 进行异步交流,也可以通过 QQ、MSN 进行同步沟通;既可以通过 web 进行信息查询或发布,也可以通过 Usenet 或 BBS 进行专题讨论;既可以通过 WebRadio 收听新闻或音乐,也可以用 WebTV 观看电影或动画。虚拟社会的技术平台使网民的活动具有了显著的自控权,网民可以自己决定网上购物、网上学习、网上娱乐。这个环境中,不难体会到,"网"事如风,带走多少悲欢离合;虚中有实,留下无数酸甜苦辣。事实表明,网络文化并非平湖秋月,其影响决不是"空里流霜不觉飞,汀上白沙看不见"。这样的特点,又会引起利己主义行为的扩大,一些网民看到了网络空间的表达机会,也希望通过网络拓展私人领地,追求"成功"和"发展"是他们不懈的愿望,似乎这是体现网民自身全部价值的事情。由于很多网民希望表达自己的原创能力,他们就像"话语工厂"里的工人一样,进行着创造性的话语生产,也像艺术家一样做一个可以自我欣赏并尽可能得到外界赞赏(打赏)的作品。网民活动的暂住性和流动性使他们力求在每一项"创造"中获得更大社会关注或利润,甚至不顾及对于他所取得资源方面产生的后果,在网络这个极其不确定的充满动荡的空间里,似乎唯一值得看重的自我发展,每个网民也似乎只是"自己的企业主"。每一项活动都是网民扩张或扩大自身的机会,网民在网络空间里的影响,主要取决于他们在多大程度上能够通过扩大和增多与其有关的世界并增强自身的影响。网络空间的投机主义者也看到了其中虚拟空间发展机遇。

4. 网民关系的社群性

网民可以根据自身的兴趣、爱好等与其他网民进行文化交流,按照自己的需要寻找交流群体,并在相互沟通的基础上,结成相对稳定的交流群落,形成网络社区。虚拟世界里,你不用忧心"江上何年初见月,江月何年初照人",更不用有"上穷碧落下黄泉,两处茫茫皆不见"的孤寂,你随时都可以选择自己合群的网友。在这个群体里,经纶世务者,可以忘却营生之累;鸢飞戾天者,可以放下矜伐之心。浏览网络风景,体察网络风物,可以感觉"万川归之,不知何时止而不盈;尾闾泄之,不知何时已而不虚"。置身其中,就像"一群可以面对面也可以彼此不相见的人,通过电脑公告板系统或电脑网络来交流文字与思想。在网络空间里,人们闲谈,人们争论。有时参加聪明的讨论,有时做些商业化的表演。人们交流知识,分享感情,共同规划未来,共同沐浴头脑风暴。也可以传传闲话,换换情趣。有人兵戎相见,有人共坠爱河,有人找朋友又失去,人们一起玩游戏,玩超游戏。这里也会迸发出闪亮的艺术火花,但更多的只是懒散的对话"①。网络社会的社群性体现了人的

①　王文宏、高维钫:《网络文化研究》,中国言实出版社 2006 年版,第34—35 页。

交往的多样性,提供了人的全面发展的又一空间和形式。网络社群的特点是体现群内的互惠关系或一致关系,他们之间又相互选择和信息共享,社群内每人都和其他人交流,这就扩大了交流范围。但是,群与群之间的"结构空洞"明显存在,这些缝隙往往是网络文化的"荒地"和有待拓展的空间。网络的社群性还会造成信息的不对称性,从经验中获取有关联系的影响,这种影响基本上是自我欣赏或使用的,具有独占性,因为掌握了网络信息资本,就等于获得了更多的话语权。社群里的群主以及具有广泛影响的人物往往具有左右整群意向的能力,他们可以在转移信息和联系时居于支配地位。为了表示自己的影响和无私,他们也经常在信息共享时避免内耗,因为存在着僵硬界限所分割的不同环境,因为并非所有的关系都是契合的,网民会通过不同网络区域保持自己的独立性。

5. 网络文化的二象性特征

作用方向的二重性。一是张扬个性与炒作煽情并存。网络空间的自由性,给无数网络文化"指画一方"的权利;网络空间的隐匿性,又让网络文化无所顾忌地表达自己的个性心声。与此相伴的是,一些人刻意标新立异,追逐网络效应,并与现实的私欲结合起来,煽情炒作出一个个网络风波,也有人故意推波助澜,将一波又一波的网络事件推向远处。二是披露真相与渲染虚假并存。网络在披露事实方面做了许多敢为人先的事情,在揭露社会阴暗面中起到了伸张正义的作用。正是由于网络的渲染效应和现实威力,一些人借助网络,怀着一己私欲,随意散布流言或夸大事实。

三是传播信息与制造网络垃圾并存。网络是传播新知识、新科技的重要场所,它以互动性、时效性、综合性及超文本性等特点,成为广泛认可的媒体。但是,传播文化知识的同时,网络垃圾也成为令人头痛的事情。四是褒扬正义与发泄怨愤并存。网络是聚集民意的新通道,是网民参政议政的舆论平台、话语平台,也成了一些人宣泄情感、谴责和讨伐社会邪恶的重要手段,甚至成为一些人发泄私怨的工具。

第二节　网上思想文化阵地的型貌、
结构及功能

网上思想文化阵地以马克思主义为精神旗帜,以网络虚拟社会为活动空间,以社会主义核心价值观为行动指南,以人民群众为行动主体,构建网上思想文化阵地的活动路径和社会面貌,以时代精神和民族精神为主要内容。

一、网上思想文化阵地的型貌

"型构"(configuration)一词源于埃利亚斯(Nathalie Heinich,德国)的《内局群体与外局群体》一书,意在表达文化结构的过程性和动力性。思想文化阵地的型构是边界状态、形貌结构及其内容的结合方式,技术语境中的网上思想文化阵地型构模式具有虚拟特征。思想文化阵地与领土阵地的存在方式有很大差别,思想文化阵地是无形的,领土阵地是有形的,两种阵地的建设和守卫方法是不一样的。网络空间由自由的网民构成,与地理空间不同,它是开放的、不确定的和变动的,"在网络空间确立一种公平尺度的困难,正是由于无法始终知道谁在内和谁在外。"①完整把握网络空间是一件极其困难的事情,这也凸显出维护网上思想文化阵地的难度。网上思想文化阵地是边界状态、形貌结构及其内在因素的结合形式,技术语境中的网上思想文化阵地型构模式具有明显的虚拟特征。思想文化阵地与领土阵地的存在方式有很大差别,思想文化阵地是无形的,领土阵地是有形的,两种阵地的建设和守卫方法是不一样的。网络空间,与地理空间不同,它是开放的、不确定的和变动的,"在网络空间确立一种公平尺度的困难,正是由于无法始终知道谁在内和谁在外。"②这种特征影响着网上思想文化阵地的存在形式和固结方式。

　　从字面看,阵是由"阜"和"车"二字相结合而成的会意字。《荀子·赋篇》中"生于山阜"中阜的有土山、土堆之意。而"车"的含义则较多,《卖炭翁》中"晓驾炭车辗冰辙"的"车"专指车子,《陈涉世家》中"比至陈,车六七百乘,骑千余,卒数万人"的车特指各类战车、冰车,而《浣溪沙》"村南村北响缫车"中的"车"指的是有轮子的机械器具,如水车、纺车等。由"阜"与"车"组成的"阵"同样具有多重含义,从名词上讲,《出师表》"愚以为营之事,悉以

---

① 〔法〕吕克·博尔坦斯基等:《资本主义的新精神》,高铦译,译林出版社 2012 年版,第 116 页。
② 〔法〕吕克·博尔坦斯基等:《资本主义的新精神》,高铦译,译林出版社 2012 年版,第 116 页。

咨之,必能使行阵和睦,优劣得所"中"阵"指军队作战时按一定的作战意图排列的队伍;《滕王阁序》中"雁阵惊寒,声断衡阳之浦"中"阵"指行列;《失街亭》:"吾累随丞相经阵"中"阵"指战事;《失街亭》"二将合兵一处,大杀一阵"的"阵"表示时间的长度。"地"本意为物质,后逐渐引申为土地、大地、地表。"阵"地二字组合起来即:为实施战斗,兵力和武器所占领的地域,是部队实施战斗,发扬火力,运用战术,消灭敌人,保存自己的重要依托。《史记》中"大王尝与吴人战,五战而三胜,阵卒尽矣"的"阵"即为此意。由此,笔者认为阵地是作战的时候要占据的地方,在不利情况下必须要坚守的一定场所和一定区域,具有防御性、攻击性、排他性和极高的战略意义。阵地的建设需要有科学精准全面的阵势布局、训练有素配备齐全的庞大阵容、信念一致高度团结的人民阵线和清晰明确牢不可破的阵地边界。思想文化阵地体现了占领思想文化领域的主导权在一个民族、社会、国家发展进程中的重要战略意义。从媒介种类的角度出发,思想文化阵地可分为手抄报、报刊、期刊、广播、电视等;根据区域类型来划分,思想文化阵地可小到建设某一个农村、企业、校园、社区、图书馆的思想文化阵地,大到为了维护一个国家意识形态安全,营造健康向上的交流空间而建设的思想文化阵地。具体来说,思想文化阵地指具有共同思维方式、理想信念、伦理道德、价值观念的人们,在一定区域内通过各种媒介渠道宣传自己的价值体系、思想理念,帮助人们树立边界意识,指导人们的行为活动,规范行为方式,以此实现抵抗不良思潮入侵、净化人们心灵、充分发挥思想文化正向效应的愿景。

随着数字时代的到来,计算机信息网络逐渐融入人们的日常生活中,越来越多的人开始加入网络虚拟社会,体验网络带给生活的趣味和便捷,网络社会成为与现实社会并存的第二空间。思想文化的传播不再受制于口头或是书面两种方式,而是通过网络媒介以数字化、信息化、符号化的形式在网络空间传播,网络新媒介成为思想文化的重要传播方式和传播渠道。思想文化阵地的建设和守卫是传统媒介渠道向网络空间的拓展。从思想文化传播的媒介种类来看,互联网是继传统传播手段之后的"第四媒介",从思想文化传播的渠道来看,网络通道不同于传统渠道,具有虚拟性、平等性、自由性、互动性的新型传播渠道,途径区域更为广阔、传播内容更为丰富、受众主体更为庞大。网上思想文化阵地是为了维护一定的政党理念、阶级立场、核心价值体系和意识形态安全,通过提高网络技术,建设网络社区、官方媒体等具有管理、监督、指导作用的网络维护手段等方式,净化网络传播渠道,从而打造一个积极健康、向上向善的网络空间。网上思想文化阵地与传统思想文化阵地虽然只有传播媒介和传播区域上的不同,但由于网络空间和网络文化所具备的独特性,同时也赋予了网上思想文化阵地在内容传播、参与群体、管理规范、区域界定等方面的特殊性,具体来说有以下几方面:

一是网上思想文化阵地的存在虚拟性。占领和建设网上思想文化阵地是对网络空间的有效管理,而网络空间本身具有虚拟性,是建立在计算机技术基础上的,将现实生活中真实存在的思想文化、商品货物、房屋建筑等一切有形的东西都幻化为数字和符号,人们通过与这些数字符号的相互交流,在网络空间开展娱乐、学习、工作等与现实生活相对立的虚拟活动,在网络空间所体验的生活是一种数字化生活。以网络空间为载体的网上思想文化阵地同样具有虚拟性,这是与传统思想文化阵地的真实性相对应的。传统思想文化阵地是以图书馆、报刊亭、博物馆、学校、电视、广播等实体建筑或实体传播媒介为依托的有形可循的真实存在,其范围是圈定的,大小是可以丈量的,边界是清晰存在的。而网上思想文化阵地则是没有固定区域、没有实体边界的,仅依靠计算机网络技术便可存在的虚拟阵地。就网络空间中思想文化的内容形式而言,思想文化的语境不再仅局限于口头和书面两种形式,而是以图片、声音、微视频、表情包等虚拟的网络形式为主;就网上思想阵地的主体的而言,网民通常将自己伪装成与现实存在的真实身份大相径庭的虚假身份来享受网络虚拟社会带来的乐趣,人们在网络空间自由活动,把虚拟空间当作一种现实存在时,虚拟意识和虚拟想法也会不断涌现,当内心世界渴望发泄的观念冲破现实有限性的藩篱,虚拟网络空间就成为个人思想文化涌现的最佳渠道。虚拟的网络空间、虚拟的网络内容和虚拟的网络主体缔造出的新型虚拟现实,模糊了与现实实际存在的界限,网上思想文化阵地整体呈现出一种隐匿性与虚拟性特征。

二是网上思想文化阵地的形态流动性。网上思想文化阵地的流动性体现在网络空间范围的流动性、网络主体的流动性和网络思想文化内容的流动性。网络空间的多元化、自由化、大众化和开放化意味着网上思想文化阵地不同于传统文化阵地的形态表征,没有稳固确定的阵地形态和明确牢固的阵地防线,处于流动状态,任何有人和网线的地方都可以拓展成为网上思想文化阵地的区域。以广播、报纸为例,报纸、广播等传统思想文化阵地的形态受制于报纸版面的大小、发行量的多少和广播声音所及范围,而网上思想文化阵地的范围是无法测量、无法固定的,任何区域,只要有人且可连接网线的地方都可以拓展成为网上思想文化阵地的一个部分。就阵地主体而言,无论是农村思想文化阵地还是大学校园思想文化阵地,对阵地主体都有明确的界定,只局限于农民或大学校园里的师生等特定的群体,而网上思想文化阵地的主体囊括了各个层面的群体,网民的构成由不同年龄段、不同职业、不同民族、不同区域、不同国家、不同信仰的人们组成,且网民在网络空间中的活动范围、活动内容和活动形式处于不断变化的态势下,身份模糊不清,踪迹复杂多变,作为网上思想文化阵地的主体,呈现出流动性特征。流动的主体在网络空间彼此之间相互交流的过程中,促进了思想的碰撞,旧有观念的重组和新思想的产生,网络文化的魅力与影响力在传递中熠熠生辉。

三是网上思想文化阵地的主体互动性。文以化人,思想文化的传递离不开人的参与,网上思想文化阵地也不例外,尽管作为虚拟空间的存在,但网络背后依旧缺少不了人们的参与。传统思想文化阵地一般以主办方为思想文化传播内容的主导者,通过借助一定的传播渠道和场所来宣扬自身向大众传递的文化内容。在这个过程中,群众作为受众主体只能单一被动地接受思想文化的熏陶。网上思想文化阵地则体现出主导者的集群化与"草根化",在传统思想文化阵地缺乏话语权的普通民众可以在网络空间得到补偿,任何职业、任何年龄段的网民都可以成为网络文化的发布者,在网络虚拟社会抒发自己的真实情感和思想观念,同时对主流媒体所传递的思想文化和社会热点问题可以通过微博、微信、贴吧等多重渠道,运用自己所掌握的信息来发表看法、提出建议、表达观点。思想文化的交流不再是上对下的单一线路,而是上下互通,碰撞交流的合作关系。主办方在打造网络平台时也会充分采纳网民的意见,将网民的建议融汇在平台打造过程中,吸引更多网民的关注与热议,借助网民的宣传力量扩大平台吸引力,增强思想文化信息的传播速度和影响力量。

四是网上思想文化阵地的内容多元性。网络虚拟社会作为文化信息的放大器和集散地,为思想文化的形成和传播提供了便利场所和快捷渠道。网上思想文化阵地内容的丰富多彩与一应俱全是其他传统思想文化阵地所无法比拟的。网上思想文化内容主体的普及化赋予网民文化接收者与创造者的双重身份,打破了传统思想文化阵地固有文化板块的单一内容,大到国际新闻、时事政治,小到网民日常生活、柴米油盐,思想文化的多样性在网络空间体现得淋漓尽致。在网上思想文化阵地,各种文化并存共处,包罗万象、异彩纷呈、形色各异的文化内容、思想观念和价值理念在网络虚拟社会呈现出来,供不同偏好的网友选择与享用。网上思想文化阵地的内容多元性在为网友带来文化饕餮盛宴的同时,也为虚假文化、色情文化、恶搞文化等网络文化垃圾带来可乘之机,威胁着网上思想文化阵地的健康与纯洁。

二、网上思想文化阵地的结构

1. 马克思主义是网上思想文化阵地的旗帜

旗帜是一个领域具有榜样作用的标志,是指导人们认识世界、改造世界的方法基础,是人们凝聚力量、坚定意志、统一作风的思想基石,是一个民族、一个国家的行动标识与精神支柱。马克思主义是网上思想文化阵地上的精神旗帜。习近平总书记在纪念马克思诞辰 200 周年大会上的重要讲话中指出:"历史和人民选择马克思主义是完全正确的,中国共产党把马克思主义写在自己的旗帜上是完全正确的,坚持马克思主义基本原理同中国具体实际相结合、不断推进马克思主义中国化时代化是完全正确的!"①马克思主义旗帜的时代价值由其经久不衰的科学理论品格、历久弥新的历史经验证实和亟待解决的现实需求呼唤共同铸就。数字时代和信息时代的深刻变革中,互联网逐渐与人们在现实生活中的衣食住行相接轨,心仪服装、知心朋友、诱人美食、便捷出行都可通过网络渠道完成,数字化生存与现实生活融为一体,网络大门的打开解蔽了时空阻隔盲区。信息互通有无,文化交流碰撞,琳琅满目、包罗万象的网络文化吸引了越来越多的人加入网络空间,同时也让各种庸俗、恶俗、媚俗等不健康文化和不良文化思潮有机可乘,钻了网络虚拟空间管理困难、管理滞后的漏洞,在网络虚拟社会制造了大量垃圾文化,侵蚀网民思维,污染网络空间,影响了主流意识形态的领导地位,压缩了主流媒体的话语空间,削弱了网络党组织平台的存在感和吸引力,破坏了人们赖以生存的网络思想文化家园。西方一些国家依靠强大的网络核心技术和丰富的互联网信息资源,一方面,在网络虚拟社会大肆宣扬其"普世价值"理论,用一

---

① 习近平:《在纪念马克思诞辰 200 周年大会上的讲话》,人民出版社 2018 年版,第 14—15 页。

切赞美、高尚的褒义标签来美化他们的政治体制和价值理念,抬高自己的同时还不忘时时刻刻贬低中国,制造"中国威胁""中国崩溃"等恶意言论并通过网络空间对我国网民进行思想渗透、思想腐蚀,将西方的一切都形容为至高无上,而中国的都贬低得一无是处;另一方面,私下资助"台独""藏独"等破坏我国团结统一的恶性组织和邪教势力,揪住某一不良事例并夸大其负面效应,极力鼓吹民粹主义、历史虚无主义、民主社会主义等不良社会思潮,通过研发"翻墙""破网"等具有渗透性的科学技术,恶意抹黑中国共产党,扰乱人民群众对社会主义核心价值体系的认可和对马克思主义的信仰,对党在网络空间的领导地位和政治权威产生威胁。

建设网上思想文化阵地是维护我国网络意识形态安全、增强文化自信的必要选择,也是打造风清气正的网络空间、构建人类网络命运共同体的基本路径。"主义譬如一面旗子,旗子立起了,大家才有所指望,才知所趋赴。"①这面旗子就是马克思主义。马克思主义旗帜是网民活动于网络虚拟社会的思想指南和精神基石,是网民正确应对各种社会思潮和各类文化泛滥的价值标准、在网络虚拟社会进行活动的行为标杆。网上思想文化阵地在马克思主义旗帜的指引下,科学的世界观和方法论规范着网民行为,时时提醒我们在虚拟世界保持高度的理性和自觉;主流价值理念和官方媒体网站作为权威信息的发布者,引导着网络舆论导向,肃清着舆论场所的虚假信息和网络骗局;技术人员和管理部门作为网络安

---

① 《毛泽东年谱(1893—1949)(修订本)》(上卷),中央文献出版社2013年版,第70页。

全的保护神和守卫者,填补技术漏洞、阻隔黑客侵袭,担负着网上思想文化阵地的安全工作和防御工作。马克思主义是网上思想文化阵地的鲜明旗帜,为网络虚拟社会指明了前进道路和发展方向,是网民的精神脊梁。

2. 社会主义核心价值观是网上思想文化阵地的灵魂

社会主义核心价值观是网上思想文化阵地的灵魂,这是由社会主义核心价值观的内在意蕴赋予的,也是由网络虚拟社会的价值追求决定的。思想灵魂是一个人、一个群体、一个民族乃至一个国家起关键作用和主导作用的核心因素,是对人的思想、意志、行为、情感具有导向性、驱动性、规范性的精神因素。社会主义核心价值观作为文化软实力的中轴,中华优秀传统文化的血脉,社会治理和国家发展的理据,是中国特色社会主义文化的内核与灵魂。

社会主义核心价值观是巩固马克思主义在意识形态的指导地位、巩固全党和各族人民发展成果的精神基石,也是有效应对世界范围内各种价值观、思想文化交流交锋的精神力量,是互联网时代网上思想文化阵地的灵魂。社会主义核心价值观作为网上思想文化阵地的灵魂,有着凝神聚力、强根固本的核心力量。社会主义核心价值观熔铸了历经历史的沧海桑田依旧源远流长的中华优秀传统文化的滋养,当其作为灵魂深入网上思想文化阵地时,中华优秀传统文化也绵绵不绝地深入网民内心。价值观与优秀传统文化的契合扩大了中华文化在网络空间的辐射力与影响力,对加强本民族的文化认同、心理认同、国家认同,提升网友对异域文化的吸纳力与消化力有着重要的价值。社会主义核心价值观以精练的概括,用二十四个字为国家治理、社会发展和个人行为提供了高屋建瓴的指导作用,作为网上思想文化阵地的灵魂,规范着国家、社会和个人在网络虚拟社会的行为。在治理网络虚拟社会过程中,将人民群众放在首位,运用法律、规章制度等强制性手段,配合不断提升的技术手段,辅之以宣传说教的教育手段来有效匡正网民的不良行为,清除网络虚拟社会的不道德行为、违章行为和违法行为,正是价值观指导作用下的体现。社会主义核心价值观作为网上思想文化阵地的灵魂,在建构虚拟空间的价值标准,框定网民的行为界限方面起到了重要作用,是网上思想文化阵地的"主心骨"和"净化器"。

3. 广大群众是网上思想文化阵地的主体

广大群众在网上思想文化阵地的主体地位体现了中国共产党作为马克思主义执政党将人民群众放在主体地位的执政理念,也体现了人民群众是推进网络时代产生发展的主体力量的实践逻辑。无论从世界进程的时间维度,人类进化的发展维度,还是从科学技术的创新阶段,人文科学的话语向度来看,人民群众在历史脉络向前延伸、人类社会趋向美好的进程中发挥着不可替代、无法撼动的主体作用。人民群众的主体地位是马克思主义群众观的中心,是历史唯物主义体系的旨趣,更是人类社会发展演变的历史逻辑与实践经验的核心。坚持人民立场是一切决断的出发点和立足点,是我们中国共产党作为马克思主义政党区别于其他政党的关键所在。人民群众也是计算机网络技术的创始人,同时也是网络空间的打造者、活动者、拓展者和守卫者,是网上思想文化阵地主体。技术不是凭空产生的,技术的源头可寻至钻木取火和以石为器的远古时代,人类在长期劳动中总结的实践经验会在头脑中形成科学理论,而科学理论又会在实践中转化为物质力量,同时新的物质力量又会在实践中转化为更为先进的科学理论……计算机网络技术同样不是凭空而降,而是凝结着人类对前人科学理论的借鉴和对社会实践经验的总结,从它的起源来看,是人民群众从事脑力劳动的产物。人民群众在长期应用计算机技术的过程中,将计算机技术由单一部分的私人领域向与现实社会相接轨、人人可在此生活的公共空间转变。在政治参与方面,具有原生性的网络意见对党和政府而言显得更为重要,人民群众通过在网络渠道自由表达自己的利益诉求和建设意见,充分发扬作为主体的社会意识和责任感。网络技术在人们对网络文化需求中得到发展,同时发展中的网络文化又刺激网民新的社会需求。新时代,中国梦的实现需要紧紧依靠人民群众,建设网上思想文化阵地同样需要紧紧依靠人民群众,这是由人民群众在网上思想文化阵地的主体地位决定的,体现了我国网络空间治理的鲜明价值取向。建设网上思想文化阵地要坚持以人民为中心,强调在网信事业发展中贯彻以人民为中心的发展思想,提供老百姓"用得上、用得起、用得好的信息服务";在网络空间治理中认真聆听网民声音,发挥舆论监督作用;走好网上群众路线,了解群众所思所愿,收集好想法好建议,积极回应网民关切、解疑释惑;让互联网成为我们同人民群众交流沟通的新平台,成为了解人民、贴近群众、为百姓排忧解难的新途径,与人民群众一起将网络虚拟社会打造成人民群众赖以生存的网络精神家园。

4. 民族精神和时代精神是网上思想文化阵地的重要标识

网上思想文化阵地所流通的思想理念、传递的价值观念、宣扬的核心思想是在马克思主义旗帜的指导下,蕴含着社会主义核心价值观的思想精髓,其主要内容是对人民群众有着净化心灵、提升素养、严以律己、向上向善教化作用的民族精神和时代精神。民族精神和时代精神是中华民族稳固根基、与时俱进、走向强盛的内在动力与精神支撑。民族精神是中华民族历经沧海桑田、历经千锤百炼而仍旧朝气蓬勃、生生不息的民族文化、民族习性和民族意识,是经过五千年岁月洗礼却从未出现裂痕与断代的中华民族赖以生存、共同发展的内在基因。民族精神以爱国主义为核心,同时兼具团结统一、勤劳勇敢、自强不息等内容,体现了中华民族"仁""义""和"的内在心态和存养,不同时期有着不同的历史意蕴,每个民族同胞都能够跟随着时代变迁而在民族精神熏陶下进行自我意识、自我反思、自我觉悟和自我规定。民族精神熔炼于古代,成于近代,彰显于当代,作为网上思想文化阵地的主要内容,对广大网民有着凝魂聚气的深远意义。氤氲着爱国主义氛围的网上思想文化阵地,感知着屈原在国家危难之时"长叹息以掩涕兮,哀民生之多艰"的爱国情感,感知着范仲淹在国家昌盛之极"先天下之忧而忧,后天下之乐而乐"的居安思危之举,网民展示出自己对本民族的热爱和对国家的忠诚,树立正确的行为规范、道德判断和价值标准,有能力对各种侮辱、诽谤国家的言论予以慧眼识别,并给予强硬回击,共同维护同胞的精神乐土,免于陷入历史虚无主义的泥潭。氤氲着奋斗气息的网上思想文化阵地,研读"天行健,君子以自强不息;地势坤,君子以厚德载物"的奋发图强;体味铁人精神、雷锋精神、抗洪抢险精神的坚强勇敢,网民可以通过自我意识进行是非判断,避免陷入娱乐享受的旋涡无法脱身,时刻保持对网络技术是生活工具而非生活主宰的清醒认知,免于成为计算机网络的奴仆。民族精神是一个民族的文化慧命,除了爱国主义、自强不息,还有许许多多教化网民在网络虚拟社会进行自我约束、自我提升的理念内核,它为人民群众在网络虚拟社会进行活动打造了一件有指导性、判断性、防御性思想保护外衣,让中华民族的民族之魂在世界文化激荡的舞台中光彩夺目。民族精神与时代精神是中国精神的组成部分,民族精神更侧重于从不同民族界定的角度来进行定位,是民族同胞经过长期生活形成的,能够让大家所信服的民族品格、价值标准;时代精神则侧重于时代发展的角度,是每一个时代超脱个人的、可以引领时代潮流、具有标志性和积极作用的、可以体现共同集体意识的精神风貌和优良品质。网民在享受体现时代精神的文学美文、时政新闻、事实案例、综艺节目等文化作品和文化产品的同时,可以增强自主创新、锐意进取的精神魄力,紧紧跟随时代潮流,朝闻时政,夕听圣贤,内视反听,责躬省过。在时代精神的召唤下从骨子里增强文化自信,敢于突破计算机网络滞后技术,求真务实,勇于探索更加贴近生活、服务生活的先进的科学真理,在中国共产党的领导下,人民群众团结起来共同维护马克思主义意识形态在网络空间的话语权,共同维护网络空间安全,打造现代性、先进性、科学性和安全性兼具的网上思想文化阵地。时代精神为网上思想文化阵地融入了崭新的时代元素,让广大网民能够在网络空间中领略日新月异中国风貌,令人惊叹的世界景观和飞速发展的科学技术,开阔眼界,屹立于时代之巅,与时代共同前行。

三、网上思想文化阵地的边界及功能

一个阵地的边界是区分和界定各个区域阵地、各种形态阵地的重要标志。网上思想文化阵地的边界不同于传统意义上的疆域边界和区域边界,是一种流动的、具有相对性的边界,是区分不同思想观念、不同价值体系、不同生活方式、不同行为习惯的文化边界。网上思想文化阵地的文化边界指网络文化依附于网络技术进行活动的范围和存在空间,这个文化边界能够保护本阵地的思想文化不受其他形式文化的侵略,具有一定的抵抗作用和防御作用,如对宣扬所谓的"普世价值"文化的拒斥功能、对网络行为的约束功能、对网络安全的防御功能等。高扬马克思主义旗帜的网上思想文化阵地,其文化的守卫边界是科学社会主义传播和实践中的,代表无产阶级和社会主义的思想文化,维护了马克思主义语境中的文化在网络虚拟社会的指导地位。

1. 网上思想文化阵地的价值边界及其对"普世价值"的拒斥功能

文化边界意识体现了对文化"元叙事"的界定和影响,是为了凸显自身文化特点而作出的反应。关于文化边界的纷争,从运用火车、轮船技术将两个拥有不同文明的区域连接起来就早已有之,并逐渐在全球化浪潮中增强了不同文明之间的相互交流与激荡起伏,而网络时代的到来将人们对文化边界的思考推向高潮,强势文化企图侵蚀弱势文化,弱势文化则害怕消失于文化全球化的潮流中。网上思想文化阵地的价值边界是对西方资本主义所宣扬的"普世价值"的拒斥,也是对中国特色社会主义文化的守望。价值边界意识是价值普适性与价值多元化之间的"和而不同",网络虚拟社会为不同形态文化的互通有无提供了便利空间,西方资本主义国家将自己的价值观念冠以"普适性"的帽子,并借助网络传播媒介大力宣扬自身文化的优越性,企图将自己的价值体系附加于其他文明之上,一揽全局;而其他国家面对文化价值侵略局势,只能全力捍卫自己的价值理念,提升本国文化应对资本主义价值体系的抵抗力和防御力。针对价值边界在网上思想文化阵地的树立和固守进行分析,价值边界是流动的,甚至在一定区域内价值边界会建构共同的价值区域。如一些抽象的价值概念:民主、自由以及对和平的期盼,在每个国家,对于每个民族来说都是极为重要的,但细化到具体表现、惠及群体,价值观念在不同国家、不同区域又是各有差异、各不相同的,是有边界的。社会主义核心价值观所传递的自由、民主、平等是中国特色社会主义体系下的价值观,与西方资本主义所宣扬的价值观不同,社会主义的人权思想和资本主义的人权思想同样存在差别。因此,网络虚拟社会中西方国家用"普适性"来伪装自己的价值观念,也只是仅限于西方社会的"普世价值",网上思想文化阵地的价值边界正是起到了对这种非马克思的区域性价值观的拒斥。学者殷海光用"价值之幕"来形容文化价值边界,一定数量的人被笼罩在无形的"价值之幕"中,这群拥有不同价值体系的人即使近在咫尺,其实也远在天涯。对于

"普世价值"与多元价值边界的认识,从其他角度来看也会有不同的理解,以自我为中心的宗教文化,在接触其他文化价值时会表现出强烈的拒绝,而宽容的价值观则更多地表现出对其他文化价值的融化和吸纳。

立足于马克思主义辩证法的方法论基础,应该客观看待思想文化的边界意识和文化边界。追溯"普世价值"的雏形可回到古代西方思想史上,人类的先进思想曾被知识化、理论化,自由、平等、民主、法治等价值观曾被幻化为人类生存的共同价值体系,但"迄今为止,所有以超验神圣为依归,并用绝对命令的武断架势对个体行为指指戳戳的道德体系,实质上是杜撰、谎言和欺骗"①。即使是西方国家,思想文化的价值边界意识一样存在。法国大革命中与原始基督教追求的平等不同,前者追求的是财产所有权的平等,而后者则是财产追求方式上的平等。网络时代推动了文化全球化的发展,在网络空间中的文化呈现"你中有我,我中有你"的交融局面,但没有一种文化是一方独大、绝对至上的,自然也没有统一于一个价值体系的多样文化。"认识边界"是"价值边界"的基础,人们对自然界、对社会的认识是以渐进方式不断加深发展的,从人类认识世界的能力来说,人类在探求社会本质的过程中,从事社会实践的能力只能支持人类不断逼近社会本质;就人们认识社会所借助的道具和工具而言,人们所使用的工具是科学技术不断进化发展的,从前向各地渗透自己的思想文化需要历经乘坐轮船或火车的长途跋涉,而今轻点鼠标即可向世界各地传播自身

---

① 张凤阳:《现代性的谱系》,江苏人民出版社 2011 年版,第 385 页。

文化。认识边界是在人们社会实践的基础上不断延展的,而"普世价值"将思想精神绝对化,只在自己的圈子里来来回回、兜兜转转,不承认价值观念的多样化。当"绝对的批判返回到自己的出发点以后,就结束了思辨的循环,从而也结束了自己的生涯。它的往后的运动是纯粹的——超越一切群众利益的自己体内的循环,因此,群众对它已丝毫不感兴趣了。"①西方国家在网络空间标榜自己价值体系是"普世价值"的背后,实则暗藏着西方霸权主义、西方中心主义的居心,"凭借无限的自我意识,使自己凌驾于各民族之上,期待着各民族跪在自己脚下乞求指点迷津"②。"普世价值"自诩代表了历史发展规律,其宣扬的普适性却又违背了历史规律;支持价值选择的多样性,却又以其普适性反对价值选择的多样性;承认文化的边界意识,却又否认思想文化价值边界的存在。我国作为一个多民族的社会主义国家,承认和保护文化多样性一直是对待不同文化的宗旨,网络虚拟社会所传达的马克思主义经典文献对西方资本主义国家称扬"普世价值"背后的悖论分析,中国特色社会主义文化运用文化多样性对待外来文化求同存异、兼容并蓄的柔和力共同影响着网上思想文化阵地的价值边界的流动与走向,对西方各种不良思想通过网络技术向我国进行"普世价值"渗透起到了强有力的防御作用,以此来巩固马克思主义意识形态在网上思想文化阵地的领导地位以及社会主义核心价值观作为网上思想思想文化阵地灵魂所体现的价值引领作用。

---

① 《马克思恩格斯文集》第1卷,人民出版社2009年版,第347页。
② 《马克思恩格斯文集》第1卷,人民出版社2009年版,第354页。

2. 网上思想文化阵地的道德边界及其对网络行为的约束功能

道德边界在科学技术的影响下有着巨大的变数。科学技术的进步推动着人类认识世界的进程,以往的未知事物都因科学技术注入新的解读方式得以解蔽,科技的每一点前进都会让人们的生活方式获得巨大改观,人们走向未来美好生活的每一步都与科技力量相伴而行。但科学技术并不总是与人们的精神向往亦步亦趋,当人们的心灵被欲望所征服,技术就会创造出许许多多虚假的东西来满足人类的贪婪。"两种冲动的互相纠结构成了合理性这个现代观念。而两者的张力为奢华炫耀加上了道德约束,这种炫耀是征服在早期阶段的特色。"①这就意味着科学技术对文化边界影响的有着双重作用。由于网络虚拟社会与传统社会的不同,网络文化的道德边界出现了新的变化。在网络虚拟社会中,网民的行为方式、价值理念、道德意识都发生了一定的变化,在合乎理性和自律的行为增多的同时,反向行为也在增多。不少网民将网络空间视作世外桃源,是以自我为中心,可以反道德、反法律的,剔除一切妨碍自我满足因素的环境,这就导致一些网民在网络空间将"胡作非为"视为"大有作为",将"胡言乱语"比作"金玉良言",将"欺瞒诈骗"当作"绝顶聪明",在享受网络文化的同时,却不遵守网络秩序,膨胀的自我意识冲击着道德边界。在政治权力管制相

① [美]丹尼尔·贝尔:《资本主义文化矛盾》,严蓓雯译,人民出版社2010年版,第11页。

对缺乏的网络虚拟社会,人民群众个人言行更多依靠道德边界意识来约束,而网络空间的特殊性对网络文化的道德边界意识提出了更高要求,网络文化的道德边界意识应比传统道德边界意识更为强化和清晰。传统社会行为除了自我监督还伴随着他人监督,因此在行为发生时,道德边界的稳固者是双方,而网络虚拟社会由于人人都可以"完美"包装自己,这就导致网络行为的发生仅凭自己道德边界约束,个人道德自律意识面临着巨大考验。网络虚拟社会的虚拟性并不意味着网络文化的无边界性,网络空间的低准入门槛不代表无行为要求,消极等待自发道德边界的约束和产生"无政府"管理的错误意识都是自发毁灭的行为,网络文化与传统文化一样,都需要恪守底线,共同尊重、遵守文化的道德边界,任何违背道德伦理的行为都将导致内心不安,受到良心与道德的谴责。

3. 网上思想文化阵地的话语边界及其对网络语言的规范功能

话语权通常与一个国家的经济实力、科技水平和军事力量相衔接,是一个国家文化软实力的重要体现。"资本不是一种个人力量,而是一种社会力量"①,西方大国凭借其雄厚的资本力量向外扩张时,一方面借助物质力量强制性地欺压弱小国家,制定霸王条款,让所有贸易原则都倾向于本国资本的积累和扩增;另一方面利用网络文化的形式进行思想文化层面的扩张,抢占国际舆论的

---

① 《马克思恩格斯文集》第 2 卷,人民出版社 2009 年版,第 46 页。

话语权,在网络空间大肆妄言,无事生非,颠倒黑白,极力美化自己,丑化他国,通过话语渗透扩大思想文化边界。信息时代的到来推动了技术边界的拓展,网络语言是以互联网为技术载体,以自然语言为支撑,对人类语言和非语言符号进行重新组合,表达网民内心诉求,在网络虚拟社会的网络环境中甚至延伸至现实社会所用的言辞、表达方式,是一种新的媒介语言。网络语言的使用与规范代表着话语体系的建构和价值边界的树立。汉语作为使用人数最多的语言尚未在网络空间占据上风,反而较早进入信息时代的西方国家所使用的英语占据着网络语言的绝大多数。从计算机技术、互联网技术的专业名词使用,到国际权威信息的发布都是率先使用英文,甚至网友日常的交流用语也向英语倾斜。打招呼大家用"Hi"来表示,再见用"bye",一些表示心情好坏的词则用英文首字母来代替,最近由网友创造的比较热门的"skr"作为语气词的代表广为流传,甚至被美国收入俚语词典。无论从哪种角度进行分析,网络语言都更偏向西方国家的话语体系,简洁自然、反叛传统、解构权威、消解中心、自由多元、自我膨胀、彰显个性、寻求刺激的网络潮流刺激了西方话语边界的延展。话语边界意识与认识边界意识同样相互联系,人认识世界是一个不断完善的过程,语言系统的界限也是随之流动的。而处于社会转型期社会心理在不断发展、演化,这就极有可能导致语言表达边界意识的演化滞后现象发生。在现实生活中,人们已经形成了某种社会心理,形成了某种表达诉求,但是却在语言系统中无法找到合适的语言形式,从而形成了大众心理需求和语言表达之间的矛盾,而这时候出现的西方话语体系则被处于混沌状态的人们误解为万能的表达方式,是时尚的象征,是流行的体现。当前我们面临的网络语言规范问题主要是多种价值体系的整合问题,如何让新的话语体系发挥作用的问题。网上思想文化阵地中所包含话语体系的建构要求,而新的话语体系又会增强阵地意识,这是相互递进的方面。

文化交流边界的移动变更会破坏原生文化的单一性和纯洁性,网络空间是多种文化碰撞交流的大熔炉,复杂多元的文化因素为传统文化添加了许多外来因素,不同地域文化聚集在网络空间难免被网民予以比较,网络空间所具有的分散性会造成文化的稀释,去中心化会导致文化失魂。文化交流边界的移动带来的影响不仅关乎主流意识形态的建设,同时也关乎人民群众的日常网络文化生活。不同形态文化的交流边界受阶级立场的影响,所表现出的交流边界意识也不相同,这种边界意识延伸到网络虚拟空间,这就导致强势文化会一直想尽办法让自己扮演进攻角色,通过虚拟身份伪装、恶意窃取信息、随意散播虚假消息等途径来推动边界扩张。在网络空间里,随时随地都有无法察觉的暗网在背地里窥伺着网民信息,精神的刺激和心灵的快感会逐渐淡化交流的边界意识,一些人在文化狂欢中丧失了应有的思辨能力与理性。在消费主义、民粹主义等多种思潮盛行的背后是价值体系的泛化和价值观念的错位,文化消费主义在消费娱乐和快感的同时,留下的却是精神空虚与意志低迷。网络虚拟社会的低门槛吸引了越来越多的人加入,"网民创造"成为网络文化的主要诞生方式,网络危险也随之产生。网上思想文化阵地的交流边界能够让人们对本民族文化进行深刻理解,领悟社会主义核心价值观的价值体系,削减源于语言边界、价值边界、交流边界的挤压碰撞所引起的文化恐慌,提升文化软实力,让人们在应对网络危险时充满足够的自信与活力。

第三节 网上思想文化阵地的基本表征

网上思想文化阵地是思想文化在网络空间的固结形式或状态,它有自身的边界特征、构成要素和运行方式,具有特定的或特殊的静态表征、动态表征和价值表征。网上思想文化阵地的静态表征是指视图形式、结合形式和空间依存状况,是相对的静态表现。网上思想文化阵地的动态表征主要表现为流行性特点,包括流动的现代性、流动的生活和行为、流动的恐惧等方面,是绝对的动态表现。网上思想文化阵地的价值表征是深层的内容,体现了网民的价值取向和思想关怀,是影响网上思想文化阵地建设的决定性因素。

一、网上思想文化阵地的静态表征

1. 网上思想文化阵地的视图形式

从网上思想文化阵地的结构状态看,主要有下列形式:一是线性结构,表现为单向形式的演进路径。这种形式比较单一,一般处在网络技术初生状态,人们对于网络空间所寄托的思想内容还没有充分的理解,对网络思想文化的价值孕育的体认还处于朦胧状

态。二是平面交叉结构,表现为双重交互形式。这一形式下,社会
对网上思想文化和实践的认识有较多的联想,并用联系的眼光看
待网络空间的思想文化对现实社会的影响,那些网络技术发达的
国家开始突破网络空间的单纯技术关注,对网络社会的思想寄托
有了新的体悟。二维的平面构造是网上思想文化阵地的“视觉”
形式,从视图看,思想文化阵地是一个平面结构。三是立体网状结
构,表现为复杂结构中的时空递进这种形态下,人们对网上思想文
化阵地的认识有了较为全面的概念,开始从经济、政治、文化、社会
等因素考察网络社会的运行情况,从网络空间理解网上思想文化
的政治特征和价值特征,并且通过较为全面的形式认识网上思想
文化阵地的基本参数变量。习近平总书记在文艺工作座谈会上的
讲话中谈道:“在文艺创作方面,也存在着有数量缺质量、有‘高
原’缺‘高峰’的现象,存在着抄袭模仿、千篇一律的问题,存在着
机械化生产、快餐式消费的问题。”①这里讲到的有“高原”缺“高
峰”,也可以从思想阵地的角度理解,是从二维空间转向三维空间
提出的要求。四是多维的空间叠积结构,表现为网格化的有机整
体,是在多元交错基础上形成的网上思想文化阵地结构,它不仅涉
及网站运行和网民的行为状况,也涉及网络空间的言行表达;不仅
涉及有关法律法规的完善,也涉及其实践状况,在网络社区、网络
家园、网络论坛等区域中树立空间群落意识。上述四个方面决定
了网络思想文化阵地的立体状况,它与现实生活方式经常性地永

---

① 习近平:《在文艺工作座谈会上的讲话》,人民出版社 2015 年版,第
9 页。

续地建立着,由此所提供的可能性与现实性都受到现实社会及虚拟社会制约,网络空间的弹性使其无须穿越疆界就可以形成交流、行动和赋权,以宽广的态度连接外部空间是摆脱网上思想文化阵地孤立性的重要方式。

网上思想文化阵地的存在形态给我们提出了多样化的构建思路:一是可以通过规范网民的行为维护网上思想文化阵地;二是可以通过加强网络治理和管理形成共同的坚守方式;三是关注网民的思想动态和网络空间移位,在这个空间树立思想旗帜和文化地标;四是寄托良好的发展意愿,通过网民自觉行为和自我构建而在虚拟空间充分发挥主观能动性。网络空间里,每一个网民都是行动者、解释者和创造者,他们通过网络言行来阐释社会意义,在意义的关系流中表达着自己的价值取舍。网上思想文化阵地的多样化状态也给网民提出很多挑战:其一,在阵地的聚集上,是把个人化的网民看成原子式的个体,还是看成全面联系的群体;其二,在阵地的边界上,是把网络空间看成封闭的存在,还是看成开放的存在;第三,在阵地的结构上,是社会总体性地看待网络空间,还是部分地看待网络空间。如果仔细审视一下网络技术引起的科学革命和社会革命,不难看到,网络空间里孤立的存在关系范式已经过时,重新描述网络文化关系成为研究者的重要任务。由于网民是作为网络的"节点"被网络关系的"混凝土"黏合在一起的,网络空间里的阶层之间、文化之间的冲突、融合或交流,往往带有复杂的价值寄托。

在网络技术的激活下,网络空间的思想市场也以最丰富的关联向外延伸,它以超时空的形式和跨越性的方式来体现事物的联系,而且网络技术的发展使这些有着密切联系的跨越愈益明显。

而当那些旧的休眠的元素被网络技术激活时,当地处遥远的网民实时进行联系或合作时,地理距离和边界就变得很模糊了,思想边界和移位变得明显了。互联网把虚拟空间变成了一个"全球实验室",其中的每一个阵地,不管是文化的、政治的抑或是社会的,都可能要求社会予以支持。因此,网上思想文化阵地不是与他者隔绝的孤岛,而是相互联系的岛链,它能够延伸到更遥远的地方。在网络扩展的情况下都可以形成不同的状态:一是阵地外部联系不大紧密,但阵地内的每个成员的联系却比较紧密,是一种比较封闭的状态,基本上是"内紧外松";二是外部联系较多,并能对其他"岛链"产生一定的影响,显示出一定的开放性;三是完全封闭的或排外的,甚至一些思想和形式是极端狂热的,其追随者也常常表现出极端行为。网络的不断拓展是自身生命力表现,一旦拓展停止就等于生命终止。"网络自发地趋于发展,但是它不断受到内部僵化或退化的威胁而会导致死亡,这可能包括它转化为一种金字塔式的组织。"①如果每一个网民都具有在网络空间建立联系的潜力和能力,那么它对于加强网络之间的联系显然是有益的。"因为网络显然具有实在的地域基础,而地域在调节超越地域的网络所产生的财富积累点的能力上,是不一样的。今天的管理首先是以地域的方式来组织和构想的,而网络分支正延伸到这些地域范围之外,因而管理更加无效。"②这不是说面对网络空间我们

---

① ［法］吕克·博尔坦斯基等:《资本主义的新精神》,高铦译,译林出版社 2012 年版,第 124 页。
② ［法］吕克·博尔坦斯基等:《资本主义的新精神》,高铦译,译林出版社 2012 年版,第 116 页。

无能为力,而是指虚拟空间的管理比现实空间的管理难度更大。网络空间的一些社群或自组织群体尽管具有准"革命的"解放能力,处在边缘或者无法联网的人也难免会有一种隔离感。与地理空间相比,网络空间使生活世界具有双重本体论特征,人们认识或表达网络文化的思路也有不同的范式。一种范式是把网络文化视为由体制、法律和规范支撑基础的力量和力量对比,不少网民宣称以此为依据并加入其中;一种范式把网络文化政治哲学、社会道德一级规范性内容的结合,不少网民宣称以理性反思为依据并辅以价值认识问题。"第一种,特别是它的根系形态,是建基于只包含一个层次或层面('内在层面')的本体论。它只了解单一或流动,它们之间的关系是网状的,它们的运动和关系受力量逻辑所控制。相反,第二种只要基于两层空间就可以得到理解。第一层空间由单一实体特别是人们所占据;第二层空间由可进行单一实体对比的等价原则组成,并把它们构建为类型或种类,对它们之间的关系作出规范性判断。"[1]网民的思维或行为除了上述两种主流范式以外,还有一种流俗的形式,其文化形态是以搞怪、标新立异或不健康的形式出现的。

2. 网上思想文化阵地的固结方式

网上思想文化阵既是一个复杂的文化空间,又是一个充满诱惑的思想市场。网民在虚拟空间里设定想象中的文化元素或用现

---

① [法]吕克·博尔坦斯基等:《资本主义的新精神》,高铦译,译林出版社 2012 年版,第 18 页。

实的文化素材书写自己的文化理解,他们以自己的价值秉持演绎着技术时代的思想事项,弘扬主旋律、唱响主旋律、坚守主阵地是一类价值表现,恶搞有理、雅俗无疆、穿越无限、话语无界等是另一类价值表现,宣扬"普世"观念、赞美西方民主、鼓吹西方宪政也代表一类价值表现,这些思想意向经常在网络空间里形成明显价值分野和思想畛域,这对我们加强网上思想文化阵地建设是一个不小的挑战。在网络虚拟社会里,有形的现实的事物不再是唯一表现方式,事物的真相与表象的逻辑关系被打破了,网络思想文化阵地的各种重要形式和内容已经不是有形的和具体的了,但对于我们的思想阵地建设却是必要的和本质的,网络虚拟社会因注入了质的内容而具有真实的意义,体现了"本质上如此而不是现实的如此"。

网上思想文化阵地是由外部的形象标志和内部的核心灵魂构成的,这个阵地的主体和环境与技术含量有关。马克思主义是网上思想文化阵地的灵魂,二者是体与魂、表与里的关系。体与魂不能分离,有体无魂或有魂无体都不是良性结合的状态,表与里必须兼顾,外花里空与虚有其表也不是良性的结合状态。中国特色社会主义是网上思想文化阵地的旗帜,标识着我们选择的道路和方向。网上思想文化阵地是否坚固,它能否支撑起网络空间的思想大厦,最根本的还是要看能否在网络空间高举中国特色社会主义伟大旗帜,其标志是:一是指明时代风向,用新时代中国特色社会主义引领网络社会健康发展;二是在指明思想导向,网络空间标明全国人民的共同理想,不仅在网络社会建立一个完整的思想文化阵地,还将构建人类命运共同体的愿望延伸到这个空间;三是指明行为方向,让网民知所趋赴,以便在自己的网络形式和文化创造中有明确的认识;四是指明工作方向,反对形形色色的否定马克思主义的思潮,突出自身的边界意识。

社会主义核心价值观是网上思想文化阵地的价值定位。网上思想文化阵地的区域和影响方式都与社会主义核心价值观的贯彻状况有关,如果没有精神寄托,网上思想文化阵地就缺少了价值选择。倡导优秀的价值观,包括中华优秀传统文化价值观、中国特色社会主义先进文化的价值观、实践优秀文化的价值观,是兼取众长和创造新型网络文化的过程;引领和规整社会的多元价值观,形成清朗有序的网络空间,是显出正能量和唱响主旋律的过程。时代精神是寄托网民公德的重要方面,不仅是网络文化的重要内容,也是顺应社会的重要表现;文化传统影响着网上思想文化阵地的话语格调,是评骘网民价值观的重要尺度。我们所讲的网上思想文化阵地,具有独特的规定性,它不能脱离社会传统美德而另起炉灶,不能脱离时代精神而游离于"方化"之外。网上思想文化阵地的精神气象应该是明晰而向上的,其中的价值主体、价值客体、价值关系等不仅具有时代意蕴,也是信息技术影响下的新型取向,网民的价值体现及其对这个社会的价值影响是不能忽视的。

话语体系是网上思想文化阵地的媒介内容。影响着网上思想流动以及网络空间的意义系统,起着通畅思想和沟通内外的作用,对于增强网上思想文化的凝聚力和影响力至关重要。网络空间的话语体系与现实社会的话语形式不完全相同,尽管对主流思想的把握是一致的,但在网络空间里,话语的技术含量、叙事特征、生活气息都发生了很多变化,网络话语的创造性和标异性极其明显,通过网民的创造把有关思想转化成具有现实魅力的表达。与传统话语相比较,网络话语更灵活、更松散,甚至不符合传统语法习惯和意义,在表达意义、说明问题等方面具有更简洁更直白的特征,其隐喻特征和创造意向极其明显。

3. 网上思想文化阵地的空间依存

网上思想文化阵地的基础单元是网络社区,它是基于网民相近的愿望、观点和追求而发展起来的,社区内的网民可以交流感情、传递信息和确立人际关系。网络社区具有共享性、同步性和局域性,网民在这个范围内可以以"共同的文化"创造出一个特殊的区域共同体,其基本要素是:"(1)以网络沟通为纽带的相互联系、共同参与网络共社会同体并达到一定数量规模的网络人群;(2)该网络人群赖以从事沟通和共同活动的域名系统,这一系统是网络用户之间经整合而成的交流空间;(3)具有相对完整的、可以满足网络人群某种特定需要的信息服务系统;(4)具备共同的文化和制度,其中包括共同的语言、适合社区生活的网络伦理、约束网络形为的法规制度等;(5)网络社区成员相互间及其对社区的认同感。"①网络社区有三个本质要素,即地域、共同体的纽带和社会交往,这是网民借助网络进行心理交流和形式交流的空间单元,它超越了传统的地域疆界和传统的行政区划的限制,成为独具特征的界域形式,它经常作为一个相对独立的社会共同体而成为思想或心灵的

---

① 何明升:《网中之我:何明升网络社会论稿》,法律出版社 2017 年版,第 156 页。

栖息之所,但这个有限的可以界域的空间不是完备的社会单位,因为不具有相对完整的生活服务设施,其中包含的内容也不是全方位的。

网络社区的行为规范对网上思想文化阵地具有很大影响,借助信息高速公路,它将人们引向一个新天地。在新的空间里,"破"与"立"同样激起网民的兴趣,但对"破"与"立"的认识和实践方式的表达却有很大差别,越轨现象与守规现象是共存的。网络技术之下的信息沟通成为文化伦理的巨大挑战因素,寻找一个简单的包括道德审美的标准是很困难的,网络行为规范是以全新而又富有挑战新的问题,这也是当下文化阵地建设中经常遇到的难题。从网民的行为看,网络文化的健康发展体现在网络社会的和谐运行上,随着网民素质的提高,网络生活将成为推进社会现代化的重要动力。处在网络社区中的网民,不是游离于社会之外的分子,健康地顺利地参与网络社区的生活,有赖于他们对信息的理解状况,网民对信息能力也是一个主要因素。从这几个方面看,网民在社区里的活动质量影响着网上思想文化阵地的构建理路,需要通过健康的网络社区之间的联系和对接形成连成一体的阵地空间。

现实社会的公共领域是发表思想言论和讨论社会事务的空间,能够形成影响社会的公共意见。虚拟社会公共领域的作用是通过各种虚拟社区及其相互关系实现的,聊天室、博客、BBS、维客等及其参与者和沟通方式,是其中的基本要素。虚拟空间里公共领域社会功能是通过话语和意见影响公共决策及社会导向的,这是一个与现实社会公共领域融合交叉的过程,二者虽然不一定完全契合,但在公众舆论的影响下走向一致往往是网络虚拟社会中公共领域发挥其社会功能的重要机理。与这个问题的相关的另一个问题是网民集体行动的社会意义,这些集体行动的动力源于不间断的意义构建,连续积累的"意义发酵"使公众意见的能量越聚越多。

二、网上思想文化阵地的动态表征

在网络空间里,虚拟性与现代性的结合使得网上思想文化阵地具有很大的流动性,一些形式似乎都是不固定的,一切内容似乎都是在变动的。万物皆流变,现实中的"固体"特征的物事转向网络空间"流动"的变体,寻找一个清晰的边界和勾勒一个清晰的文化图画,已经不像在现实社会中那么容易。因为现实生活中的长期恪守的阵地坚守方式有了新的变化,社群与个体的界限也没有现实社会清晰,过去一些被证明是行之有效的方式在今天变得苍白无力,甚至在特定的环境中起着反作用。

1. 网络虚拟社会中流动的现代性

网络虚拟社会中,思想是最活跃的项目或元素,它的流动方向不是阵地的变动方向,也不是网民迁移的物理动向,而是现代性推动下的思想认识取向和选择方向。但是,这种选择方向并不是整齐划一的,现代生活的多样造成了网民的思想多样,虚拟社会中思想的流动性即是现实生活流动性的反映,也是网络技术流动性的映照。在信息高度发达的今天,任何国度里发生的事情都不可能置身于人们的认知之外,网络空间没有"无主之地",认知版图没有"空白之地"。人们在网络空间里的信息拓展意味着已经走向新的地标。转向虚拟世界意味着突破现实边界的影响,也意味着将现实边界的诸多内容通过现代化信息推向虚拟空间。被信息技术加速了的流动性和开放性,将人的影响推向更大更广的空间,似乎任何网民甚至现实社会的人们都难以摆脱虚拟世界的影响。网络虚拟社会里流动着现代性与时代性、全球性是密切联系的,一定意义上说,现代性就是时代性和全球性,"全球层面"和"地方层面"不再被视为偶尔沟通的双方,"全球居民"的流动的非地域性特征以及"地方文化的静态图像"构成明显的对立,这些静态图像在现代信息技术的包装下变得舒缓起来,人们的"现实存在"与"虚拟活动"成为动态的意义关联,网络空间的社区和社群构成动态构建。

"只有在理论的无形世界中,才能于世界管理者所在的'无处中某处'的抽象空间和'本地人'丰满、有形、伸手可及的'此时此地'之间轻易画出界线。"①虚拟生活已经完全破除了这种纯粹的地域界限,尽管在虚拟空间划分界限有很多争议,但毫无疑问这个科技的思想和文化有无数条纵横交织的轮廓。现代性使这些边界为网民提供了发泄的渠道或出口,但也有很多网民把现代焦虑感注入其中,"人们持续而徒劳地努力去加强和巩固这些令人苦恼的不稳定的界线,但产生的其唯一持久性作用就是将弥漫的恐惧

---

① [英]齐格蒙特·鲍曼:《流动的时代》,谷蕾等译,江苏人民出版社2012年版,第95页。

变成针对特定人群的偏见、群体对立、间或爆发的对抗和永久骚动着的敌意。"①在网络社会中,知识精英和"意见领袖"所持有的话语权及影响力已经大大削弱,现代平民观点的流动能力在加强。这并不表示他们同样需要表达意义和身份,那些联通全球和沟通虚拟世界的精英们在拥抱现代性的过程中把传统观念全部丢在一边,他们在现代性中也无法阻止男男女女们以自由网民的身份成为网络风景的一部分,而且不管他们的态度如何,他们自身的活动也会印在虚拟社会之中。作为虚拟社会主体,他们被禁锢在网络空间,漫游于现代技术造就的网络生活之中;作为现实社会主体,他们被禁锢在物理空间之中,生活在被明确局限在意义、身份、认同之中,并且不断地影响着这一空间。现代性造就的虚拟社会也是一个舞台,全球力量与本土力量在这个空间相遇时,既有碰撞,也有沟通,但在总体上主流上是希望找到一种共同认可的共存模式,因此,在全球舞台上,流动的现代性是包含着全球舆论竞争和思想空间的争夺,在国家层面上,包含着阵地的构建要求和文化的健康发展意向。"流动空间"的出现造成了新的存在机遇,也使很多区域性观点孤独无助,网络社会的空间结构、外部景观和存在方式加剧了网上文化阵地的变动性。

网上思想文化阵地的空间边界不是具体的和有形的,在维护自身状态的过程中,它与个人隐私权的关系如何摆置,是必须重视的。因为网上思想文化阵地建设离不开广大网民和社会主体的参

① [英]齐格蒙特·鲍曼:《流动的时代》,谷蕾等译,江苏人民出版社2012年版,第95页。

与,对于网民的权利和义务的认识不能片面要求奉献而不顾个人利益,不能只讲阵地发展而忽视私人空间。互联网时代是充分张扬个性自由的时代,也是隐私权最容易受到伤害的时代。网上思想文化阵地的边界与隐私权的关系,不能简单地划分一个界限,而要在包含和容纳中体现和谐的愿望。在一般情况下,对于隐私权的处理是按照隐私自理的原则来认定的,因为这些内容是不公之于众的,外人没有权利窥视或干扰,在网络空间里隐私权同样具有神圣的界限,网上思想文化阵地建设是以保障个人的基本权益为前提的,它不能将个人的隐私内容也纳入建设之中。

然而,网络社会的失密现象、偷窥现象、盗窃隐私现象等,已经越来越严重,个人的信息自己也难以控制,隐私的边界形同虚设,隐私权作为一种体现私人领地和空间经常被偷猎和盗窃,在网络空间里,隐私自理还难以达到理想的状态。不少网民的隐私保护意识淡漠,尽管知道隐私权是有价值的以及泄露隐私是有害的,但保护意识和保护措施不够。网络空间是展示个性的新天地,也是泄露隐私的虚拟场,信息共享的愿望与保护隐私的要求都各有道理。在网上思想文化阵地建设中,为了提高效率和共享信息而把有关内容推向平台的做法,是可以理解的。而对于网民来说,最主要的隐私保护就是强化防范意识,要在处理有存储功能的信息过程时采取一种谨慎态度。

2. 网络虚拟社会中流动的生活

生活的流动性与社会的流动性相互依存相互促进,个人已经无法永久地固定在一个位置上,个人的思想也难以摆脱其他思想的影响。虚拟社会中，网民的流动性、观点的流动性对生活的流动起到了巨大的推动作用，似乎这个空间的一切生活都是暂住的和永不停息的，朝来暮往的信息流给生活注入一种"临客"色彩。这个空间里，个人成就与名声是暂时的，生活主题和表达是多样的，唯一能够表达生活特征的就是"变"。流动的生活中，很多网民内心躁动着焦虑和不安，经济的安慰能力已经变得很苍白，哲学的引导能力已经分量不足，身份受到质疑，理想受到质疑，行为受到质疑，"创造"与"毁灭"、"个人"与"群体"等都被生活之河的流动性冲刷着，人们的思想守望和价值遵守都在流动中发生变化。因为处在流动之中，追赶潮流就成为刺激而又令人难以释怀的事情，面对网络社会及其文化现象，网民既担心跟不上形势，又担心已经接受的内容会很快过了"保质期"，既担心被不良事项骚扰，又必须面对这些事项并作出自己的判断。流动的空间里生活模式往往是：记住坏内容，忘记好内容，寻找新内容，其程序是遗忘、删除、放弃和替代，"创造性毁灭"是网络社会流动生活的时尚方式。"流动之现代社会里的生活，是随音乐抢椅子游戏之恶劣的现实版本。"①随大流固然可以，开新路也当然也可以期待，寻求思想解脱的路子和方法成为众多网民必须面对的事情。

虚拟社会的流动性也体现在令人叹为观止的网络消费奇观上，这对于我们在网上思想文化阵地建设中的价值观影响很大。

---

①　[英]齐格蒙特·鲍曼：《流动的生活》，徐朝友译，江苏人民出版社2012年版，第3页。

网络广告、网络购物、网络淘宝、网络快递、美团、滴滴等极大地刺激了消费的增长,也改变了人们的消费理念和价值观念,流动的生活是人们按照消费者的模式对世界进行整体式的或碎片式的判断和评估,川流不息的消费大军在现实社会和虚拟社会中流淌着,本来不相干的人和物因为现代网络而联系起来,但是,短暂而又稍纵即逝的消费者和消费品之间的联系总是被附加上某种条件。虚拟社会的消费文化是一种流行时尚,它能以闪电般的速度将周围的所有事物都吞噬掉,"通过仔细地让包括从发型到鞋子到'配件'的所有公共外表的元素相互吻合,你给出了关于自己个性和抱负的精心考虑的说明,然而就在这一刻这些元素丢失掉了或是反转了它们的含义:这些含义消退的速度比用来表达和吸收它们的速度还快。"①因此,网络社会的流动的生活,意味着网民的自我审视、自我批评和自我责备,意味着对自我的不满和重建,他们的价值取向和文化偏好对网上思想文化阵地建设有很大影响。

3. 网络虚拟社会中流动的忧惧

如果说现实社会中因为生活变迁造成一种"具象"的恐惧,那么在网络空间里则有一种"抽象"的恐惧。在虚拟社会里,文明的冲突表现得尤其明显,各种思想都处在某种威胁之中,对于"文明秩序崩塌"的恐惧就像霍布斯所说的一切人反对一切人的战争,

---

① [英]齐格蒙特·鲍曼:《流动的恐惧》,谷蕾等译,江苏人民出版社2012年版,第154页。

它给社会带来的现实危害让人细思恐极、不寒而栗。不管是网络社会中信息报表而造成的空间灾难，还是网络社会的人为活动造成的思想混乱，都会冲击已有的价值理念。"去文明化"成为网络空间的一种语符，它不仅要将"纤薄的文明外壳"击碎，还要将有序的文明方式彻底颠覆。更令人忧惧的是，这些让人感到恐惧的事件并非按常理出牌，而是标新立异、别出心裁。人们对此没有预感，甚至束手无策，因为其中有很多不确定的因素和不对等的关系，"看不见的战线"上和流动的空间里的事项的复杂性，都超出了预想的程度。当人们把诸多信息存入网络空间，或者在网络空间搜寻新的信息时，当人们把各种存入记事簿、通信录、QQ 文件、各种邮箱等空间时，便利和风险便如影随形。

造成恐惧的心理原因大体有两个主要的方面：一是对危险情景的感知，二是缺乏应对或驾驭危险情景的能力。流动的恐怖有来自自身的因素，也有来自他者的因素。来自自身的因素主要是对显现的潜在威胁的判断，因为对事物不能够清晰地预见，难以推知它的未来前景，或者认为一些事物不可修复、不可挽回、不可取消，心理的危机感和压迫感会带来一种威胁。胡安·戈伊蒂索洛在其《战斗之后的地貌》中说，如果真有的话，人类制造的灾难只有在"回头看和反思分析"时才能被认识和理解；在这之前，他们会不知不觉地积蓄力量，不断地渗透。人肉搜索、网络暴力、对骂、口水、绯闻、狗仔信息、敲诈、人身威胁等，让人们感到虚拟世界里已无安全可言，这可能是最令人恐惧的事情了。在流动的现代性中渴望稳固关系的想法进一步加重了焦虑，不停地怀疑背叛的社会，也不停地害怕挫折。这些方面让我们在思想文化阵地建设中既充满信心又饱含忧伤。

虚拟社会造成恐惧的另一原因是信息的可信度越来越差,缺乏诚信的行为使人们对网络社会道德的恶化感到无限失望。嘈杂混乱的网络空间里,许多观点相互交叉相互排斥甚至接截然对立,看起来像是质疑某些问题,实际上是却没有多少可信度。信息的流畅性与信息的不透明性,让网民和社会成员之间出现不少猜忌,不少人都想表达观点,使得沸沸扬扬的网络讨论就像一锅大杂烩。"在这个信息高速公路交错分布的星球,信息根本无需费力寻找就能找到并选择它们的忠实听众;或者确切地说它们一定会被发现,因为它们潜在的忠实听众乐于不辞辛劳地亲自搜索('网上冲浪')。"①现代社会中的"中心"和"外围"、"内部"与"外部"的区分被动摇,原有的文化定势被推翻,网民被没有边界限制的思想所激发,在恐惧之中又演绎着新的恐惧。这又使恐惧有了自我驱动的能量和力量,它具有自己的动力和发生逻辑,其扩张和成长不需要任何关注和额外的投入,又何况许多网民都有一种猎奇心理。

流动的恐惧促使我们采取应对措施,这些措施是假定恐惧的威胁真正地确实地存在的。有研究者指出,市场对恐惧的操纵是塑造无能,因为恐惧,所以消费;媒体对恐惧的操纵是制造危险,因为恐惧,所以收视。这些方面具有积极因素,但未能从根本上解决问题。遏制虚拟社会恐惧的有效方式就是使网民的

---

① [英]齐格蒙特·鲍曼:《流动的恐惧》,谷蕾等译,江苏人民出版社2012年版,第137页。

各种行为秩序化和理智化,当恐惧意识从现实转入虚拟时,网民希望及解除初始焦虑的努力会奏效,此时他们重新审视网络空间的运行,这是人们对于网络社会建设以及构建网上思想文化阵地的良好契机。

三、网上思想文化阵地的价值表征

网上思想文化阵地具有明确的意义寄托,代表着党和政府对网上思想文化的引领方向和行为要求。网上思想文化阵地就是一个体现主流价值的意义空间、提升网民素质的空间、规范网民行为的空间以及抵御不良价值的空间。在这个空间里,"固体的现代性"被"流动的现代性"所代替,空间疏离和思想疏离使生活意义有了很大变化;在这个空间里,文化剧作的新编剧和导演们编织着生活之梦,使虚拟空间也成了公共领域,人与世界疏离的状况使不少网民也在"私下里"公开地展示着自己。在网络空间里打击假冒伪劣思想就非常必要和必需,弘扬正义、打击邪恶是网上思想文化阵地建设的重要内容。一是提倡健康的文化互动方式。网络空间里文化互动的"虚拟真实"性是寻找思想共通性的基础,也是造成信息变异的重要原因,因思想寄托而产生的认同差异,因情感移位而产生的价值偏好,使网民对不同文化的诠释和评估方式发生很大变化,质疑经典和重构意义成为表达网络文化价值观的现代形式。"文化互动可以允许不同的族群,在了解其他语言及被了解的情形下,以各自的母语表述主体文化。这一过程之所以能进行的重要因素,乃是人们深信有沟通的需要,其过程有赖于直指重要问题的高技术语言。"①围绕网上思想文化阵地建设中的文化互动,不能脱开大数据带来的挑战和机遇,不能忽视全球化时代危机的公众性,必须将全球文化资源纳入考虑视野,正确认识不同文化的归属特征和本土意义。二是网上思想文化阵地具有防御功能,它对不良价值观的抵御是社会主义意识形态决定的。对于偏离主流意识形态的言行,它不能听之任之,虚拟空间不是法外之地,技术平台原不是为邪恶行为搭建的。它作为众多网民心灵的栖息之所,暗含着一种逻辑感觉,即从虚拟特征转向虚拟存在,有着深厚的文化背景和哲学基础,虚拟空间的思想阵地不是虚拟技术的副产品,而是一开始就寄托着不同意义的文化空间,在品尝人类思维带来的精妙和享受技术带来的福祉的同时,也造成一种身份分离,网民在获得身份自由的同时又丧失了一部分身份自由,表达了对自由的渴望又部分地扼杀了走向自由的可能,用自由性和随机性推动网民多样化表达的同时,又用模式化和程序化的思维方式限制了人们的思想活动。面对多种思想的混杂,沉溺于"盗梦空间"而不自拔是不能维护思想阵地的,仅仅以科幻的形式对想象空间的改造和重建也不足以守护思想阵地,禁止不良意义的流动,减少不良价值的弥散,成为净化网络环境的规定动作,在策略上提出预防措施,在技术上将防御关口前移,是网上思想文化制度建设需要考虑的问题。三是网上思想文化阵地的能量积蓄,是现代网络意义的特征内容。网络技术的更新拓展了可传播的内容和信息,新

---

① 〔法〕魏明德:《对话如游戏——新轴心时代的文化交流》,商务印书馆2013年版,第45—46页。

的文化空间的各种构筑方式都在发生变化,其思想力量和能量积蓄提供了传播动力,主流价值的能量、"意见领袖"的能量、网络舆论的能量和网民倾向的能量,都能借助信息技术发酵、扩散和传播。这些能量虚中有实、软中有硬、正负效应共生,其中有网民提倡的文化自信和价值自觉内容,有我们反对的落后意识和敌对思想。古代的神话、现代网游、穿越文学都有发挥场所,把想象与记忆、推理与建构借助网络文化表达出来,因此网上思想文化代表了一定的欲望和愿望,并以一定的形式舒缓了来自身心的焦虑,以虚拟的形式确定了自我身份的存在,与社会真善美与假恶丑有了更多的比照形式。

四、网上思想文化阵地的符号表征

斯图亚特·霍尔曾用编码——解码理论来说明电视话语的符号化过程,这对于我们理解网上思想文化阵地的符号表征具有很多启示。他认为,信息的传播不是自然发生的,而是要在传播之前对它进行重新建构,这是一个加工和再生产的过程。网络社会中集体行动意义构建也是一个把信息进行编码的符号化过程,符号表征比现代社会中的类似事项更明显。网络空间就是一个符号世界,网络符号是信息的外在形式和物质承载,网民文化就是以符号为寄托的价值表现。

1. 网上思想文化阵地的价值符号

历史长河中流淌着多种形式的价值符号,最为典型的就是世界各地不同的文字形式以及代表不同内容的字母符号,它渗透于社会生活的各个层面。从现实到虚拟,从宏观到微观,"符号的巨大魅力就在于它不仅揭示内容的意义,而且是社会对象化的意义载体,由此产生相关联的各个不同的意义系统,从而拓展了文化的意蕴和内涵。"①价值符号的产生受主客观因素的影响,是社会认可的价值形态表达。而且,几乎所有的价值形态都是以符号形式出现的,它通过符号传递事物的理念和意义。价值符号作为约定俗成的或某种规定的产物,其"能指"和"所指"之间有着固定的关联和约定关系,一定的"能指"必然对应着一定的"所指",这种关系的固定性规定了价值实践的方向。网络社会的价值符号构建和意义表达是对虚拟环境或网民的应激产物,这使得符号具有连接主体、作用客体的功能,蕴含着价值主体的创造特征。在网络价值符号的影响下,"人不再生活在一个单纯的物理宇宙之中,而是生活在一个符号宇宙之中。语言、神话、艺术和宗教则是这个符号宇宙的各部分,它们是织成符号之网的不同丝线,是人类经验的交织之网。人类在思想和经验之中取得的一切进步都使这符号之网更为精巧和牢固"②。网络社会价值观在符号表达上的隐喻性,使其意义拓展增值为社会最重要的精神支柱。

网络社会的价值符号具有多种规定。一是对网络主体和网络客体的规定。主体的思想观念贯穿于价值形成和发展中,主体的意向和态度决定着价值的选择方式和描述方式,在寻找符

---

① 张笑扬:《文化软实力的符号意义解读》,人民网,2010 年 7 月 6 日。

② [德]恩斯特·卡西尔:《人论》,甘阳译,上海译文出版社 1985 年版,第 33 页。

号表达的过程中,他不能把自己置于理性之外而一味放逐感情。但是,在价值观的文本化和符号化之后,隐藏着形而上学式的闭关自守,似乎文本之外再无他物。网络社会的价值符号既规定网民的语言表达,也影响着网民的价值表现。当一种符号变化时,就可能失去原来的含义,从而改变主体原有的意识模式。"不言而喻的社会空间图谱"所隐含的价值因素,对于西方文化价值观的持有者来说是难以理解的。价值符号规定着主体的活动方式,当主体的价值意向发生变化时,"一个长期以来被尊重的、广泛共享的合理性观念开始被取代;一种组织社会生活的传统方式不再具有信服力。共同的实践——对传统领袖的忠诚或对宗教信仰的追求——不再是不可抗拒的了。"[1]二是对网络价值观内涵的规定。价值符号对于价值的维护和宣传更是不言而喻的,它以严肃的语言或虚构的符号为价值辩护,显示出明确的意向性,符号之间的重复性和差异性都是以这种意向性为前提的。一方面,不同符号提供了价值内涵的清单;另一方面,价值观提供了符号表现所需要的修辞材料。正是在符号选择中,人类自己构建成了自我和社会,确立了自我概念。因此,话语选择和主观表述对于价值内涵规定至关重要。三是对网络价值观表现形式的规定。"利用各种记号手段来表情传意是一回事,对记号表达行为及其效果进行系统的反思和考察则是另一回事。"[2]

---

①　范丽珠等:《中国与宗教的文化社会学》,时事出版社 2012 年版,第 74 页。

②　李幼蒸:《历史符号学》,广西师范大学出版社 2003 年版,第 270 页。

网络价值观既是文化的体现,又是文明的告白,二者的差别会使价值符号的话语表达存在歧义,有时候是顾此失彼的,甚至出现价值本意与实际指向相差天壤的情况。

2. 网上思想文化阵地的象征符号

人是符号动物,他不仅生活在符号世界里,也在不断地创造着符号,虚拟世界,符号代替了一切。网络文化符号和话语是互为表里互为注释的方面,二者的发生和功能都受到社会多种因素的影响,如何构建、如何使用、如何发展文化符号和文化话语,与主客观因素有很大联系,不能把它看成主观的自发的起作用的因素,也不能静态地片面地看待文化符号和文化话语,在这方面要注意以下关系及影响。

一是网络文化符号涉及的主客体关系及其影响。网民的思想影响着符号的选择方式,在寻找符号的过程中,他不能脱离价值内涵。符号选择意味着思想模式的定格,"每一种叙述都反映了作者的知识结构、环境和兴趣,并被他生活和行动于其中的世界的观念和目标所塑造。"①当网民的价值意向变迁时,"一个长期以来被尊重的、广泛共享的合理性观念开始被取代;一种组织社会生活的传统方式不再具有信服力。共同的实践——对传统领袖的忠或对宗教信仰的追求——不再是不可抗拒的了。"②文化符号

---

① [美]费利克斯·吉尔伯特:《历史学:政治还是文化》,刘耀春译,北京大学出版社 2012 年版,第 20 页。

② 范丽珠等:《中国与宗教的文化社会学》,时事出版社 2012 年版,第74 页。

和文化话语的选择,在马克思那里没有离开市民社会及其主体,在葛兰西那里指向有机知识分子,在拉克劳那里是理解社会的关键,他们都没有脱离社会的主体力量和客体环境。同样,在这些主体力量及客体环境的影响下,文化符号也在网络空间不断地变化着。

二是网络文化符号的价值寄托及其影响。符号的价值是在符号差异中凸显出来的,不同符号之间经常存在着对比和交换。恰当的文化符号有助于价值观的维护和宣传,它以用严肃的语言为价值观辩护,显示出明确的思想意向。不同文化符号也提供了具有不同价值内涵的工具材料,而价值观提供了符号表达所需要的修辞材料,人们在这种双向选择中构建着文化的意义系统。网络空间中的广告已经成为一大景观,社会对这种文化符号评说不一,有人认为,广告婉说强劝,无异于恶魔迷人,"时时投人所好,其流毒所及,则道德戒律,为之破坏;令人失本来刚健笃实卓然独立之意想,天性日漓,所思所行,悉受其指使;惟知尽力享用,尽力浪费矣。"①有人认为,网络广告不仅是一种无序的符号表现,它有助于降低报纸杂志的价格,使更多的民众享受社会信息,使人脱开心境,得益不浅。"顾报纸虽日日有史事,然谁肯研究无间;其经过寻常读者目中,亦正如水珠泻下鸭背耳。惟报纸记载之中,人固各有笃嗜之处,阅览之时,如鸭入春水,其乐无涯。"②网络文化符号

---

① [美]桑戴克:《世界文化史》(下),冯雄译,东方出版社 2014 年版,第 620 页。

② [美]桑戴克:《世界文化史》(下),冯雄译,东方出版社 2014 年版,第 621 页。

可以比较深奥,也可以比较浅显,那些以小见大、以近明远、由此及彼、由浅入深的符号体系往往具有较强的辐射功能。正如一些数字符号一样,"那种有别于平常生活的意识,并非单纯的游戏设计者的意识,而是玩家与设计者视阈融合的结果,它隐藏于游戏文本并在游戏角色的激发中逐渐生成。"①选择一种符号并不意味着一定能顺利表达某种思想,还要有一系列的配套解释工作。语言是最常见的符号形式,很多文化内容是借助语言来表现的,但是,如果仅仅靠术语兜圈子,是难以完全表达文化的真意的。

三是文化符号的环境依赖及其影响。就语符产生的共性看,"语言不是某一个社会内部这种或那种基础,旧的或新的基础所产生的,而是千百年来社会历史和各种基础历史的全部进程所产生的。语言不是某一个阶级所创造的,而是整个社会、社会各阶级世世代代的努力所创造的。语言创造出来不是为了满足某一个阶级的需要,而是为了满足整个社会的需要,满足社会各阶级的需要。"②语言的传统性和继承性也是不能忽视。"至于构成语言基础的俄语的基本词汇和语法构造,那么它们在资本主义基础消灭后,不仅没有被消灭和被新的基本词汇和新的语法构造所代替,相反地,却完全保留了下来,没有任何重大的变化,而且正是作为现代俄语的基础保留了下来。"③现代社会中景观表象和文化橱窗,

---

① 孙金燕:《"江湖游戏"的虚拟快感:从"再中心化"到主体间性》,《江西师范大学学报》2014 年第 4 期。

② 《斯大林文集》,人民出版社 1985 年版,第 549 页。

③ 《斯大林文集》,人民出版社 1985 年版,第 548 页。

展示出一系列的消费文化符号,麦当劳、肯德基、阿迪达斯、可口可乐、好莱坞、摇滚、星巴克、牛仔裤,等等,差不多都是西方文化符号的象征,它以"麦当劳化"的形式展示消费文化的现代欲望。网络符号也不甘寂寞,"网红""粉丝""微信""微博""追星族"之类的词语,也希望成为流行的话语符号并进入现实社会。这些内容受到社会发展程度、人类交往方式的影响以及人的心理状况的影响。

3.网上思想文化阵地的认同符号

符号表达的效果影响着价值认同的效果,只有当符号能正确地表达价值意义时,符号的语用效果才能发挥出来。如果符号失语,其意义链接也会中断,思想传递就可能受阻。价值认同是个人、他人或群体在观念或心理上的趋同过程和趋同状况,是社会成员在思想认识上的同化过程。价值认同的实质是对特定行为、精神或符号的接受,认同的状况可以用来判定个人或群体对周围环境和事物的态度。价值认同使人们有了共同的思想基础,使人们可以在相同的层面上表达价值;价值认同也强调求同存异,人们可以在不同的层面彰显个性,"求同"和"存异"共同作用下的价值认同,表现出不同的样态。

对网民交往观的认同。在人际交往的价值认同中,交往活动提供了人的存在和发展的基本方式,提供了价值沟通的平台,共同模铸着社会普遍接受的标准。个体借助符号把自身的价值理解通过行动传递给他人,用具有一定含义的价值符号显示相互协作的能力。生产活动是以个人之间的交往为前提的,思想活动也离不开人的交往,交往手段、交往对象、交往时空等要素的组合重排,构成了不同的交往方式,尽管不同主体各有怀抱,却不希望社会杂乱而无序,大多数人愿意把自己的诉求纳入整个社会中。这种合作愿望是良好交往的基础,人们在不同利益关怀以及事实上的多元价值基础上,必然要求有一个能够起着普遍的协调作用的思想或价值观。就是说,在承认自主个性的基础上,必须有一个广泛认可的价值体系。每个个体的行动潜力,都受到自身对用符号表示的客体世界的理解程度的影响。网民交往中,不同价值主体的合作基础在于他们之间思想上的共通性,合作意味着把独立的个体聚合起来,但合作并不意味着要求思想上铁板一块。这就难免造成认同中的语言阻滞和符号变异,话语符号的独特寄存方式,破译和理解中的主观判断,都会造成理解歧义。价值符号的诸多内容和意义,构成一个具有层次的分级系统,促使人们有选择地进行交流。交往中的价值认同涉及对人生的叩问,每个人都属于一定的阶级或阶层,个人只有融入集体才能显示出自己的真正价值。站在全人类的高度,个人发展的群体性特征体现了人类的共性特征,它要求突破国家的局限性而关注全人类价值。

对网民社会观的认同。社会是一个符号体系和意义系统,人们通过识别和使用价值符号反映自己对社会的理解和回应,其中包括对情境的反映、人们之间的互动以及对社会结构的作用。基于网络逻辑的网民思维,其注意力定格在虚拟空间的结构关系上。但是,价值符号的作用不能离开它所反映的事物和现象,价值认同的基本前提是承认差异,承认事物之间以及人与人之间的比较差别。在网络社会中,以空间网状符号形式来描述世界,每个符号都能根据特定的位置来反映其他符号,因此凡是物的关系发生影响的地方,就是表征和反映人际联系的地方。网络虚拟社会的符号选择既有内在规定性又有社会历史性,其存在价值既表现为"为我的存在"又表现为"为他的存在",它通过个体自觉的经常性的"认同"来实现二者的良好结合。通过这样的活动,网民的身份得到社会承认,人的价值得到体现,网络符号正是凭借网民对它的认同发挥作用的。网络空间里,语言符号作为网民认同的重要媒介,对思想认识进行历史的压缩和人为的提炼,形成高度简化的思维替代品,能以近似的形式表达社会愿景。就单个网民来说,在寻求价值认同的过程中,如果他在思想上赞同某种价值观,必定会尽力"求物之妙";如果他怀疑某种价值观,可能会"闪烁隐晦"。虚拟空间里,符号认同中自我诉求与社会精神的一致性过程,要求将自我意识与社会的普遍认识联系起来,并与他人、与社会保持合理的关系,形成个人与他人、个人与社会的良性互动,从而减少社会个体之间以及社会群体之间的内耗与磨损。

对网民自我调节方式的认同。网络符号具有主观选择性,符号认同首先是一种思想调节,然后才是一种行动,因此,任何认同都是"自我"实现与外部推动的结合产物,在认同标准上、认同定位上和认同形成中的自我性,"认同不过是认同者从别人或社会那里折射出来的自我而已"①。人的社会发展中存在不同的价值要求,"凡是有某种关系存在的地方,这种关系都是为我而存在

①　贾英健:《认同的哲学意蕴与价值认同的本质》,《山东师范大学学报》2006年第1期。

的"①。人要体现自己的价值,他必须承认社会的价值和他人的价值,他所追问的"我是谁""我从哪里来""我到哪里去"等问题,目的是要澄明自己在这个社会中的身份。因此,认同发生在个体、社会和自我之间,当人确立自己的归属的时候,他也定位了自己的精神家园。由于价值认同经常通过语码符号表达和体现出来,价值认同的自我调节也是在对语码变更和创新中实现的。他先是通过对符号的理解在心理上产生共鸣,取得对价值内涵的理解与联想的一致性,把外在的语法结构与内在的逻辑结构联系起来,"得之于手而应于心"。个人的社会阅历、生活积累、学识多寡、行为方式等,都对价值认同产生影响,在符号的驱动下调节着认识的维度,此外,视野的宽窄和素养的贫富都直接影响着认同状况。

对虚拟形态的认同。网络空间的虚拟化强化了价值符号的虚拟性,以网络虚拟社会为传播媒介的现代价值观带有鲜明的符号特征,网络文化、网络价值观都沾染更多的虚拟色彩,网络成了"符号空间",价值观就寄托在各种虚拟符号里。网络空间的每个主体都可以成为虚构符号,他在摆脱了现实社会的诸多限制,跨越了诸多藩篱,让人们自由地表达所思所想。在这个符号化的虚拟空间里,人们的价值观、时空观和归属感发生剧烈震荡。以虚构性符号为标志的想象和创造,成为网络主体的重要活动方式。人的感性活动与符号语境发生相互作用,构造出人类独特的符号系统,进而构建起特有的网络景观。虚拟技术信息超出了全部感觉领域

---

① 《马克思恩格斯文集》第 1 卷,人民出版社 2009 年版,第 533 页。

的精神内容,通过符号和数字被翻译成为可感、可视、可听、可触的东西,其独特样式成立特殊的意识表达,虚拟空间里,"现实人"具有了"符号人"的数字特征,虚拟社会的时空观变化,也引起人的价值想象的变化。

五、网上思想文化阵地的空间表征

网上思想文化阵地具有明确的意义寄托,代表着党和政府对网络空间的思想文化的引领方向和行为要求。网上思想文化阵地就是一个体现主流价值的意义空间、提升网民素质的空间、规范网民行为的空间以及抵御不良价值的空间。在这个空间里,"固体的现代性"被"流动的现代性"所代替,空间疏离和思想疏离使生活意义有了很大变化;在这个空间里,文化剧作的新编剧和导演们编织着生活之梦,使虚拟空间也成了公共领域,人与世界疏离的状况使不少网民也在"私下里"公开地展示着自己。

1. 多种思想和文化竞争的市场

网络文化是难以驾驭的集合体,网上思想文化阵地是现代技术影响下的思想市场,潜伏在其中的是一种不平等、不对称的社会关系征兆或对既有社会关系的默认,现实社会的思想文化都可以在网络空间找到形迹。各种网络文化都寄寓着一定的思想取向并在网络空间里叫卖,都想有一个好的"行市"和理想的"价位",因此获得更多的社会认同是网络思想文化的基本要求,占据更多的空间阵地和争取尽可能多的支持者是网络思想文化的主要目标。

很显然,网络文化有主流和支流、显流和潜流,它们在网络空间里的影响是不一样的。在我国,中国特色社会主义、马克思主义、社会主义核心价值观是这个空间的主流思想文化,但它经常受到其他思想文化的竞争和冲击。网络空间的历史虚无主义蔑视它、攻击它,用各种所谓的学术观点否定它的主导地位,以断章取义或假设前提来否定党的领导的合法性与马克思主义在中国发展的合理性,以搞怪的形式颠覆人们心中的国家形象和英雄事迹,将中国共产党的革命史、创业史、改革史一笔勾销。封建迷信也在网络空间占据一席之地,这些落后的文化形式也打起科学算命的招牌,在网络空间宣传愚昧观念,并将占卜、风水、星座、周公解梦等迷信活动用现代话语包装起来,在"科学"的绚丽外衣下显示出极大的诱惑性,这是对社会主义核心价值观的严重冲击。网络空间里的各种亚文化也在涌动,它在很多时候突破了社会主义核心价值边界,试图侵入社会肌体之中并占有思想空间,不少网民在快节奏的文化脚步中也未能审慎地辨别其思想内涵而加入传播亚文化的行列,各种搞怪的话语、图片将猎奇心态表达得一览无余,对主流价值观的影响不容忽视。各种情色文化、亚情色文化都在网络空间产生影响,侵蚀着网上思想文化阵地。与我们争夺网上思想文化阵地最激烈的是西方社会的意识形态和价值观念,资产阶级宪政思想、自由民主、"普世价值"等受到一些网民的热捧,这对网上思想文化阵地构成巨大冲击。爱国主义、民族精神和优秀传统文化也受到质疑,与此有关的是,质疑中国特色社会主义的合理性,质疑党的领导的合法性,质疑马克思主义理论的正确性,在质疑中消解我们的文化自信和价值自觉。各种流俗文化也在网络空间蔓延,庸俗不堪的电视剧,充满狗血的网络直播,不堪入目的真人秀节目,故意做作的矫情内容,无厘头的网络文学,搞怪、穿越、翻拍的影视作品,都在考量着网民的审美眼光、判断能力和价值坚守。

2.反映网民素质和行为状况的空间

既然网络空间是各种思想的集散地,网民的素质必然影响着思想交流的状况。网络是一个公共领域,网民在这个空间的理性辩论或非理性的争执,能够直接地或曲折地表现网民的素质状况,也会使网民在思想的比较和方法的选择中得到素质上的提升,进而在行为上进行矫正和调整。哈贝马斯认为,个体和私人志趣调节着公共生活,使公共领域成为一个凌驾于理性讨论活动与公众意见之上的场域。但是,公共领域中的公众意见影响状况是有差别的,精英人物、"意见领袖"、公众人物在网络空间里会因其名人效应而产生很多影响,他们拥有众多的"金粉""钢粉""铁粉""普通粉"和"脑残粉"。一句话、一个表情都可能引来粉丝们的叫声连连,他们的思想观念对网民的态度会有很大影响。一些网民能够对这些观点做出客观判断和评价,一些网民则是"矮子观场,随人说妍",精英人物、"意见领袖"、公众人物影响的思想空间,成为衡量网民政治素质的重要测量器。但是,网络空间的技术特征使得思想意见表达向平民化大众化倾斜,影响着人们用以表达的全套感受和渠道,希望表达渗透他者的象征性感受,一些诠释性的意图会突破理性界限而发酵放大,甚至发生内容上的失真和形式上的变异,他们希望通过这种方式确立政治社群身份和社会存在。

于是在网络空间里,平民的发声已经不容忽视,他们运用网络社会的虚拟性、自由性和隐匿性来表达自己的心理取向和价值选择,对知识权威的瓦解和对文化霸权的消解,打破了传统社会的话语表达方式,这个空间的可塑性及变异性给我们提供了思想素材,也让我们感受到现实挑战。网络社会的虚拟性赋予这个空间许多隐喻特征,使得网络话语也有了全方位的更新,网络社区成了表达公众意见以及反映公众素质的重要场所,不管是具有政治情怀的思想还是具有个人情怀的观点,都代表一种自由意志和权力,底线意识影响着公众的价值坚守状况。网络空间的"公权"与"私权"的关系如何摆置,是衡量网民素质的试金石,借助网络空间传递不良价值,借助公众关注绑架政府,借助网民意见要挟社会情绪,都不是我们提倡的。网络空间里的不良心曲,总是希望博得社会关注,或者诉说委屈以激起社会公愤,或者表达哀怨让网民一掬其同情之泪,或者渲染异端对网民"洗脑",这也不是我们提倡的。在这一空间里,我们倡导的网民素质和行为是:用健康的社群组织和科学的行为导向规范网民;塑造符合时空变化和时代变迁的新型网民;提倡具有教育性、实践性和真实性的网络表达内容;把底线意识、法律意识、国家意识注入网络内容之中。

3. 传播正能量和抵御不良价值的空间

既然网络空间是各种思想的集散地,在网络空间里打击假冒伪劣思想就非常必要和必需,弘扬正义、打击邪恶是网上思想文化阵地建设的重要内容。一是提倡健康的文化互动方式。网络空间里文化互动的"虚拟真实"性是寻找思想共通性的基础,也是造成信息变异的重要原因,因思想寄托而产生的认同差异,因情感移位而产生的价值偏好,使网民对不同文化的诠释和评估方式发生很大变化,质疑经典和重构意义成为表达网络文化价值观的现代形式。"文化互动可以允许不同的族群,在了解其他语言及被了解的情形之下,以各自的母语表述主体文化。这一过程之所以能进行的重要因素,乃是人们深信有沟通的需要,其过程有赖于直指重要问题的高技术语言。"①围绕网上思想文化阵地建设中的文化互动,不能脱开大数据带来的挑战和机遇,不能离开全球化时代的危机公众性,必须将全球文化资源纳入考虑视野,正确认识不同文化的归属特征和本土意义。二是网上思想文化阵地具有防御功能,它对不良价值观的抵御是社会主义意识形态决定的。对于偏离主流意识形态的言行,它不能听之任之,虚拟空间不是法外之地,技术平台原不是为邪恶行为搭建的。它作为众多网民心灵的栖息之所,暗含着一种逻辑感觉,即从虚拟特征转向虚拟存在,有着深厚的文化背景和哲学基础,虚拟空间的思想阵地不是虚拟技术的副产品,而是一开始就寄托着不同意义的文化空间,在品尝人类思维带来的精妙和享受技术带来的福祉的同时,也造成一种身份分离,网民在追求身份自由的同时又丧失了一部分身份自由和思想自由,表达了对自由的渴望又扼杀了走向自由的可能,用自由性和随机性推动网民多样化表达的同时,又用模式化和程序化的思维方

① [法]魏明德:《对话如游戏——新轴心时代的文化交流》,商务印书馆 2013 年版,第 45—46 页。

式限制了人们的思想活动。面对多种思想的混杂,沉溺于"盗梦空间"而不自拔是不能维护思想阵地的,仅仅以科幻的形式对想象空间进行改造和重建也不足以守护思想阵地,禁止不良意义的流动,减少不良价值的弥散,成为净化网络环境的规定动作,在策略上提出预防措施,在技术上将防御关口前移,是网上思想文化制度建设需要考虑的问题。三是网上思想文化阵地的能量积蓄,是现代网络意义的特征内容。网络技术的更新拓展了可传播的内容和信息,新的文化空间的各种构筑方式都在发生变化,其思想力量和能量积蓄提供了传播动力,主流价值的能量、"意见领袖"的能量、网络舆论的能量、网民倾向的能量,都能借助信息技术发酵、扩散和传播。这些能量虚中有实、软中有硬、正负效应共生,其中有网民提倡的文化自信和价值自觉内容,有我们反对落后意识和敌对思想。古代的神话、现代网游、穿越文学都有发挥场所,时空转换和人物离在中的超现实性和创造性,把想象与记忆、推理与建构借助网络文化表达出来,因此网上思想文化代表了一定的欲望和愿望,并以一定的形式舒缓了来自身心的焦虑,以虚拟的形式确定的自我身份的存在,与社会真善美与假恶丑有了更多的存在形式,网上思想文化阵地的正能量就是我们提倡的先进文化的力量。

4. 体现现代技术力量和精神追求的空间

现代技术精神在网上思想文化阵地中最明显的表现是秉承理性精神,崇尚自由和张扬主体存在,是虚拟技术和理性精神的融合。这种精神对现实社会的行为提出很多挑战的同时,也把现实社会的精神内核和逻辑规则在网络空间里发扬光大。网上思想文化阵地所表现的现代科学精神不仅包含着对传统精神的扬弃,也包含着对虚拟生活时代的重构。其一,网上思想文化阵地是现代性的先进文化的存在空间,它不是一个价值中立的信息平台,而是承载着网民在线生存的价值诉求和理性精神的时空框架。网上思想文化阵地建设的真正目标不在于关注现代技术,而在于体现社会的主流价值取向。网络技术时代的生活实践,给网民及社会带来新的生活体验,但真正的影响还在思想深处的革命性变迁,如果不能从中找出规范的思想形式的根据,那么还不能说真正把握了网络技术的全部内涵。其二,网上思想文化阵地是日常生活运行的空间,当人类选择互联网并愿意在这个空间里有所表现时,就已经注定了现实社会生活在这个空间的延伸。网上思想文化阵地的构建是在线生存的一种实践方式,人们在认识网络和改造网络的同时,"通过生产而发展和改造着自身,造成新的力量和新的观念,造成新的交往方式,新的需要和新的语言"①。网民通过自觉地能动地创造自己的数字化家园,也在以自己的方式塑造自我。网上思想文化阵地建设的过程,也是日常生活的扩张过程,拥有新质特征思想的网民成为网络新生活的实践者,它能够冲破既定的生活方式的阈限,成为生活实践的新型推动力。其三,网上思想文化阵地是标识未来的新型空间。从现实社会转向虚拟社会,体现了现代性的新趋向,尽管其未来方向难以预测,但我们的价值坚守是不变的,网络发展无限,网上思想文化阵地建设就是一项未竟的

①　《马克思恩格斯文集》第8卷,人民出版社2009年版,第145页。

事业。源于互联网的现代性技术形态,在一个阶段预示着新生活方式的出现,也在相应时期对网上思想文化阵地建设提出更高的要求,使以往的社会文化系统发生深刻变化,处在不同视点的现代网络是作为未来社会的重要标识被确认的。

第二章 网上思想文化阵地建设的
多维解读

网上思想文化阵地建设与现实的思想文化阵地建设同样重要,在这样一个新型领域和空间里,网民的思想行为比现实领域里要活跃得多。从不同的维度看,网上思想文化阵地建设与网民的文化水平有关,与国家的网络文化政策有关,与社会的大环境有关,与全球范围内的交流与传播有关,也与大数据技术和互联网的特征有关。

第一节 时空维度:网上思想文化阵地
建设的场景

网络与数字时代对人类生活的影响以及对全球文化面貌的影响,都是全面而深刻的。网络与数字时代带来了什么变化,造成了什么态势,提出了什么任务,做出了什么要求,是必须认识和把握的。分析"网络与数字时代"造成的文化生态环境、文化变迁和文化存在态势,离不开它所造成的现实场景和语境。

一、国际形势变化提出的要求

不论是在新民主主义革命中还是在社会主义建设时期,马克思主义意识形态一直是我们的指导思想。冷战时期,资产阶级希望通过"和平演变"打一场思想战争来消弭共产主义的影响,希望通过思想输出来"解放""铁幕"里的国家,甚至公开把中国作为主要的思想敌人。冷战之后这种思维仍在延续,尽管在全球化的影响下,这种手段有了很多变化,却没有改变西方国家的意识形态初衷,输出西方的价值观是它们一贯的策略和做法。就这一点来说,加强网上思想文化阵地建设是净化网络文化环境、保护青少年身心健康的必然要求。我国网民中青少年占大多数,他们的思想倾向、文化情趣、综合素养如何,关系到能否培养出大批中国特色社会主义的合格建设者和可靠接班人。尽管近年来各地各有关部门在净化网络环境方面做了大量工作,但由于多方面复杂原因,网络淫秽色情和低俗之风极易反弹,网络谣言、网络暴力等不文明现象时有反复,网络赌博、网络诈骗等违法犯罪活动不断改头换面,严重扰乱社会秩序、败坏社会风气、危害青少年身心健康,广大群众反映十分强烈。必须"守土有责,守土尽责",把加强网上思想文化阵地建设作为民心工程切实抓紧抓好。

在世界正经历百年未有之大变局的大背景中,人们一方面感受到了全球化带来的各种便利和全球交往引起的往来关系,感受了世界各国命运的紧密联系以及息息相关的未来前途。另一方面,全球化造成的广泛联系中,资本主义和社会主义都有扩大自身影响的愿望,但由于价值取向和制度形式的差异,所采取的措施又有很多差别。资本主义借助全球范围内经济优势输出西方民主观念和宪政思想,妄图把其他国家纳入西方制度体系之中。"意识形态终结论"不仅没有随着冷战结束,而且以新的形式延续。西方国家对中国的意识形态侵略从来没有停止过,而且在战略任务上还增加了颠覆马克思主义的内容,这是当前加强意识形态工作领导权、巩固思想文化阵地的重要原因。

与上述方面相联系的是西方的网络文化霸权或文化侵略,表现为网上的思想攻势。除了在经济交往中进行思想渗透外,在社会交往中进行文化渗透也是西方意识形态侵略的重要方式。全球化和现代技术为社会交往提供了多种渠道,人们在这些交流中不仅可以了解国外风土人情和异国情调,不仅可以寄托感情和表达友善,而且可以体验不同生活方式和享受不同的物质产品,还可以了解文化差异和思想特色。由于中西方文化存在势能差别,不同文化所显示的软实力和吸引力不同,在一些方面问题体现出由高势能向低势能流动的特征。中国的一些文化被西方国家接受,西方的一些文化也被中国接受,这本来是很正常的。但是,西方国家利用自己在影视产品、生活用品等方面的优越地位,输出自己的价值观念和生活方式。声音的诱惑、图像的诱惑、生活的诱惑、商品的诱惑、观念的诱惑,都在生活中表现出来。一些人或者没有辨明是非或者没有经得住诱惑,对西方产品和思想观念显示出莫名的钟情。尤其是在一些青年人身上,中华文化的精神气象和社会价值取向积累不够,急需用马克思主义思想、社会主义核心价值观加以引导,这是加强意识形态领导权的又一原因。

二、国内环境变化提出的要求

加强网上思想文化阵地建设是弘扬社会主义先进文化、满足人民精神文化需求的必然要求。互联网日益成为人们精神生活新空间、信息传播新渠道、文化创作新平台。越来越多的人把网络作为了解信息、浏览新闻、学习知识、休闲娱乐的主要渠道,越来越多的人借助博客、微博等进行文化创造、参与文化建设。如果不注重引导这个庞大群体的文化价值取向,社会主义核心价值体系就难以成为社会共识;如果不注重满足他们的精神文化需求,社会主义文化建设的目的就不能完全达到;如果不能发挥和引导好网民的积极性创造性,就会失去一支非常宝贵的建设力量。目前,我国网上优秀文化产品供给不足、公共文化信息服务不到位的矛盾还较突出,与社会主义先进文化的发展要求不相适应,与人民群众日益增长的精神文化需求还有较大差距,繁荣发展丰富多彩、积极健康的网络文化任务繁重而紧迫。中国社会的迅速发展带来了全方位的变迁,物质生活的充裕为人们提供更多更好消费品和消费方式,便利的条件和舒适的环境使人们感受到了前所未有的发展。这种环境下,人们的思想也变得空前活跃,对外来事物的接受也比以往更容易,在各个领域形成了一系列社会思潮。这些思潮涉及不同方面,各具特色,各有优劣。一部分人甚至盲目接受西方思想,背离马克思主义意识形态。在某种程度上,西方社会思潮及意识形态的多元化对我国的主流意识形态产生了分化和削弱的作用,对中国共产党的意识形态领导地位产生威胁。一些人在享受社会发展福利的同时,又在思想意识中把当下的一些阴暗面归罪于党的领导,归罪于社会主义和改革开放。一些人盲目崇拜宪政民主,鼓吹西方生活方式,把中国特色社会主义制度说成独裁,把中国的生活方式与落后愚昧等同起来;一些人以虚无主义态度看待中国共产党的历史,甚至将那些美好的记忆都说成虚无的事项;一些人政治激情消歇,对中国特色社会主义缺乏信心。一些社会思潮也影响着我们思想政治工作的效果,民族分裂势力、宗教极端势力、邪教和地下宗教势力、社会的黑恶势力,都对中国特色社会主义形成巨大冲击。如何把社会主义意识形态深入各民族团结之中,如何引导宗教意识与社会主义社会相适应,如何治理邪教、打击宗教势力和黑恶势力,都需要认真思考。这些方面凸显出加强意识形态工作领导权的重要性和必要性,而加强网上思想文化阵地建设是适应互联网快速发展、增强国家文化软实力的必然要求。

我国互联网建设已经出现了很多新特点新变化:信息传播形式由以文字为主向音频、视频、图片等多媒体形态延伸,应用领域由以信息传播和娱乐消费为主向商务服务领域延伸,服务模式由提供信息服务向提供平台服务延伸,传播手段由传统互联网向移动互联网延伸。世界各国都把互联网作为提高文化生产传播能力、提升国家软实力的重要手段和载体,采取各种措施谋求优势地位。我们要密切跟踪网络发展趋势,积极抢占网络传播制高点,着力提升我国网络文化传播力,不断增强国家文化软实力。这些年来,中国共产党在反腐倡廉、治理腐败方面取得了很大成就,但在个别党员干部中,还存在一些不良意识,需要在思想上提高觉悟、在行为上严守规章。在一些党员的思想意识中,宗旨意识和服务观念成了飘逝的心绪,誓言和初心已经成了昨日的关怀,这些人急需在思想上觉悟上用马克思主义来"充电"。一些党员干部在其位不司其职,形式主义、官僚主义作风占据了思想的全部空间,不是想着如何为民谋利,不是想着为国献身,害怕干工作担责任,害怕干不好受抱怨,只想在"平安"生活中打发时间。一些党员干部不谋公利而求私利,不思群众而想个人,总是在私自打算盘,减退了为党为人民做事的公心。个别党员干部利欲熏心,置党纪国法于脑后,把假公济私、损公肥私演绎得淋漓尽致,还有个别党员干部,生活堕落腐化。这是加强网上思想文化阵地建设的又一原因。

三、现代技术变化提出的要求

《中共中央关于制定国民经济和社会发展第十三个五年规划的建议》提出,加强网上思想文化阵地建设,实施网络内容建设工程,发展积极向上的网络文化,净化网络环境。推动传统媒体和新兴媒体融合发展,加快媒体数字化建设,打造一批新型主流媒体。现代技术给意识形态工作领导权提出的挑战是前所未有的,这是新时代加强意识形态领导权的技术背景,我们可以从以下几个方面理解这一问题。技术发展造成的思想传播方式的变化,大数据、因特网使各种信息都有了新的传播平台,知识内容可以在技术媒介的推动下快速传递,思想寄托可以在技术的推动下产生影响,符合时代潮流的文化形式以合法的方式在网络传播,充满负能量的文化形式也可以以非法的形式在网上流传,古老的文化因技术而获得新生,传统文化因技术而实现现代性。凡是有人存在的地方,都被技术因素造成的文化事项所干扰;凡是有技术的地方,都有人在制造和传播文化思想。现代技术在给思想政治工作提供有效手段的同时,也增强了那些消极因素对思想政治工作的抵消作用。现代技术因素和意识形态的融合,是意识形态工作领导权需要面对的新事项,技术的意识形态化和意识形态的技术化交织状况,是意识形态工作有了新抓手,也引起意识形态工作方式的巨大变革。任何一个政党,如果忽视现代技术在意识形态工作中的作用,就会因失去强有力的宣传工具和媒介而落后于现代社会发展。然而,技术对思想建设的作用是双向的,它对于那些持不同政见者也是一种武器,在颠覆性的技术基础上进行意识形态渗透,会抵消我们在意识形态工作方面的努力。现代技术的隐匿性也使一些不健康的思想有了滋长空间,在网络空间活跃着多种文化形态,如果不对这些文化形式加以规整,也会对社会主义核心价值观产生不良影响。这些方面的问题都要求我们加强意识形态工作,这是习近平总书记提出的加强意识形态工作领导权的技术背景。数字技术影响下的"键盘时代",使"键对键"代替了"面对面",很多人"不在网上就在奔赴上网的路上",但是,网络社会虚拟性和网民身份的私密性,也造成了当下网络的清朗不足现象。加强网上思想文化阵地建设刻不容缓,善用信息新工具,抢占"信息制高点",做强新媒体,积极适应新技术发展,不断拓展和聚拢用户,发出权威声音,遏制偏激声音,把传统美德、社会主义核心价值观、权威信息观念,及时、形象地传播到各界群众心中,是网络空间思想文化建设的重要任务。加强网上思想文化阵地建设是维护社会和谐稳定、确保国家信息安全的必然要求。互联网在促进文化创新发展的同时，加剧了世界范围内的思想文化激荡，使我国思想文化领域多元多样多变的特点更加凸显。随着网络新技术新业务快速发展，网上信息源头和传播渠道急剧增多，网络舆论的规模与影响越来越大，互联网日益成为各种社会思潮、各种利益诉求汇聚的平台。可以说，互联网已经成为思想交锋的平台、文化较量的场所、意识形态领域渗透与反渗透的战场。必须坚持统筹国内国际两个大局，加大网络建设和管理力度，用先进文化占领网上思想文化阵地。

第二节　思想维度：网上思想文化阵地建设的理论基础和启示

马克思、恩格斯的论述偏重无产阶级革命中的意识形态领导权，列宁、斯大林非常重视社会主义实践中的意识形态工作领导权，葛兰西的文化或意识形态工作领导权理论注重文化霸权的显现，中国共产党人的意识形态工作领导权理论和实践具有更多的现实性。

一、经典理论：马克思、恩格斯、列宁的意识形态领导权思想

马克思、恩格斯领导权理论建立在辩证唯物主义和历史唯物

主义基础之上,在领导权理论上实现了革命性转变,赋予无产阶级领导权思想以科学形态。马克思、恩格斯、列宁所说的领导,是对社会思想行为的组织、指挥作用。马克思认为,领导是社会性活动的必要条件,一切社会实践或活动都需要有组织的指挥,这是协调个人、群体、社会活动的重要方式。恩格斯特别强调近现代社会中的领导作用,认识到没有一个做决定意志的统一的领导,人们就没法成就大规模的事业。领导是一种权威,现代工业条件下,没有领导就不可能有一致行动和良好合作。列宁把领导看成使大机器工业形式组织起来的重要前提,是统一意志的必要条件。马克思、恩格斯、列宁所说的领导和领导权,就是无产阶级的领导和领导权,是无产阶级在整个社会主义运动中对广大群众的引导和指挥,是通过无产阶级政党对广大群众的引领来实现的。马克思有一个形象的比喻,他把新哲学看作促成人类解放的头脑,把无产阶级作为实现人类解放的心脏。列宁指出:无产阶级是"全体被剥削劳动者的先锋队"[1],"是唯一能够引导资产阶级民主革命取得胜利的领袖"[2]。无产阶级领导权贯穿于社会主义运动的全过程,在革命时期、过渡时期、社会主义建设时期都是必不可少的,这是在阶级、政党和群众关系的协调中实现的。

马克思、恩格斯、列宁深刻地揭示了领导的本质,阐释了领导任务,提出了领导方式,制定了领导策略,构建了领导理论的科学体系。在这个理论系统中,无产阶级领导本质是核心内容,它所规

---

① 《列宁全集》第35卷,人民出版社2017年版,第89页。
② 《列宁全集》第14卷,人民出版社1988年版,第74页。

定的领导任务是打碎资产阶级国家机器,剥夺资产阶级的全部资本,努力提高社会的物质和文化生活水平,并为人的自由而全面发展创造条件。经典作家对领导方式的分析也是基于领导的本质做出的,在先进分子组成的无产阶级政党的领导下,在科学理论武器指导下,在民主集中制的组织纪律中,达到党的团结统一,达到与人民群众生死与共。马克思、恩格斯、列宁把正确的策略看成重要手段和重要保证,并依据当时的情况制定重要的策略原则。在他们看来,领导者素质是实现领导权的重要环节,领导者的政治品格、理论知识、实践经验、道德情操是必备的要素,工人阶级政党始终是社会公仆和勤务员。马克思、恩格斯、列宁领导理论是通过一系列基本原理表现出来的,要理解其精神实质,就要对这一理论作全面考察,认识在夺取政权的革命时期表现为无产阶级领导权的要求,在夺取政权以后和社会主义建设时期的领导权实践要求,在实践中体现无产阶级领导的本质、原则、策略和方法。

二、思想延伸:葛兰西对意识形态领导权的理解和阵地战思想

葛兰西提出的"意识形态领导权"可以在普列汉诺夫、列宁等思想家那里找到话语渊源,其思想要点有以下方面:其一,在含义上主要指意识形态领导权,葛兰西把领导权分为广义和狭义内容,认为广义的领导权包括政治领导权、经济领导权和意识形态领导权,是一个涉及面广泛的综合体系;狭义的领导权特指意识形态领导权,主要指对群众进行知识或道德方面的指导,葛兰西的有关论

述主要指的是这个方面。其二,领导权是一个动态过程,而不仅仅是静态实体。在静态意义上,领导权是社会的政治、精神、道德等在一定环境中的综合表现;在动态意义上,领导权是一个阶级及其运动中的思想愿望或表现方式。领导权不完全等同于统治权,二者都是领导权实现过程中的目标,统治权是更高的阶段。领导权的实现标志着相应阶级运动及认识的自觉和成熟。葛兰西所说的领导权阶段,就是能够破坏敌对阶级意识形态及其支配地位的阶段,是确立革命阶级在相应领域的领导权阶段。其三,领导权的实现条件是统一或意见一致,用现在的术语来说,就是认同或高度认同。现代工人阶级的主要任务就是从资产阶级文化和宗教中解放出来,通过自己独立的文化价值来吸引其他阶级或阶层。其四,阵地战是实现无产阶级领导权的基本方式。这是现实领域中的一种战略选择,因为市民社会是西方发达国家防御无产阶级的坚固阵地,必须立足于意识形态领域的长期作战才能摧毁它,因此市民社会是需要打开的缺口,在发动外线进攻前,需要先从内线实现精神文化上的革命。葛兰西的领导权思想贡献表现在:在以前的马克思主义者那里,领导权问题主要是指无产阶级革命中的策略问题,葛兰西把它提升到革命运动中一般原则的高度;在以前的马克思主义者那里,领导权主要是指政治方面领导,葛兰西把领导权具体化为文化或意识形态的领导权,认为这是总体革命的一个环节和前提,由此对马克思主义领导权作出了新的解释;葛兰西发展了列宁的领导权思想,列宁把无产阶级的独立性和团结一致作为领导权的基本条件,葛兰西强调的是无产阶级的同意和社会一致。

第三节　技术维度：数字化生存与网上思想 文化阵地建设

随着社会历史进程的发展，科学技术与社会生活的方方面面融合在一起，成为社会物质生活和精神生活的重要影响因素。大数据作为新的科学技术在推动人们创造新的美好生活的同时，也让不少人产生新的困惑。大数据时代是互联网技术的时代表达，马克思、恩格斯生活的时代虽然没有互联网技术形式，他们也无法预测技术的发展变化，对未来的技术形态作出相应解释。但马克思、恩格斯对科学技术的发展趋势以及技术在发展中所产生的社会影响作出了预见性的阐释，这对我们认识大数据下实现人的自由与全面发展提供了理论指导。

一、马克思恩格斯未曾经历但有所预见的技术事项

1.预见了科学技术发展中的时代变迁趋势

在马克思、恩格斯看来，科学技术不是单独孤立的知识体系，而是人们在社会实践过程中，在实践能力、生产能力提升中所逐渐发展起来的。资产阶级借助科学技术的力量在世界各地增殖资本、攫取巨额经济利益的同时，也将资本主义精神带到了世界各地，推动了全球化进程的发展。"人们按照自己的物质生产率建

立相应的社会关系,正是这些人又按照自己的社会关系创造了相应的原理、观念和范畴。"①科学技术力量的发展壮大历程不是沿着一个方向以直线的方式演进,而是与社会的发展需要和人的实践能力联系在一起,呈现出复杂交互递进的形态推进,"文明程度的提高,这是工业中一切改进的无可争议的结果,文明程度一提高,就产生新的需要、新的生产部门,而这样一来又引起新的改进。"②马克思、恩格斯是从唯物史观和唯物辩证法的角度分析了科学技术力量在生产力发展中所体现出的技术因素影响和现实作用,这使得马克思、恩格斯关于科技力量的论述具有一般性和普遍性。脱离现实困境,向自由王国迈进,是推动科学技术发展的内因;通过技术改造自然来获得更大的生存优势,是推动科学技术发展的外在力量。这样的背景下,对主观世界的改造与对客观世界的改造交织在一起,人的发展也随着现代技术的全面展开而渗透到社会生活的各个层面。"自由王国只是在必要性和外在目的规定要做的劳动终止的地方才开始;因而按照事物的本性来说,它存在于真正物质生产领域的彼岸。"③虽然马克思、恩格斯没有对网络和大数据时代进行具体论述,但经典作家对科学技术力量的创新性认识以及对技术发展趋势的分析,推动了人们沿着正确道路进行有关问题的思考。

---

① 《马克思恩格斯选集》第 1 卷,人民出版社 2012 年版,第 222 页。
② 《马克思恩格斯文集》第 1 卷,人民出版社 2009 年版,第 102 页。
③ 《马克思恩格斯文集》第 7 卷,人民出版社 2009 年版,第 928 页。

2. 预见了科学技术发展中人的精神创造能力

社会的生产发展需要科学技术力量提供强大的智力支持,技术力量蕴含的内在潜力以几何级数快速增加,而新理论、新知识转化成实践的时间也大大缩短。"这种无法估量的生产能力,一旦被自觉地运用并为大众造福,人类肩负的劳动就会很快地减少到最低限度"①。人类文明发展进步的历程就是科学技术力量壮大的过程,人们的思想随着科技的发展而逐渐摆脱了枷锁,过往的种种枷锁消解在科学技术力量的普及下,与此同时,人们的自主性和独立性也逐渐提高,科学技术的发展、科学理论的推广摧毁了人们的精神独裁和思想桎梏。资本主义社会生产中,社会生产所需要的劳动时间和劳动力结构在科学技术力量的作用下发生了巨大的变化,必要劳动时间逐步缩减,剩余劳动时间相对最多,人们休闲娱乐和精神创造时间也在增多。但是,马克思认为,资本主义生产与某些精神生产部门是相对立的,这种局限性既有技术原因,更主要的是制度原因,而建立以社会主义制度为基础的生产方式,既是消除技术悖论的前提,也是实现人的自由创造的基本路径。马克思主义精神生产理论,在当今社会中仍具有很大的前瞻性和预见性,对人的精神创造具有现实意义。

3. 预见了科学技术发展中人的全面发展状况

科学技术的进步对社会整体素质的提升有很大的推动作用。

---

① 《马克思恩格斯文集》第 1 卷,人民出版社 2009 年版,第 77 页。

技术本身就是一种文化形态,而且是一种极具感染力和影响力的文化形态。理论层面的科学技术理论体现了人们对世界的实践和探索,以及由此生成的思想结晶;实践层面的科学技术是人们对外部世界进行改造,建立起人们生活世界的基础。资本主义社会中,技术对文化有着双重影响,一方面技术开阔了文化视野,延伸了文化发展范围,但与此同时,由于分工的实施造成了对人们艺术天赋的压制,"科学劳动"和"艺术劳动"严重分化。"工业的历史和工业的已经生成的对象性的存在,是一本打开了的关于人的本质力量的书,是感性地摆在我们面前的人的心理学。"[1]恩格斯在分析科学技术对文化发展的影响时指出,中世纪文化领域逐渐扩大,这与当时极具生命力的民族体系和先进技术有着紧密联系,那是一个需要巨人而且产生了巨人的时代。文艺复兴中的美学精神,是人的现实力量的体现,技术的发展将人的潜能从各方面激发出来,他们以自己的文化素养成就了"全面的人的那种性格上的丰富和力量"。

4. 预见了科学技术影响下的未来社会走向

"历史的发展使这种社会生产组织日益成为必要,也日益成为可能。一个新的历史时期将从这种社会生产组织开始,在这个时期中,人自身以及人的活动的一切方面,尤其是自然科学,都将突飞猛进,使以往的一切都黯然失色。"[2]未来进程中,工人自觉地在技术的基础上联合起来,可以创造出比资本主义更高更大的劳

---

① 《马克思恩格斯文集》第1卷,人民出版社2009年版,第192页。
② 《马克思恩格斯文集》第9卷,人民出版社2009年版,第422页。

动生产率。"就世界性的解放作用而言,摩擦生火还是超过了蒸汽机,因为摩擦生火第一次使人支配了一种自然力,从而最终把人同动物界分开。蒸汽机永远不能在人类的发展中引起如此巨大的飞跃,尽管在我们看来,蒸汽机确实是所有那些以它为依靠的巨大生产力的代表,唯有借助于这些生产力,才有可能实现这样一种社会状态,在这里不再有任何阶级差别,不再有任何对个人生活资料的忧虑,并且第一次能够谈到真正的人的自由,谈到那种同已被认识的自然规律和谐一致的生活。"①马克思、恩格斯认识到了资本主义社会中存在的技术悖论以及由此引发的社会矛盾、政治矛盾和文化矛盾,"死的资本总是迈着同样的步子",对现实的人的活动漠不关心。"在我们这个时代,每一种事物好像都包含有自己的反面。我们看到,机器具有减少人类劳动和使劳动更有成效的神奇力量,然而却引起了饥饿和过度的疲劳。财富的新源泉,由于某种奇怪的、不可思议的魔力而变成贫困的源泉。技术的胜利,似乎是以道德的败坏为代价换来的。随着人类愈益控制自然,个人却似乎愈益成为别人的奴隶或自身的卑劣行为的奴隶。"②可见,"关于人的本质力量"的书中既体现了人们真正的思想追求,又包含了人们不愿接受的负面事实。科学技术犹如魔术师一般给人们创造出崭新和奇特的世界,但也如潘多拉魔盒般带来了浩劫和苦难。但人们可以通过对现实经验的总结,经历浩劫、度过苦难,将技术的负面效应留在过去,未来社会的技术发展将摧毁一切阻碍

---

① 《马克思恩格斯文集》第9卷,人民出版社2009年版,第121页。
② 《马克思恩格斯文集》第2卷,人民出版社2009年版,第580页。

人的全面而自由发展的自然限制和精神限制。

二、物理空间的延伸与活动范围的扩大

无论是技术的物理性设备还是虚拟化的数字形态,都是人对社会生活的感性认识和理性认识现实反映。大数据和人们现实生活相结合的过程中,人们的活动场域、活动形式、活动内容都不同于其在现实社会所开展的活动,这为马克思、恩格斯关于人的自由而全面发展的理论提出了新的阐释维度,所体现出的现实影响也深刻地影响着人的自由而全面发展,它把人的"类本质"特征与"现实本质"的深层内容以数据形式的引导和实践表达出来,体现了人在虚拟世界和现实世界中的自觉和自由程度。

1. 人的自由性的延伸:物理空间与思想空间的扩大

大数据时代,人们生活的物理空间和心理空间都发生了变化,生活的范围和内容都超过了以往的时空界限,"远在天边"也可"比邻而居","边界圈定"也可"互通有无"。休闲娱乐时间随着工作时间的减少而逐渐增加,人们不仅有空间活动上的自由,更具备了活动的时间自由,休闲活动的形式和内容也逐渐丰富。随着劳动生产率的提高,越来越多的人从繁重的体力劳动获得解放。马克思认为:"时间实际上是人的积极存在,它不仅是人的生命的尺度,而且是人的发展的空间。"①大数据时代的生存方式,模糊了传统的空间

---

① 《马克思恩格斯全集》第 47 卷,人民出版社 1979 年版,第 532 页。

界限、时间界限和工具界限,扩充了人们可用于自由支配的时间,为人的全面发展和自由个性的形成提供了强大的技术支撑。人们可以摆脱因种种局限而造成的片面性,进而消除社会分工造成的种种局限。大数据影响下,人的本质力量进一步凸显,人有可能"以一种全面的方式,就是说,作为一个完整的人,占有自己的全面的本质"①。

网络虚拟社会与大数据紧密联系在一起,网络空间的开放性、虚拟性、自由性、社群性等,是现实社会中人的发展的补充形式。交往行为是人类在社会实践中特有的生存方式和活动方式,是人认识自我、实现自我、完善自我的体现,大数据时代依托于互联网技术的交往方式在扩大人们交往自由的同时,也是培育了人们的自由精神。互联网技术为人们搭建了一个全新的话语平台,在这个平台中,人们不再受时空局限,可以选择符合个人兴趣特点的交往群体来进行观点表达和思想呈现,不同的人可以选择不同的交往空间和交际群体,各种思想主张都可以自由地表达。借助互联网技术提供的话语平台,网民可以自由地传递自己的思想观念,甚至家长里短的琐事也有了表达渠道。网络空间呈现出的虚拟性特点,模糊了网络主体之间的利益关系、金钱关系、等级关系,减少了时空束缚,通过一种不受约束的方式,以"纯洁"的方式展现出了"本真之我"和"自然之我"。"个人不再被淹没在普遍性中,或作为人口统计学中的一个子集,网络空间的发展所寻求的是给普通人以表达自己需求和希望的声音。"②当这种观念在网络主体身上展现出来

---

① 《马克思恩格斯文集》第 1 卷,人民出版社 2009 年版,第 189 页。

② [美]尼古拉斯·尼葛洛庞帝:《数字化生存》,胡咏、范海燕译,海南出版社 1996 年版,第 12 页。

时,会带来每一个节点或方面的自由话语,尽管在思想表达中会
出现鱼龙混杂的情况,但都体现了社会的自主精神。大数据时
代为网络主体所提供的自由表达机会,让人们拥有了可以选择
思想、选择意向的权利,实现了个性与共性并存,一元与多元互
扰。人们在追求一致的思想时,不得不面对各种价值观的困扰,
有的人面对聒噪多元思想时,又可能面对社会一体化的实情。
因此,站在不同立场上的民主话语也多种多样,这种民主也有
悖论。

2. 人的创造性的延伸:物质生产和精神生产的扩大

如何在实践中处理好工具理性和技术理性的关系,一直是人
们思考的问题,过分注重工具理性会造成对社会生态的破坏和环
境的污染,而过分注重价值理性则会阻碍社会的生产发展。大数
据时代,人们对科学技术的认识有了更多思考和审慎,也存在着难
以弥合的精神裂痕,它一方面激发着人们的精神创造潜能,另一方
面又刺激人们贪婪物欲享受。大数据时代在认识世界和追求量化
分析的道路上又向前迈出了一大步,过去不能以量化方式计量的
东西被数据化了,它在提高物质创造能力的同时,提供给更多人发
挥精神潜能的机会,很多想象因科技力量的推动而成为客观现实。
在这里,人人都是艺术家,民生化技术与现实活动结合起来的数字
生活,开启了全民参与技术活动的新时代。大数据也是一种新的
文化形式,而"文化上的每一个进步,都是迈向自由的一步"①,技

---

① 《马克思恩格斯文集》第9卷,人民出版社2009年版,第120页。

术的每一次发展也都是人们自主精神的发展历程中的一个标尺。

3. 社会关系的延展: 从片面的社会联系走向全面的社会关系

大数据时代呈现的变化往往表现为量的变化, 但是量变的积累会引起质变的飞跃。大数据语境下的社会联系超越了狭隘的地域限制, 超越了单一的思想样态, 使这个时代的政治关系、经济关系、文化关系也打上人际联系的烙印。"人的本质不是单个人所固有的抽象物, 在其现实性上, 它是一切社会关系的总和。"① 这体现了人无时不在社会的联系之中, 每个人都在不断地改变着自己的联系范围、联系方式和联系内容, 在密切的联系和协作中, 人们改造自然、改造社会, 也改造人自身。大数据所提供的技术可能性打破了地域和身份界限, "狭隘地域性的个人为世界历史性的、真正普遍的个人所代替。"② 这体现了现代科学技术的发展路径与人的发展路径一致性, 科学技术的每一次变革都会为社会关系的调整提供新的基础。"大数据时代开启了一场寻宝游戏, 而人们对于数据的看法以及对于由因果关系向相关关系转化时释放出的潜在价值的态度, 正是主宰这场游戏的关键。"③ 大数据时代的社会关系具有明显的现代化特征, 地缘、业缘、人缘关系被隐藏在技术背后, 而不同职业、不同背景、不同肤色、不同群体的联系明显占据

---

① 《马克思恩格斯文集》第 1 卷, 人民出版社 2009 年版, 第 505 页。
② 《马克思恩格斯全集》第 3 卷, 人民出版社 1960 年版, 第 39 页。
③ [英]托克维尔·迈尔-舍恩伯格:《大数据时代》, 浙江人民出版社 2013 年版, 第 20 页。

了活动空间,"双赢"机会增多,"双输"情境共存,一荣俱荣、一损俱损的休戚关系将人类的共同命运联系起来。

大数据时代也影响着人们内心世界的构建,对于重构社会道德体系起着重要作用,它实现了对人类生活的量化分析,改变了社会生活的诸多方面。"数字化不仅是一个技术问题,而且更蕴涵着复杂的伦理文化问题。人们不仅需要以高度发展的信息技术维系数字化生存,而且必须为数字化生存构建合理的伦理文化空间,否则,社会就会陷入新的、特殊的无序之中,数字化生存就会发生危机。"①在这样的情况下,人们不仅面临着物质序列的重构,也面临着文化元素的重排;不仅要获得丰富多样的物质生活方式,更追求多姿多彩的精神生活。"无论是人的自我意识与主体意识的增长、自由与权力的拓展,还是人的基本素质的发展、实践与交往能力的提升,在信息与虚拟关系所构建的世界里都可以获得广阔的自由度和发展的无限选择的空间。可以说,由于现代信息与虚拟关系的出现及其迅猛发展,从而使得现代人在现实的生存与感性的实践活动中不仅获得了自由而多样化发展的广阔平台与空间,而且也获得了现实的新的社会文化关系形式的有力支持。"②大数据语境下人们的预测能力增强,与此同时,社会生产、文化建设都带有全面联系的特征,而实现这种联系的主体就是从事社会实践的现实的人。

---

① 夏文琦:《数字化生存:我们面临的挑战》,《消费导刊》2008 年第 3 期。

② 张治库:《现代社会关系视阈下人的发展研究》,光明日报出版社 2010 年版,第 122 页。

4. 表达形式的自主性和创造性：从具体符号到抽象符号

符号是大数据时代的主要表现形式，这种符号显示出多样化的创造特征。在社会发展的早期阶段，由于交流手段的简陋和交流方式的单一，人们创造符号的能力处于低水平阶段，其多元性和交互性特征不够明显。随着人们交流范围的扩大和交流内容的增多，所表达出的信息也逐渐增加，符号表达在虚拟关系影响下发生了明显变化。"如果说人类存在的现实世界是一个由形形色色的各种有形的物质实体及其他们之间的关联性实践活动所构成的充满了生机盎然的有形世界的话，那么，现代信息与虚拟世界则是一个由人类所创造的形形色色的符号系统及其支持这些符号系统生成与传播的技术手段所构建的符号世界。"①符号的产生及其所代表的意义，承载着社会文化现象的缩影。人活动在意义的系统里，生活在符号的系统中，他的发展在有赖于实践推动的同时，也离不开符号系统的支撑。符号一经产生就具有了独立化倾向，使人们可以通过意义赋予的方式来实现对数字含义的拓展，正是这种独立化的数字使人与人之间的直接关系转化为符号之间的间接关系。

一定意义上说，符号创造就是文化创造，符号发展就是文化发展。大数据虽然有虚有实，但其所蕴含的思想、情感和意义，是一个丰富多彩的世界。即使那些虚拟的数字符号，也是现实生活的

---

① 张治库：《现代社会关系视阈下人的发展研究》，光明日报出版社2010年版，第118页。

反映,在现实与虚拟的交互作用中,符号发展体现了个人内在的文化品格的形成。应用大数据,有利于减少知识壁垒,促进世界范围内的思想流动和知识传递。大数据提供的民主化语境消解了文化权威,传统意义上的专家意识遭遇了文化危机,人们在各自的信息占有中选择着自己的行为方式。

三、数字化生存与人的未来发展

数字化生存是依靠技术的运用来进行生活的一种状态,其根本原因是科学技术与生活的相融,以及人对技术的依赖。人们在社会生活中运用技术构建的图景,不仅为人类提供了新的活动场所,也对社会未来的发展提出了更多更高的要求。信息革命与互联网技术为人们创造出一个与现实生活平行存在的虚拟世界,这个由 0 和 1 的数字构成的虚拟空间给人们的生存发展带来了新的机遇。网络空间与现实空间并存,虚拟社会与自然社会相连,在“虚拟”和“现实”相连接的空间中,人们的物质生产方式、精神生活方式、情感交流方式都发生了变化,互联网技术为人们创造出一个新的生活框架,也对人的既有的生存发展模式提出挑战。

网络主体是在现实社会与虚拟社会中共生的,在现实社会中,他们是社会化和现实化的人,在网络社会里,他们是虚拟化和网络化的人。网络主体是兼具自然之物和虚拟特征的共在之体,网络主体就是被网络化的自然人。网络虚拟社会是人的思想观念与现代科学技术的融合体,其对人们的现实生活有着深刻的影响,虚拟社会中的新型逻辑关系给人们带来了新的生活机遇，"在线"生存与"在世"生存构成一种交合的行为存在。互联网技术对时间间隔的消解造成"在线"生存与"在世"生存的割裂，互联网技术对社会的影响呈现出不同于传统社会的魅力。"在线"生存与"在世"生存在相互作用的过程中，将极具现代性的内容融入人们日常生活中，成为人们延续传统和创新生活的重要形式，这也是网上思想文化阵地建设必须面对的问题。"在线"生存体现出思维方式和行为方式的巨大变革，构成对现代性的进一步颠覆，它造成了以自在主体构成的多主体形式，在从现实社会向网络虚拟社会进行转化时，网民的自我成为自在主体的存在形式，"在线"生存的主体不仅在形象、名称、身份等方面塑造出一个虚拟主体，也在思想、情感、价值等方面塑造自我，"我思故我在"在网络虚拟空间中表现得尤其充分，甚至变为"我说故我在""我行故我在"。网络虚拟社会中，网民通过自己的网络虚拟身份来同化他人，或认识他人的心智情感，在"同化他人"的同时也实现了"同化自己"。因此，网民进行"在线"生存的主体性特征使网民由纯粹概念转变成可体验的存在形式，这种可体验的存在在发展中得到进一步明确化和清晰化，成为作用对象编程可界定的影像，由此形成的多维性的主体身份与现实社会中的人格构筑存在很多差别。"在线"生存的主体具有自主界定自己的客体的特征，它的作用对象可以选择更为直接的路径，在一般情况下，不需要拐弯抹角，而是直接就某一事项或对象发表观点。这种自我创造或塑造，在创造了自身的同时，也可以表达自身，通过这种方式在网络虚拟社会中显示了自我存在。因此，从本质上看，网络虚拟活动虽然没有现实社会活动的具体感,但在思想表达和情感交流方面,绝不逊色于现实社会的活动。这个以自在主体为内核的自我生产、自我创造和自我表达,是人内在取向的新的表达方式,体现了人在网络虚拟社会的创造性。网民的"在线"生存方式,造成了主体客体化和客体主体化的交错关系,许多相互分离的网民从客体转变为共存的主体。在网络世界中,虚拟的身份使造成主体只是现象学意义上的自然之物,并非科学意义上的存在之物,物理意义上的"我"与网络意义上的"我"构成一种离异状态,身体虽然是缺场的,但心灵是在场的,"体"与"魂"似乎呈现出一种分离状态。这似乎是一种悖论,然而它却真实地存在着,自我由被分离的客体转变为虚拟世界中共同在场的主体。这种存在状态下,运用直接的感觉或感性理解存在已经不能完全解释人的行为。情感与理性、抽象与具体、直觉与逻辑成为人们在网络社会中需要处理的重要关系,现实社会的思维方式与虚拟社会的思维方式使人们对上述关系处理上采取了迥异的方式。

网络虚拟社会中,关于对网民的身份认同是一个悖论,网民在网络空间中获得个性释放的同时,也造成了很多麻烦与困扰。他们通过自我游戏方式表达对解放的渴望,同时也要遵循社会既定的规则,富有创造性的愿望是对现实的超脱,而现实的规制要求符合当下的主流价值观。两个空间中不同的理念和行为会发生冲突和悖论,"一边是飞地,在此之内,能够在需要时只用轻敲一个按键便可建立易于进入,但脆弱肤浅的连接或立刻断开连接的网络,正迅速取代那些由根深蒂固又不可变通的权利与义务组成的稠密的契约网络。另一边是开阔广袤的土地,在此处,个性的出现意着传统安全网络的消失,而不是行动与选择之自由的诞生。"①个人自由性究竟会对集体性有多大程度的排除,个性是否能够表现为除了特权以外的任何东西。那些无法紧跟潮流而没有更多的机会的人或者严格恪守传统的人,也会激烈地抵制与个性表现有关的一切。激进主义和保守主义是网络空间中的两种力量,对于我们正确分析网上思想文化阵地形成了一个不小的阻碍。

身份认同总是带有一定的目的性,为身份而身份的说法显然是说不通的。坚守传统的正统身份会在面对多样性文化时产生一种抗拒感和困惑感,异质文化的注入会使追求纯洁身份的愿望成为一种奢望,新的文化对"原住"文化连续性和稳定性的挑战在于以新的内容动摇其固定的身份认同,以"杂合文化"形式造成对原有身份认同的割裂,统一性中增添了很多差异性。在网络虚拟世界里,网民处于双重困境中,每一次进行获得一定身份认同的尝试,都会面临一定的身份撕裂,在彻底的绝不妥协面前会寻找一个恰当的平衡,但是每个人要寻找的平衡点是不一样的,走向极端通常不被接受,网络空间里的各式各样的原教旨主义就是一个例证。网络空间中,很多网民对会面对着"身份革命"或"身份战争",对个性和集体性都有潜在的威胁,通往身份认证之路上,网民也难以摆脱孤独之惧和无奈之忧。这个空间里的价值守望比遵守现实社会中的价值还要负责。

如果从起源看,虚拟现象在现实社会很普遍,它是人类超越现

---

① [英]齐格蒙特·鲍曼:《流动的生活》,徐朝友译,江苏人民出版社2012年版,第29页。

实思维的一种形式,古代的神话故事是典型的虚拟思维的产物,各种原始宗教都带有虚拟特征,艺术创造也存在着虚拟的成分和自我解放精神。可以说,现实社会中的虚拟活动既是人们想象力的造物,也给人的思维插上遐想的翅膀,对于超越现实提供了很大动力。在网络虚拟社会,"虚拟"是以数字技术和互联网技术的发展为基础的,它在很大程度上改变了原有的"虚拟思维",数字化的虚拟内容使人的思维和想象变得更亲切更"真实",以至于人们把它称之为"虚拟存在"。

第四节 比较维度:虚拟与现实中的网上思想文化阵地建设

列宁在论及空想社会主义的影响时说:"空想社会主义在世界历史上却是正确的,因为它是由资本主义产生的那个阶级的征兆、表现和先声;现在,在 20 世纪初,这个阶级已成长为能够消灭资本主义并且正在为此坚决奋斗的巨大力量。"[①]在今天,关于乌托邦的争论依然存在。为什么会有乌托邦思想? 什么样的乌托邦是可能的? 如何把乌托邦变为现实? 这些都是社会关注的大问题。重新审视乌托邦的历史与现实,有助于获得更多的思想支撑和启示。虚拟社会不同于乌托邦,它们在起源、形式、内容、表达方式和社会影响等方面有很多差别。

---

① 《列宁选集》第 2 卷,人民出版社 2012 年版,第 300 页。

一、空想的还是现实的：虚拟生存及其实质

虚拟社会是虚实共生的空间或存在，虚拟生存是在网络空间里依靠数字技术而变现的行为方式，但人们不能脱离现代网络虚拟技术和现实社会基础来随意规定和阐释虚拟空间，更不能将虚拟社会归结为乌托邦式的思维想象。虚拟生存可以被理解为抽象的对象化过程，是符号对象及其相互关系的表现，如果说乌托邦思想是镜花水月式的想象，那么虚拟社会就是技术手段促成的人与社会的新空间，是人类现实生存在网络社会环境中的另一种呈现。虚拟社会的出现使人们对生活世界的意义内涵有了新的认识，柏拉图的"洞穴现象"、贝克莱的"存在就是被感知"、莱布尼茨的"二进制模型"，都难以完全表述"赛博空间"的真实状况。"虚拟现实所允诺的不是探索更好的真空吸尘器，或更吸引人的通信工具，或更友好的计算机界面，而是从根本意义上探索改变与拯救我们研究实在的某种意识。"①虚拟社会的出现，引导我们在哲学层面对人的发展和社会发展做出深入思考，就是说，虚拟社会引起的深层反思应该是哲学式的，因为网络空间的出现使哲学的替代思维有了新的启示。"最终的虚拟实在是一种哲学体验，也许是一种崇高的或令人敬畏的体验。诚如康德所言，崇高是意识到自己渺小时所体验到的那种不寒而栗；当我们有限的理解力面对无限的虚

---

① T.Nickles(ed.), *Scientific Discovery, Logic and Rationality*, Dordrecht：Kluwer,1980.

拟世界时,便会产生这种感觉,因为在这里我们随便找个地方就能安顿下来。虚拟世界的最终目标是消解所泊世界的制约因素,以便我们能够起锚,起锚的目的并非漫无目标的漂流,而是去寻找新的泊位,也许是寻找一条往回走的路。"①通过网络空间从事实践的人对现实生活的影响远远超过了现实社会技术领域的创造事项,它在全方位的渗透引起了网络文化的虚拟现象。"真实社会"被"虚拟社会"侵蚀的结果,使得网上思想文化阵地建设面对很多挑战,因为在虚拟社会里,人们从客观世界获取信息的方式改变了,重构客观世界的思路改变了。

网络文化不同于现实社会的文化存在,它是虚拟空间的声像效果,却具有可观察可体味的真实性,可视的和可感知的画面提供了一个实在的新层面。其中,技术与实在、环境与人的存在融汇在一起而成为网络文化创造的素材,数字技术在一定意义上消弭了实在性和虚幻性之间的界限,网上思想文化阵地也不能忽视这些要素。网上思想文化阵地建设所面临的虚拟存在,是一种宽泛的客观存在,受到真实的自然存在的影响,虚拟社会赖以运行的基础设施、技术手段和通信设备都是现实的,它之所以被称为虚拟实在,是因为它本身不是直接的客观存在。从哲学层面理解,虚拟社会就是人的符号化的想象力的空间延伸,是通过"此在"向着"遥远"的延伸,虚拟空间不是简单的意义符号或"虚构的空间",而是在一定程度上离开感觉而存在的客观性内容。

---

① [美]迈克尔·海姆:《从界面到网络空间——虚拟实在的形而上学》,金吾伦译,上海科技教育出版社 2000 年版,第 142 页。

二、解构的还是建构的:网络社会的艺术批判与人的解放问题

网络技术产生以来,网络空间就成为一个充满艺术创造的社会,开放、创新、包容成为令人鼓舞的生存形式。在资本主义社会里,现代网络技术与社会所联姻而形成的资本主义新精神,既是人们对未来社会的一种理解,也预示着技术时代的人的发展困境及出路。"解放"可以理解为人们从遭受压迫下解脱出来,或者从妨碍个人自由充实的束缚中解放出来。在西方社会,"解放"一词包含着个人与情感生活的自主或不受拘束的自我充实,一些学者在承认对解放和真实性的要求成为普遍现象的同时,试图说明资本主义积累机制中包含的潜在的压迫及其对真实关系的危害。他们通过对网络社会的艺术批判来阐释当代资本主义社会的新问题,学术性地分析资本主义造成的苦难之源以及遏制这些苦难的愿望。自从资本主义精神形成开始,近代世界中关于解放的话语一直萦绕社会的思绪的问题。资本主义所理解的解放思想主要来自传统性与现代性的矛盾纠结,这使得关于人的解放的诺言笼罩上很多资本色彩。在现代网络技术的推动下,艺术的表达形式及诉求方式都发生了很多变化,艺术批判的内容与人的解放诉说有了新形式。网络空间的艺术作家们在谈论这个问题时一方面感觉激动人心,另一方面感觉无名悲观失望和惋惜,他们在艺术中所描绘的人的解放机制也无奈包容了资本主义社会中的新的压迫机制。资本主义传统社会追求的人的解放思想,是被启蒙运动激励的道

德要求和自我价值的追寻,自由的市场经济给这种愿望提供一种发展模式,这在现代网络社会仍然有独特的空间和延伸形式。然而,这一思维下的人的解放诉求,在内部受到自身存在的矛盾和悖论的挑战,在外部受到处于底层的工人阶级的挑战,前者在于人们怀疑是否能成为解放之源,后者在于新社会秩序构建的可行性。于是,现代网络空间里的艺术批判也有了不同的思路,从资本主义的现实存在中寻找艺术与人的解放的关系,是一个路径,用马克思主义意识形态来塑造艺术精神和创新勾画人的解放图景,是另一个路径。由于网络空间的隐匿性、自由性,网民的艺术创造比以往奔放和大胆,其中的解放精神超越以往。艺术消费看似自由,实际上确由艺术生产和艺术市场所支配,自我愿望和自主意志是艺术想象之下的操作物,这种"生产不但为主体产生客体,而且为客体产生主体",在资本主义架构内,这种欲望还经常受到利润的刺激,"自主性的要求如不尊重另一种要求所提出的限度(就是构建一个集体),就无法导向真正的解放"。① 网络空间里的明显的或潜在的艺术联系,给人们重新审视人的解放提供了技术基础,人们不仅强调艺术发展的历史场景和依存行为,还借助技术策略将这种意象以现代的思路和形式表达出来。网络空间里的艺术表达也会存在马克思所指出的人的异化问题及其解决方式,占据网络舞台,创造网络艺术,不过是这种异化在变换了的空间里提出的一种新形式。网络景观是网络空间里艺术塑造结果,它和现实的不同

---

① ［法］吕克·博尔坦斯基等:《资本主义的新精神》,高铦译,译林出版社 2012 年版,第 498 页。

之处在于:它不仅有很多现实社会中用工业技术复制出来的艺术文本,也有很多经过网民独立思维创造的大量的艺术另类。资本主义社会中文化工业的标准化形式在网络空间里被颠覆了。在标准化的文化产品中,意识形态及价值观也希望体现标准化的模式,而在个性化的条件化的艺术定制中,文化的多样性备受推崇。在网络空间里,一些人面对"悲惨的"但又期待"真实的"信息,一些人接受了偶然性的真实内容并上升到普遍意义上,一些人以焦虑的心态去寻找未来世界的出路,面对网络话语终年"陈词滥调""喋喋不休""莫衷一是"等现象,一些人深切地感受了网络艺术精神表达的种种局限和不自由状态。在网络空间里,文化价值观发生很大变化和转移,商品和艺术品的合谋愿望和结果使网络文化有了新的表现和边界。在网络空间,网民如何更好地把握自我并创造出新的生活世界,不仅是自身的生存和适应性问题,也是对待网络技术以及全球关注的事情。联系性的现实和适应性的理想要求网民提供让大众感兴趣的艺术创造,提出符合社会主流价值观的作品。

科技发展与艺术革命是两个密切联系的内容。数字技术不断拓宽艺术边界,给艺术发展注入很多新元素和新理念,更新了艺术概念和含义,促进了新型艺术业态的出现,它拓展了艺术表达载体、手段、方法和途径。虚拟社会的艺术表现和创造以现代形式表达了人们对生活的追求和对未来的预想,它具有强化"虚拟"的作用。虚拟社会中,人的艺术创造是一件"全身投入"的体验方式。网络中的音乐厅、画廊、文学著作等通过"点到点"的传播方式而体现出动态的现实交互性,敲击键盘或移动鼠标使网民对艺术创造成为真实的体现,更直接、更逼真、更审美的意识和愉悦被灌注到个性创造之中。这也使网络艺术有了直接对话和交流的基础,技术情况下的艺术创作有了时空上的错位或对接,虚拟现实性就成为艺术的重要特征,艺术精神在虚拟社会中涌动和流溢着。艺术的无限创造的可能性与虚拟空间无限延伸的可能性是一体的,艺术在这个空间里的发展,既是艺术生命力的表达,又是艺术内容不断丰富的过程,虚拟社会大大拓展了人类生活的创造空间和人的生存方式。在这个空间里,网民更多地希望发现自我而不是失掉自我,是维系与现实的时空关系而不是脱离这种关系,是参与到艺术创造之中而不是游离于其外。因此,我们所倡言的网上思想文化阵地建设具有丰富艺术意义。这个阵地就是一件精致的艺术作品,其中的艺术精神和思想取向是积极向上的,其中艺术表达和结构组成是科学合理的。网上思想文化阵地建设的艺术意义,还在于它能充分表达艺术的革命精神和创新精神,在每一个时期或时段都有符合社会和时代要求的新形式。

第三章　网上思想文化阵地建设中的问题与悖论

　　既然网络社会与现实社会存在着错位,既然网民在现实社会与在虚拟社会的行为错位,既然网民在虚拟社会里面临着双重身份选择,那么,人们对网上思想文化的价值取向的选择也必然存在不同的认识,在网上思想文化阵地建设方面也必然有不同的看法。这个问题经常是全新的,这个悖论是经常存在的,对这个问题的探索也是经常性的。

第一节　网上思想文化阵地的常见变异形式

　　随着科学技术的发展,传播媒介和手段都在发生革命性变化,新的传播符号也应运而生,电子媒介和网络技术成为人们交流和生活的重要依存形式。新媒介新技术从根本上影响着人们的日常生活方式,形成了鲜活独特的文化景观。人们在尽情享受科技带来的诸多便利的同时,也经常处在主客体的相对易位之中,由网络技术造成思想认识变化、日常行为变异和价值内容流散,也在现实社会和网络空间的各个方面表现出来。

一、网络文化主体行为失范

网络文化主体行为失范是指网络虚拟社会中的思想混乱和行为错乱,是超越正常的行为边界、价值边界、法律边界的现象。具体表现在以下三方面:

一是不当的网络信息传播行为。网络虚拟空间给人们的信息传播带来了极大便利,在网络空间中,每个人都有诉说内心情感、表达心声、传递信息的权利和机会。当网络文化主体的思想表达超越了道德边界,行为越轨,就会造成信息传播中的行为失范。网络虚拟社会的信息资源来源复杂,具有权威性的可靠网站容易被模仿,一些不法网站和网民运用欺骗性的、强制性的、诱导性的手段来传播信息。一些未经证实的时政信息、商品服务信息在微信、微博平台传播;一些渲染恐怖和暴力的信息以及教唆犯罪的信息散布在网页上,还有一些打着免费提供服务幌子的交易信息。一些网络主体通过页面与页面之间的广泛链接和场所转换来扩大辐射面,为了躲避相关部门对网站的实时监控,一些微博博主通过恶意截屏不良画面吸引粉丝添加微信,甚至一些微博"大V"也在微信空间贩卖不良资源,通过隐蔽的形式躲避网络监测、赚取钱财。一些权威性的可靠网站被恶意广告所覆盖,输入官网名称,打开的却是广告页面,有时难得找到了官网页面,但整个页面的边角充斥着恶意的广告画面。飘浮在网页四周的小幅画面,或虚假产品售卖广告,或不良画面广告,或虚假新闻的传播广告,这些小广告以颜色艳丽的背景掩盖权威信息的可读性,虽然偶尔右上角有极小的灰色关闭按钮,但手指稍有偏移未点到中心位置,则立刻跳转至广告页面,让人无法躲避。这种强制性的信息传播方式,不仅消耗人们的上网时间,也侵害了网民的选择权利,破坏了广大网民的情绪。

二是错位的网络文化主体交往行为。随着互联网技术的生活化,在线交往方式在人们日常交流中占据了重要地位,网络文化主体在充分享受互联网为社会交往带来的充分便利的同时,也会做出错位网络交往行为。网络虚拟社会的交往是在彼此不了解对方真实状态的情况下展开的,交往中存在着极大的遐想空间和自主发挥空间,但一些人没有厘清空间的虚拟性和交往的真实性的差别,在交往过程中以一种体验性和游戏性的心态来对待网络交往,使网络交往变得轻率随意,淡化了现实生活交往的严肃性和责任感,助长了网络交往行为"去责任化"风气。无论在网络论坛还是交流软件,只要注册一个虚构名称、性别、地区的账号便可在网络虚拟社会开展交往行为,多个身份的选择,不同性别的切换,海量图片可作头像的挑选,一些人沉浸在虚构世界中乐此不疲,醉心于短暂交往的拥有感和浅层次的生理满足,网恋、网婚现象层出不穷。编织在交往过程中的期待和遐想,为网络虚拟社会交往平添了更多梦幻和神秘色彩,成为一些网民的情感交流乐园。屏幕前的人物成为消解现实生活孤独寂寞、不被理解的困苦境遇"大英雄",却忽视了自己只是这位"情场高手"众多粉丝之一。一些人打着情感导师、灵魂顾问的幌子,假借美女头像包装自己,捏造悲情遭遇和不幸身世,四处圈钱、招摇撞骗,给当事者带来情感之痛和经济损失。微信、QQ等社交软件的初衷是方便交流、促进联系,却被一些人用作打"口水战"、灌水、拍砖、恶意圈钱的工具。

三是恶意地破坏网络秩序行为。网络秩序是人们在网络虚拟社会进行有组织、有纪律活动,以保证网络社会达到正常运转状态。网络空间的大量信息文化资源都是免费的,这免费的性质与文化产品本身具备的知识产权并不冲突,但不少人却在欣赏文化产品的同时将两者剥离开来。网络空间中很多免费资源都是通过非正式途径发布或转载的,并未获得原著者或原创者的合法授权。一些网络音乐作品、软件作品、摄影作品、文学作品、学术著作甚至新闻报道等,在人们很方便地复制、保存、粘贴、转载、转发中快速流转着,这种流转行为本身就是一种侵犯作者版权、破坏网络秩序的失范行为。这里摘抄一些,那里复制一点,换几个词语、换种标题,冠之以信息整合者的大名便变成为新的文化形态,而作品原创者的知识产权却在收集、加工、处理中被模糊甚至被遮蔽。除此之外,随意窥视、入侵他人网络私密信息的行为也是违反网络秩序的失范行为。浏览行为对于互联网公开信息不构成失范,但面对他人非自愿公开的私密信息的不请自来的浏览行为则构成了失范。一些人凭借互联网技术对他人所保存的信息数据资料进行"解密""翻墙"或植入木马病毒,这种非经邀请的造访行为不仅造成了网民信息泄露,破坏网络社会的安全,而且对国家的政府网站和官方信息也造成了严重威胁。网络破坏行为是一种更加典型的破坏网络秩序的失范行为,利用一定的网络操作技术,对网站实施恶意攻击、对网页进行恶意篡改、恶意损坏数据信息、制造和传播网络病毒、利用网络漏洞进行信息窃取,这些危及网络社会正常运行的行为看似是网络空间的平等、自由衍生出的失范行为,实则是脱离道德、违背法律、价值观扭曲的失范行为。

二、网络文化内容粗鄙化

优秀的网络文化内容是网民网络空间的创作,是网上文化阵地的主体内容。然而,一些文化主体为了出人头地、吸引眼球,镂空思想文化价值,嘲讽经典而崇尚庸俗,轻贱传统而附庸粗鄙,将追求轰动效应视为终极目标,将利己观念、不良文化、垃圾文化演绎得淋漓尽致,这是典型网络文化粗鄙化现象。他们不择手段地捏造社会悲情,肆无忌惮地夸大虚假阴暗,讴歌"三俗"文化,诋毁生活激情,语言粗鄙、格调消极、形式多样的粗鄙消极文化占据着网络虚拟社会,毒化了健康积极、干净纯洁的网络文化环境。

一是追名逐利的商业文化。文化商业化催生了文化产业的发展,但文化产业发展的初心应该是推动中华优秀传统文化的传承与发扬,但当目标由传承向片面获益转变时,商业文化过度包装加强了文化媚俗意识,谋取利益成为一些人网络文化发展的目标。为了增加点击量,博取群众眼球,粗制滥造、胡编乱造成为网络文化高产出、高收益的重要方式。为了在海量信息中增添信息的新颖性,标题党随处可见,更有甚者,文不对题都可以视而不见,只管点击率与浏览量的激增。传统文化的精髓在网络文化商业化发展中被忽略。带有官僚气息、市井气息、流氓气息的封建文化被别有用心之人搬到网络空间,成为网络文学作品、网络音乐作品、网络影视作品的写作题材。这些初衷商业化、主题变异化、内容粗鄙化、扭曲历史史实、窃取原创版权的网络文化,迎合了大众消费时代的畸形审美,追求着永无止境的商业价值,背离了人作为网络文化创造者的主体原则。

二是庸俗无聊的恶搞文化。网络虚拟社会赋予恶搞文化以极尽狂欢的自由空间,在无序发展中僭越网络空间秩序,背离了社会主义核心价值观。庸俗恶搞文化的背后是人性的破碎与扭曲,是社会伦理道德的淡化。它以丑为美,以恶作善,将无聊视为乐趣,将庸俗当作笑点,将丑陋看作魅力,无耻没有下限,自黑没有底线,"厚黑"是衡量荣耀的标尺,而高雅、道德、伦理则沦为走红出道的垫脚石。一些人为求标新立异,制造看点,公然恶搞历史,十四年抗战的艰辛岁月变为轻描淡写的一句结论被编排进影视剧中;黄继光、邱少云等人民英雄的光辉事迹被质疑嘲讽,成为网民茶余饭后的谈资;陷害忠良、培植党羽、制造民族矛盾的北齐女臣陆令萱成为影视剧中睿智忠诚、刻苦努力的辅国贤臣,在恶搞的浪潮中,历史被篡改、真相被架空。网络社会中随处可见恶搞文化的身影,胡乱剪辑、无序拼接,一张图片通过后期字幕变为多种意境的表情包,一段演绎通过配音的重改成为应时应景的观点表达,一些片段通过粘贴嫁接成为子虚乌有的新闻爆料,恶搞文化成为网络社会一道"风景",而随意拼贴的"移花接木"之法便是辅佐其不断扩大的秘方。恶搞的背后是嘻嘻哈哈的短暂娱乐,而娱乐过后仅剩无魂空壳的随意飘荡,一些人在嘻哈中变得麻木,又在麻木中继续寻找新的笑料。

三是故作噱头的煽情文化。煽情文化是通过引起人们情绪的波动、感官的刺激、心灵的共鸣来吸引众人注意和博得同情的文化样态。层层叠加极具渲染的形容词、形式多样凸显情感的标点符号、与众不同的话语表达，共同构筑了煽情文化的基本样貌。在文化激荡的网络虚拟社会，煽情文化是一种极具竞争力又深入人心的文化形态，过分夸张、故作噱头、极端主义成为网络煽情文化的常态。过度的煽情文化抹杀了心灵鸡汤的慰藉作用，"反鸡汤"文字过分烘托苦情、悲情的惨痛人生，一些创作者为了营造情感轰动效果无所不用其极，过度放大某个悲情事件并企图让所有人都在该事件中寻得心灵感应，过分夸大社会黑暗层面的不良影响并鼓动人们怀疑生活的美好。一些人的不幸通过煽情文字被普遍化为一个社会的不幸，一个社会的个案通过煽情叙述被广泛化为一个社会的悲哀，甚至被居心叵测之人用来蛊惑人心以达到反党反社会主义的恶毒目的。当情感与金钱碰撞，当功利主义僭越伦理道德，煽情文化背后的真实性只会逐渐弱化，而利益编织、故作噱头与谎言丛生共同助推了网络文化的异化。

三、网络文化表达空壳化

网络虚拟社会不仅是一个信息共享社会，一个人际交往社会，还是一个自由表达言论的社会。在这个社会中，每个人都手握"麦克风"，拥有平等的话语权力，可以在网络社会发声、表白、陈述观点。鉴于网络媒介和其他传统媒介的区别，人们在网络文化生成、传播和交流的过程中扮演着不同角色,将正义凛然、悲愤嫉俗、古道热肠、得意忘形、喜怒哀乐以不同方式表达出来。

　　一是网络对话者的不当表达。网络对话是人们借助互联网技术通过社交软件进行语言、表情包、图片、视频共享的交流沟通过程,在这个过程中双方处于平等互动的地位。网络语言随着网络对话的发展而出现多样化的扩展,一些网民有意淡化甚至放弃了基本的日常用语规范。个性怪异的符号表达成为网络对话者的常见用语,英文字母、数字符号、键盘符号皆是网络语言的符号资源,如:GG(哥哥)、8147(不要生气)、687(对不起),":—P"表示微笑,":—D"表示开口大笑;以及从汉语谐音转化来的语言,如"稀饭——喜欢""童鞋——同学""警察蜀黍——警察叔叔";而合音连读是另一种语言表达:"表——不要""酱紫——这样子"等。网络对话中口语化的表达随处可见,在使用过程中常常掺杂不文明,甚至反文明的因素,大量的错字、脏话、恶话成为网上交流的常用"符号",造成人们理解偏差或不悦情绪,对传统语言文字的准确性和人们正常用语构成威胁。网络语言的滥用、误用,模糊了尚处学习阶段的中小学生对用语规范是非标准的界定。一些网民在网络对话中常以暴力语言、媚俗语言、粗鄙语言来展示恶俗心态,渲染低俗情调,寄托"兽性"情怀,以冲破道德底线为荣,以搅弄丑词为乐,致使污秽低俗用语靡然成风。图片原有的艺术效应消失,价值错位,取而代之的是作为符号的可传递意义。一些表情包特有的视觉冲击解构的不是庸俗而是高雅,反拨的不是审丑而是经典,将恶搞文化和戏谑精神"发扬光大"是其情感寄托。随着网络对话的发展,卡通表情包逐渐向真人表情包转换,影视、新闻都成为表情包的发源地,在简单而又粗暴制作中,刻意猎奇的追求溶蚀了理性。历史在嘻哈嘲弄中被遗忘,公德在恣意妄为中被践踏,而"污文化"因素却在表情包中泛滥,它们渗透在正常话语的表达中,用轻佻媚俗的图片符号传递语意,意图营造时刻的轻松与愉悦。这一系列充满虚无主义、恶搞元素、"污文化"元素的表情包,看似奇特而个性,实则折射出对话者的自我消解和人性扭曲。

二是网络文化创造者的不当表达。网络文化创造者的表达不同于网络对话中平等互动的用语交流,也不同于网络围观中二次思考的评论表达,是一种网络主体以自身名义发布的原生态思想观念。网络文化创造过程中的不当表达更多地体现在运用互联网技术,进行不恰当的思想表白和话语发布的人们身上。这些文化创造主体利用互联网技术传播信息的优势,尽情抒发、歌咏、表达自己的所思所想,无意间放弃了对自己言语行为的约束,网络表达不再是纯粹的个人表达,而是具有公共属性的社会倾诉。在网络虚拟社会中,只要拥有用户名的人都可以成为网络文化的创造者,虚拟与现实的异同刺激着人们寻找新的名称来体现自我,"然而,一些'网名'的怪异程度,却已远远超出了社会文明准则的尺度。"①用语怪异、情趣低俗、语旨暧昧的网名随处可见,这些"出格"的网名已不仅仅是调侃诙谐的灵光一现,而是突破禁忌、鄙俗粗野的欲望追求。这些在本质上也可以看作"文化产物"的网名,

①　李一:《网络行为失范》,社会科学文献出版社 2007 年版,第143 页。

在内容与旨趣上早已走出幽默、诙谐的边界,暴露出某种"反文明"倾向。一些音乐作品中也充斥着粗鄙滥情,它们传递的不是余音缭绕、清耳悦心,而是粗暴草莽、力竭声嘶;不是高山流水,鸾吟凤唱,而是露骨轻浮、伤及风化。

三是网络围观者的不当表达。网络围观是指网民作为旁边者对网络社会中的思想流通、价值传递、观念革新进行思考、欣赏、学习、吸纳并通过各式各样的形式,如点赞、评论、跟帖、转发来表达自我看法。网络围观者随着互联网发展速度的"狂飙"逐年激增,特有的在场感和自由性让网民沉浸在网络围观角色中各抒己见,形成错综复杂的舆论空间的同时,也提供了自我轰动的舞台。"网络围观虽因万众瞩目有助于热点事件的解决,但也会成为网络'恶趣味'膨胀的幕后推手,甚至成为网络谣言和犯罪滋生的温床。"①一些人自视"网络喷子",恶意黑化传递生活美好幸福的博主,对遭遇坎坷的博主则拍手称快,他们只看到了网络虚拟社会掩饰真实身份的趣味性,无视这些消极影响造成恶劣的现实危害。此外,还有一些处于某种目的而借助网络随意散布信息的"广告主",在评论区间和管理者打游击,运用围观造势打响知名度。作为置身事外的看客,围观者常以冷眼相对或恶言相向来表露嫉妒心态和鄙夷神情,非常规的互动挤压着交流边界畸形,非理性的表达冲击着道德边界的约束,言语变成嗤之以鼻的讥讽,点赞变为例行公事的阅览,当围观以压倒性的态势倒向攻击方时,被围观者会

---

① 范玉刚:《新媒体与网络空间的文化表达》,《时事观察》2012 年第 3 期。

在舆论声讨中崩溃甚至消失,而真实性早已在网络"闹市区"中散落。

第二节　网上思想文化阵地变异的主要根源

网上思想文化阵地变异的危害表现为:形貌分离,网上思想文化生态失调和思想市场失序,淡化或弱化网上思想文化阵地意识;貌合神离,网络思想和行为失范,镂空或蚕食网上思想文化阵地;有体无魂,精神气象减损,精神家园荒芜,自毁或自弃网上思想文化阵地;有魂无体,实践落后于思想,失守或缺守网上思想文化阵地;体魂俱失,出现意义流散和价值迷离,西化或分化网上思想文化阵地。网上思想文化阵地变异,造成了边界的淡化和弱化现象、边界的凌虚和镂空现象、边界的缺守和失守现象、边界的模糊和失勘现象、边界的自弃和自毁现象。这些方面都会导致对网上思想文化阵地坚守不力。

一、畸形的名利追求,超越网上思想文化阵地的价值边界

1. 网络空间历史虚无主义特点

现实是未来的历史,而历史是过去的现实。历史虚无主义作为一种全盘西化的错误思潮,从其产生之日起便有着自身的特点。它重评历史,以各种反马克思主义观点审视历史,否定唯物史观,

诋毁党的历史,带着明确的政治诉求;它碎片化历史,以个别代替一般,以偏概全,曲解历史;它恣睢无忌,以自身的低标准来评判历史人物和历史事件,按照设置好的历史结论来剪裁历史;它重构历史,以"重新评价""档案解密"的名义做翻案文章。随着互联网的发展和传播渠道的拓展,特别是微博、微信的普及,网络空间成为历史虚无主义的乐园,也呈现出新的特点。一是形式上更具隐蔽性。互联网为人们自由进行信息交流提供了平台,使得"人人都是作者,人人都是读者"成为可能。由于网络空间的开放性、虚拟性特点,人人都可以在网络空间自由发表观点,这就使得历史虚无主义在形式上更具隐蔽性。首先以学术无禁区为由,打着学术思想讨论的幌子,任意设置理论陷阱,利用我们在社会改革中的一些失误和曲折,刻意放大,肆意渲染。其次,迎合少数人的"窥探欲"和歪曲了的价值观消费历史,在戏说历史中解构中华文明,否定主流意识形态。再次,以大数据为噱头,片面夸大"暴力革命之破坏性"的资料,有目的地选取材料,以此证明中国选择社会主义道路是误入歧途。二是内容上更具欺骗性。网络空间历史虚无主义利用互联网的普及和微信、微博的难控制性,假借"亲历者"、制造"原始档案"、假意"还原历史"来欺骗受众,从所谓专业角度进行"生理解读",使得其内容更具迷惑性,更加容易让普通大众上当受骗。一些人从自身薄弱的思想意志出发,妄言英雄人物,抹杀人民英雄的历史伟绩。三是范围上更具广泛性。一些"网络大 V"的粉丝动辄几万、十几万,甚至上百万。历史虚无主义者通过这些"大 V",再加上网络水军、网络推手,其影响范围是惊人的。不同于传统的传播手段,网络传播的即时性、易扩散性大大扩大了历史虚无主义的传播范围。微博"大V"们凭借极高的粉丝人数更加方便地向公众传递错误思想。四是速度上更加快捷化。互联网已经成为思想文化信息的集散地和社会舆论的"放大器"。联网将全球织就了一张信息传播的大网,QQ群、微信朋友圈、微博等信息的发布与转载在指尖的点拨下即时实现,为历史虚无主义提供了一个全新的表达、传播、扩散的空间和阵地。网络空间自身的特点使得网络空间"蝴蝶效应"明显、"水波效应"突出。正是看到了网络空间传播速度的快捷和自由,历史虚无主义在网络空间迅速推行其错误思潮和歪理邪说,而网络空间"视野模糊"和"不辨是非"的倾向更加快了其传播的速度。为获得更多的关注和更大的影响力,历史虚无主义刻意体现自己的张力和批判性,更促进了传播速度的快捷化。

2. 网络空间历史虚无主义本质

无论网络空间历史虚无主义如何伪装,假意"中立",扯着"去政治化"的幌子,打着"民主"的旗号;也无论网络空间历史虚无主义以"还原历史"来吸引眼球,还是打着"档案解密"的招牌收买网民;也无论其怎样改头换面、有意回避,都难以掩饰其真实目的和丑恶本质,难掩其强烈的政治诉求。首先,历史虚无主义的哲学基础是唯心史观。历史观作为一种形式,是人们对历史的根本看法和观点,是史学的灵魂,不是某种抽象的精神或观念的产物。网络空间唯心主义从主观意志、主观想象和主观臆断出发,有所虚无,有所不虚无,在仍然存在阶级的世界上,所谓"超阶级""超党派"地分析研究历史现象和历史事件,是典型的主观唯心主义历史观。

其次,历史虚无主义体现的方法论是形而上学。形而上学的方法论不同于唯物史观的方法论,是违背实事求是原则、片面的方法论。历史虚无主义不鼓励历史研究的整体性原则,只是从自身出发,以绝对的、片面的方法批判历史、妄谈历史,完全不顾及事情真相和历史事实。从设定好的观点出发,孤立地看待历史人物,只知其一,便宣称已知所有,极尽凸显了形而上学的特征。再次,历史虚无主义在价值观上是抽象人性论。只看到网络空间的存在形式虚拟,却忘了网络社会是现实社会在网络空间的延伸和映射,其产生的影响是现实存在的。主张的核心是个人主义,过分强调个人自由和个人权利,体现出的价值观是抽象的人性论。历史虚无主义者作出的决定是轻易的,但不是盲目和随意的,是有选择的行为,他们从抽象的人性论出发,以人性代替革命性、阶级性,以个人利益和感受判断、评价历史,以西方式的自由、平等、人权来进行政治诉求。最后,历史虚无主义在目的上体现的依然是政治诉求。网络空间的历史虚无主义表面上是对历史的重新解读和认识,通过再说历史、消费历史来获取经济利益。这些或以历史的、文学的、艺术的形式展示出的"新历史",背后则是无法隐藏的政治诉求。网络虚拟社会的历史虚无主义质疑我们的民族精神,亵渎爱国主义,质疑英雄人物,甚至恶毒地攻击和诬陷,就是为了打击我们的信仰,在毁掉英雄形象的同时毁掉我们的精神和核心价值观,进而动摇我们的思想基础。这些所有的行为都是为了一个政治目的——否定党的领导,否定中国特色社会主义制度。

3. 网络空间历史虚无主义的表现

历史虚无主义仗着网络虚拟社会的特征,在网络空间中恣意妄为。将否定中华文化、污蔑党和国家的话语通过网文发送,以起到诱导国人的作用;在一些微博、微信和贴吧上公然污蔑党和国家,质疑党的领导、破坏国家的安定团结,恶意放大一些微小事件,并通过渲染、炒作的方式将其上升到国家和谐稳定层面,诟病历史,妄议国家。对此,我们必须高度重视,历史虚无主义虽然对外宣称还原事实、价值中立的态度,但其歪曲历史、抹黑英雄的招数却越发险恶。

4. 网络空间历史虚无主义的危害

网络空间历史虚无主义是历史虚无主义在网络空间的蔓延和渗透,由于互联网媒介与传统媒介的差异,网络空间历史虚无主义更具有隐蔽性和危害性,其渗透范围、传播速度和影响深度比历史虚无主义更为严重。一是解构主流价值,消解民族精神。主流价值是维系本国本民族发展的强大的精神动力。丢掉了自己特有的主流价值的国家或民族是一个失魂落魄的国家或民族,是失去了根与魂的国家或民族。不同的国家,由于其历史、民族的不同,主流价值体系各异,怀有恶劣想法的不法分子通过网络环境,以大量的言论、不良的信息长久性地对不同的国家、不同的民族展开攻势,这些举措势必对很多缺少历史和国家民族认同的人产生影响,普通大众也会在网络面前迷茫,是非难辨。长此以往,中华优秀传统文化会遭遇质疑与失望,民族虚无主义滋生,民族自尊心和自信心遭到瓦解。民族精神是一个民族生命力、创造力和凝聚力的集中体现,是一个民族赖以生存、共同生活、共同发展的核心和灵魂。迷失了民族观,就会丧失对本民族政治文明的自觉,就会轻浮地谈论"普世政治价值"信仰,而无视其能否适应本国特殊的社会结构。二是否定中华文化,削弱中华民族的文化自信。文化自信是一个国家或一个民族对自身文化价值的充分肯定,是对自身文化生命力和影响力的坚定信念,是最深层次的自信。中华文明源远流长,是世界唯一从未间断的文明。中华优秀传统文化是中华文明的重要组成部分,对文化自信起着重要的支撑作用。网络空间历史虚无主义片面夸大西方文明的作用,否认或篡改侵略战争的历史事实,称颂殖民统治的道路,渲染民族失败主义情绪,数典忘祖,妄自菲薄,削弱文化自信,走向文化虚无主义之路。三是丑化党和政府,动摇党的执政基础。改革就是一场革命,面对错综复杂的世界格局和国内矛盾,在改革的征途中可能会出现这样那样的失误,关键是看我们以怎样的勇气面对和纠正。历史虚无主义罔顾事实,极尽诽谤之能事,夸大甚至杜撰历史,攻击政府,丑化党的领导。一些网文断章取义,斩断新中国成立以来前后 30 年的历史联系,甚至将两个 30 年相互否定,质疑中国人民选择社会主义制度的合理性。其目的就是形成文化包围圈,打击中国的政治自信和道路自信,并最终通过制造虚假政治谎言来丑化中国体制,以达到引发暴乱和"和平演变"的目的。四是模糊价值标准,影响正确的是非判断。美丑善恶、是非标准是人们的判断依据和价值标准。在国家和社会道德文明建设、精神价值引领等诸多方面起着重要的作用。网络空间历史虚无主义通过各种各样的微信公共账号、微博账号、论坛水军抹黑中国道德偶像。这些舆论导向的负面效应极为强大，模糊了国人们的是非标准，重创了中华民族的脊梁，所行所为令人发指。

二、无聊的猎奇形式，超越网上思想文化阵地的思想边界

1. 网上思想文化阵地安全已经成为国家安全的重要内容

网上空间也是国家的安全空间，没有网络安全就没有国家安全。习近平总书记在网络安全和信息化工作座谈会上强调了网络安全的重要性。指出：要树立正确的网络安全观，加快构建关键信息基础设施安全保障体系，全天候全方位感知网络安全态势，增强网络安全防御能力和威慑能力。对我国重视网络安全，推进网络安全战略工程作出了基本遵循和重要指导。在网络安全中，意识形态安全是第一位的。没有网络意识形态安全，就没有国家政治制度安全。西方资本主义国家就大肆输出意识形态，鼓吹西方政治制度模式，诋毁、攻击我国的政治制度和价值观念，对我国意识形态安全形成极大冲击。应对网络意识形态安全挑战，必须坚持我国的社会主义意识形态，打造网络强国。随着互联网的发展，特别是移动互联网的发展，网络已经深入到人们生活、工作的方方面面。我们在看到网络时代带给生活便捷的同时，也要注意到面临的网络攻击、网络诈骗、网络侵权等网络安全威胁。西方反华势力利用各种方式渗透网络来达到颠覆我国国家政权的目的，以不同

形式的言论攻击党和政府、攻击社会主义制度、传播负能量等等。这些问题的存在说明我们面临的网络安全威胁还很多,建立完善的网络安全防御体系迫在眉睫。做好网络空间安全治理,要筑牢意识形态安全的防御大堤。一些西方国家鼓吹西方宪政民主制度、诋毁社会主义制度、丑化我民族英雄,大搞虚无主义,恶搞经典,编造虚假信息煽动群众与党和政府对立。分裂分子和敌对分子内外勾连,打着网络言论自由的旗号,宣扬分裂国家主权、破坏民族团结的言论,造谣传谣,煽风点火,唯恐天下不乱。网络空间不是法外之地,违法者理应依法得到惩处。我们所有人都应主动维护网络安全,理直气壮地传播正能量,积极践行社会主义核心价值观,宣扬中华优秀传统文化,为我们自己营造一个天朗气清的网络空间。先进的网络技术是维护网络安全的关键和核心要素。要想维护我国网络安全,需要从技术着手加以推进。因此积极培养网络技术专业人员,加强对网络先进技术的应用,建设建强网络安全技术屏障极为重要。开通网络举报通道,提升网民举报的积极性,这有利于清朗网络空间,打击网上违法犯罪,让网上有害信息无所遁形。做好网络空间安全治理,要加快构建信息核心技术安全保障体系,增强网络安全防御能力和威慑力。

2. 西方国家的"网络宪政""网络自由"是侵犯他国网络安全的最大威胁

"网络自由"的本质是网络霸权主义。关于网络空间主权的适应性问题,一直存在争执。西方在承认网络主权存在的同时,执行双重标准,在关乎自身利益的时候,就宣示主权神圣不可侵犯,屡次借各种理由对我国等进行指责和提出维权要求;而在无关自身权益的时候,就高调地抛出"网络自由"论调,宣称网络空间没有边界,不受限制。这种双重标准就使其网络霸权主义的实质暴露无遗。所谓的"网络自由"只是其在网络空间推行霸权主义的幌子,实际上却将其意识形态战略的重点放在网络空间,借助网络向其他国家大肆推行其价值观。为达成这一目的,西方国家极力维护其在网络空间的主导地位和话语权,说到底推行网络自由就是西方国家为实施意识形态输出战略排除障碍而定制的概念,其目的决不是促进各国网络自由平等发展,而是为西方意识形态战略在网络空间的推行提供合法性依据。网络主权是国际社会公认的客观事实,其存在具有客观逻辑。信息时代,网络空间虽然是虚拟的,但却是客观存在的,并且已发展出了包括网络经济领域、网络政治领域、网络文化领域以及网络社交领域等完整的网络生态体系,各国都在加紧建设网络服务系统和网络基础设施。网络空间的客观存在就决定了网络主权的存在具有客观必然性。同时,网络主权的存在具有现实的物质支撑。西方国家所倡导的"网络自由"缺乏理论支撑和事实依据。网络主权是网络自由的前提,没有限制的自由只是谎言,只不过是强权的代名词。西方国家普遍主张绝对自由,并且以西方的自由尺度来衡量社会主义国家,指责社会主义国家限制自由、干涉人权,这实际上是对自由的限制和错解。网络空间只有限定各国自由的范围,才能保障各国自由发展的同时不侵犯别国的权益。当前国际网络社会之所以存在诸多网络争端,与西方国家网络霸权主义行径密切相关。网络霸权主义导致的一系列网络摩擦事件无不说明,没有主权,自由就是妄言。西方国家一方面倡导"网络自由",另一方面无论是通过不断加大网络科研经费的投入、加强网络基础设施建设等措施来筑牢网络国防,还是采取监视、监听以及网络制裁行为,实际上都是承认网络主权的存在和网络主权对于国家安全极为重要的行为。

3.西方国家的"网络自由"对我国网络意识形态安全构成的现实威胁

随着网络技术的深入发展特别是智能手机的普及,网络已逐渐全民化和世俗化,一些西方的价值观和意识形态渗透已不再局限于知识分子的学术议题,而是逐渐成为广大普通网民的生活议题,波及和影响了更广泛的人群,对意识形态安全挑战的一个最直接的表现。西方国家在网络空间中极度宣扬其政治制度、文化和价值观的优越性,严重冲击着我国主流意识形态在网络舆论阵地的话语权。一些网民沉浸在互联网中,为西方所兜售的那套"普世价值"所迷惑,认为西方制度和西方文化是完美无缺的存在,大肆攻击和抹黑政府、党的领导和社会主义制度。国内个别学者沦为西方民主政治的追随者与信奉者,在网络上公开散布指导思想多元化、实行宪政民主等各种反马克思主义的错误观点,否定中国特色社会主义道路,否定马克思主义在中国特色社会主义意识形态中的指导地位。西方敌对势力栽培和收买的具有影响力的极端反体制分子长期在网络空间兴风作浪,试图搅浑网络舆论场,扰乱人们的思想认识和价值判断。一些网络媒体淡化甚至有意放弃社会主义意识形态,大肆传播利己主义、享乐主义的价值观,极尽宣扬奢侈过度消费的生活方式。西方个别媒体更是精心设置议题、恶意炒作,操控舆论,助推历史虚无主义在我国网络空间扩散。这些都在一定程度上削弱和消解了主流意识形态宣传教育的影响力,使得社会主义核心价值观以及中华优秀传统文化遭到侵蚀,严重危害到我国社会主义意识形态安全。习近平总书记高度重视网络意识形态工作,深刻阐释了维护国家网络安全的紧迫性,并提出了一系列网络空间治理的重要措施,为净化网络环境、建设网上思想文化阵地提供了方法论的指导。

三、无度的文化狂欢,超越网上思想文化阵地的道德边界

第一,思想漂泊不定,心灵"居无定所",精神"迷失家园",对社会主义价值观认识的"定力"不足。一些人在体验改革开放的伟大成就时,在感受中国梦的思想激励时,对社会主义核心价值体系表现出赞美之情,而在看到社会问题及其负面影响时,又表现出游移态度。一些人在东西方价值观的比较中,秉持媚外心态,夸大资本主义价值体系的世界影响,并赋予它"普世"特征。推衍出中国的传统价值观不如西方的传统价值观,进而否定社会主义核心价值观。

第二,精神气象散乱,内聚力不足,思想认识不够集中,把"核心"发散为"一般",把社会主义核心价值观降格为一般的价值形式,对"核心价值"与"边缘价值"的区分不够明确,冲淡了"核心",模糊了"主题"。这种泛化的价值观,否定了东西方民主观念的差异性、用普遍主义态度渲染西方的自由观念,降低了马克思主义指导思想的地位,抹杀了共同理想、最高理想的引领作用,淡化

了民族精神和时代精神,歪曲了社会主义道德观、荣辱观。为了迎合一些人的心态,采用"跟着感觉走"的思维方式,以庸俗化、浅薄化态度任意描画社会主义核心价值体系,以语言个性刻意标新立异、随心翻空出奇,显示出思想上的迷离景象。"情失则流,情失则溺,情失则偏",散光现象造成的认识偏移,使社会主义核心价值观成为平淡无奇的东西,减损了它的民族特色、地域特色和思想特色,进而否定了价值认同的必要性,矮化了价值自觉的合理性,缩小了社会主义核心价值体系的辐射力,使本来充满宏阔旨趣、寄寓远大抱负、饱含未来关怀的社会主义核心价值体系,变成了暗淡无光的文化推销。

第三,偏移现象,既有思想重心移位和标杆下移,也有某些材料或观点的附着。一些人似乎置身于一个不负责任的时代,想说什么就说什么,他们用晃人眼目的话语曲意延伸某些内容或肆意篡改某些内容,制造各种"山寨版"价值形态。一些人以实用主义态度来评价社会主义核心价值体系的优劣,将社会主义核心价值体系放在极端功利的天平上衡量,认为合乎自己的利益就是好的,背离自己的利益就是不好的,其狭隘性自不待言。一些人凭个人的感觉、好恶来定位社会主义核心价值观,在他们心中,社会主义核心价值体系成了可以任意打扮的"小姑娘"。一些人以片面主义态度看待社会主义核心价值体系,用其一点,不思其余,采用"涵盖乾坤""截断众流"的方式分析看待社会主义核心价值体系的语言结构,割裂了意义上的完整性和方法上的辩证特征。

第四,精神上的凌虚现象,认为社会主义核心价值体系的内容是虚的、方式是虚的、话语是虚的,是空对空的行为。一些人认为社会主义核心价值体系是虚幻的观念组合,认为其中的"主义""理想""精神""荣辱观"都是虚幻的字眼,和物质利益不搭界,让人在缥缈的思想天国享受精神慰藉,却没有带来现实好处。如此"矜其心,作其意",焉能获得群众认同?此种认识还造成一些人对社会主义核心价值体系的疏离感,他们不愿接近或接受社会主义核心价值观,甚至有意疏远,希望不惹"尘埃",保持清净。一些人把社会主义核心价值体系建设视为不得已而为的事情,是面对社会道德问题而设立的权变之策,只是为了解释某些问题而设定的思想逻辑。这种观点脱离了社会现实,无视社会主义核心价值体系的坚实基础和人民群众在中国特色社会主义建设中的思想期待,无视社会主义核心价值体系的历史根据和人民群众对马克思主义、社会主义的自觉选择,否定了社会主义核心价值体系的内在依据,也否定了社会主义核心价值体系建设的长期性。

第三节　网上思想文化阵地变异的危害

如果从深处分析,网上思想文化阵地的变异是社会文化矛盾在网络空间的体现,是现实社会的文化问题的映射和反映。网络社会的二重性是网上思想文化阵地变异的客观原因,现代技术的双刃剑特征使网络文化具有明显的双重特征。网民的主观意向和价值取向,是造成网上思想文化阵地变异的能动性因素。这些因素在国内国际环境的影响下,构成网上思想文化阵地建设的重要参数。

一、造成思想疏离——网络空间历史虚无主义盛行

网络技术是人的延伸形式,使人类生活的空间、范围、图景和思维方式都发生了深刻变化,对象的交流方式在变化,同步接收和异步接收都可以实现,它已经超越现代社会的"领域性"关系,并且越出国家的疆界范围而在异域发生影响。新媒介造成的区域分割使人们的对话形式具有更明显的多边特征,使人们的行为具有更多的公众效应,也使人们的时空存在具有传统性、现代性、后现代性交织的特征。网络技术的影响下,网民不再以单边的固定的模式出现,主客体的关系发生了很多变化,人们对日常生活的认识也发生很多变化。以前的任何时候都没有今天如此深刻的动进和影响,以至于技术的人化和人的技术化的边界越来越模糊。网络时代最能体现生活新样式的是一系列的符号创新,网络时代,人们仿佛处在一个不断催生的庞大符号的体系之中,它不仅对经济、政治和社会的各个层面产生了深刻影响,也催生了网络文化,带来了全新的文化景观。从广义上说,网络文化包括网络文化产品、网络文化行为、网络文化现象、网络文化精神等不同层面,但网络文化产品最为集中地体现了网络文化的开放性、多元性、分权性、集群性、参与性等特质,其发展状况直接反映了网络文化的演进。因此,深刻认识网络时代的文化新景观和网上思想文化阵地建设,可以从把握网络文化产品的发展状况入手。

网络文化产品是依托于互联网技术为传播载体的文化产品,大致分为两个类型。一是基于传统文化产品形式而衍生出的具有

互联网特征的网络文化产品。例如,网络文学可追溯于传统文化,但在其语言特色、审美情趣和风格样式等方面形成了互联网形态的特色。在网络视频方面,近年来流行的微视频不仅是对之前电视节目、广告类型的缩减,还包括在题材的选取、创新点的设计等各方面的改良和变革。二是依托于互联网技术而生成的新型网络文化产品。表情包作为一种新型的网络文化产品,成为广大网友用于传递信息、情感交流的主要表达方式,其背后既体现了网民的自发行为,也体现了商业化价值。网络文化产品具有独特的生产和传播方式,打破了传统大众文化在生产和传播中的受众壁垒。传统大众文化在生产中由于传播媒介的局限性,其生产创造过程往往由少数人或少数机构垄断。网络文化产品由于开放性特点,受众群体范围逐渐扩大,体现出主体共同参与的创造局面。许多网民在利用互联网技术进行情感表达时,并没有创作初衷,更没有将自己的个人表达转化为网络文化产品的意识,但互联网时代的特征赋予了这些个人表达实现产品化、商业化的可能,准入门槛低让广大网民成为网络文化产品的创作主体与主要力量。一部互联网技术的发展史其实就是网络文化产品的演进史,网络文化的发展脉络与互联网技术的革新迭代同步发展,技术领域的每一点变化都会带动思想文化领域的创新发展。随着互联网技术和宽带技术的提升,网络视频与网络短剧成为大众喜闻乐见的文化产品。短视频、直播视频时代的到来,体现了网络文化产品在表达方式、创作观念、传统体系和盈利模式等多领域的创新型变革。网络文化产品依赖于互联网技术而存在,同时网络文化产品的检验和传播也离不开网民群体的评价与社交化行为。网络文化产品的文化价值与市场价值的判定需要网络传播渠道的检验,网民通过社交化网络行为这种选择机制来帮助自己在海量网络文化产品中进行选择甄别。

网络文化产品在反映现实社会的同时,也对现实社会产生了深刻的影响。网络文化产品具有多元性的特征,不仅包括创造主体的多元化、审美标准的多元化,还包括表达方式的多元化、受众群体的多元化等。多元的网络文化产品随着互联网技术的发展呈现出井喷式特征,在生产和传播中将潜藏于公众内心的文化创作力激发出来,满足了部分网民对个性文化产品和非主流文化产品的诉求。但网络文化产品在快速发展的过程中,由于更新换代速度极快,一些优质文化产品还来不及进行深层积淀便被新的潮流所淹没,难以形成历经锤炼打磨的有质感、有力量的网络文化产品,而那些快速出现又尚未经过检验的文化产品则极易造成大众文化狂欢,引发文化乱象。贴近群众、易于获得共鸣的网络文化产品往往产自网民的创造与传播,在这一过程中,网民将自己的情感、思维和独特理念融入网络文化产品中,通过理念的传播碰撞获得他人认可与赏识,进而推动了某些具有共同文化理念的群体组织的形成,一定程度上强化了这些组织的凝聚力和参与者的归属感。组织的形成、理念的碰撞在带来文化狂欢的同时,也会造成网络文化产品的趋同性,甚至造成群体性迷失。尽管网民创作网络文化产品的初衷是体现个性、展示独特性,但在狂欢中,又会造成文化上的趋同与跟风。网络文化产品在传统文化产品盈利模式的基础上,还加入了新的盈利模式,与粉丝经济进行互动,形成了新的盈利机制。志趣相投的粉丝聚集在一起,以体现共同爱好的网络文化产品为纽带,形成以网络文化产品或文化产品创作者为中心的互动关系,并在文化产品的传播中形成粉丝经济基础。由于人们对网络文化产品的消费存在差别,而网络文化产品本身具有相应特征,这就导致不同喜好的人们在消费网络文化产品时存在不同选择,一定程度上会形成群体文化隔阂。除了年龄差异外,在网络文化消费方面还存在群体差异、性别差异、地缘差异等多种差异。文化消费差异是一直以来都存在于群体之间,而网络文化产品的消费差异则表现得尤为明显。这种消费差异一定程度上可以促进网络文化的繁荣发展,但与此同时,由于群体之间的固执己见也会形成阻碍社会文化交流和整合的障碍。

与互联网技术的发展路程一样,网络文化也需要一定的时间来逐步完善。要想打造风清气正的网上思想文化阵地,推动网络文化沿着健康向上的路径发展,需要实现网络文化发展的两个转变。一是从宣泄向内省的转变。在网络媒介普及以前,传统媒介往往难以满足人们之间进行文化的交流传递,当网络媒介出现之后,普通人也拥有了思想文化表达权和传播权,便开始急切地进行自我表达,甚至在过程中将情感的交流、思想的传递演化为情绪的宣泄。这是网络文化发展初期的正常现象,是网民大量创作和传播网络文化产品下带来的文化积聚现象。网络文化走向成熟,需要在文化产品加入更多的理性思考与判断,实现文化发展由宣泄向内省的转变,为健康向上的网络文化打造坚实根基。二是扭转网络文化发展态势,实现由破坏性向建设性的转变。个别网络文化崇尚新奇、独特、非主流的风格特征,以解构权威、挑战主流文化为"卖点"和"看点",在破坏主流文化的基础上实现自身建构。网络文化的形成场域是网络虚拟社会,当网络文化发展初期,网民无法正确厘清网络虚拟社会和现实社会的关系时,也会导致网络文化趋于恶搞和庸俗化发展。具有破坏性的网络文化在发展壮大的过程中,逐渐挤压主流文化的生存空间,在一定程度上也会实现主流化发展。在人人都可参与的网络时代,网络文化产业的发展更多被赋予了娱乐化内涵,娱乐至上就像其"破坏性"一样,也成为发展初期的表达特征。网络文化在发展中要想回归正轨,凸显思想意蕴与社会价值,需要具备除娱乐化外的多元化特质,真正发挥文化在思想领域、教化领域的重要作用,走向成熟。

法兰克福学派的批判哲学家们最早使用"文化工业"来描述现代商业所带来的文化景观。文化工业的出现,使得文化产品按"标准化""一律化"的模式进行大批量制造,最终带来了"伪个性化"的盛行。社会学家马尔库塞认为,统一化、批量化、标准的审美方式和行为方式使商业文化中的人变为了"单向度"的人。媒介的变化带来文化产品的变化,当前处于电子信息技术全面普及、媒介全速崛起、互联网高度覆盖的全景媒介时代,对依托于传统媒介的文化形式造成了方方面面的改观,包括制作观念、美学形态、叙事方式、营销手段等。媒介构成了人类最基本的生存方式,诚如加拿大著名传播学家麦克卢汉所指出的,传播媒介决定并限制了人类进行联系与活动的规模和形式。然而,媒介只是一种形式,关键还是其所传递的媒体内容,脱离内容的媒介只是一种假设。媒体作为一种信息载体,自身也是信息的组成部分,同时也是体现物质文明和精神文明的一种文化形态,体现了人们的思维方式和生活方式。从传播学的视角分析,媒介的变迁以及由此带来的传播途径的变化,都代表了人类文明史上的里程碑。从语言到文字,文字到印刷,印刷到广播、电视、电脑……传播史上媒介的更新换代速度的不断加快,新型的现代化大众化媒介不断兴起,极大改变了人类社会历史进程。以互联网技术为代表的新兴媒介革命对人类社会现代化进程产生了深远的影响,使人类进入了新的媒介时代——数字时代。以文学为例,数字时代下文学改变了传统的写作方式,作者不再自我封闭地只埋头写作,而是要顾及作品如何推广、如何与读者建立良好关系、如何做好作品营销方案等许多写作以外的事情。新时代所揭示的网络文学主题阐释了网络文学的生态环境、学理特质、风格样态、创作样式、发展前景等问题。同时,从"形态"和"范式"延伸到艺术层面,思考其本体的审美标准从而构建一种网络文学的学理范式,主要表现为作家与网民互化、创作方式多元交互化、作品载体数字化、传播渠道网络化和阅读方式机器化。数字时代下,文学由陶冶情操走向"孤独的狂欢",价值层面也由社会映射转向娱乐休闲。文学由艺术真实转向虚拟存在时也存在着许多的问题和不足。网络文学在一定程度上潜藏着由价值理性代替工具理性、以游戏冲动代替审美动机、以技术优势代替艺术内涵的缺憾,容易导致文学作品的属性发生变化,转向艺术化边缘。面对网络文学的双面性,要用马克思主义辩证法进行分析,网络文学并非恶魔,也并非天使,在看到网络文学激发出巨大潜力的同时,也要将网络文学发展产生的负面效应加以规制。

二、造成边界移位——对网络安全造成极大的挑战

网络信息技术、新媒体和互联网的发展是互为依托、互为支柱的,网络信息技术的发展推动了新媒体的产生,积淀了互联网发展的基础,当信息技术和新媒体一起成为互联网的组成部分,"互联网+"时代就到来了,对传统影像事业的发展产生了巨大影响,推动了电影业飞速发展,扩大了电影业在现实社会的影响,并扩大了影片的出产速率。在信息技术、新媒体和互联网的影响下,电影本身的发展无论是审美、产业还是影片质量都发生了巨大的变化,而这一切归根到底其实是媒介变迁影响下的信息技术革命。这是一种全新的文化,它构造了我们的日常生活和意识形态,塑造了我们关于自己和他者的观念;这种文化形态制约着我们的价值观、情感观念和对世界的理解;它不断地利用高新技术,诉求于市场原则和普遍的非个人化的受众。媒介文化把传播和文化凝聚成一个动力学的过程,将每一个人裹挟其中。于是,媒介文化变成我们当代日常生活的仪式和景观。我们处于这种媒介文化所设定的背景下,我们所接触到的电影、文学甚至我们自身都发生了巨大的变化。如果说在马克思、恩格斯的年代,蒸汽机是最伟大的革命家,那么在 21 世纪的今天,电脑可以说是我们这个时代最伟大的革命家。从马克思主义世界观方法论的视角分析,人类社会的发展取决于生产力的推动,而科学技术作为第一生产力,是当今社会实现伟大变革,实现飞速发展的决定性因素和先导性因素。互联网技术作为科学技术的一种表现形式,也是推动世界历史发展的革命性事

件。使人类社会生产力发生了第二次变革,将普通机器上升为智能机器,在传统机器的基础上添加了控制机部分,从而实现了机器的自动化生产,解放了人的劳作,实现了无人工厂、无人车间办公模式。这次机器代替人脑的大革命,改变了原有的财富分配格局,互联网技术的掌握者成为新的财富主宰者,推动了社会财富的充分涌流。与此同时,互联网技术力量的逐渐壮大对社会物质生活和精神生活产生了巨大影响,政府治理方式、行使权力方式透明度大大提升,扩大了选举的民主化程度,人人都拥有了体现话语权的"麦克风",网络文化也随之兴盛,最终推动了瞬时文化全球化的实现。

大数据时代下,网络虚拟社会呈现的一切景观都由数字符号组成,数字化的过程以 Byte、KB、MB、GB 的传输和存储形式,极大地加速了人们获取信息的能力。人们为了维持生存所需要付出的精力,在社会生产力逐步提升的同时相应压缩,释放出的空余精力会转移到精神满足的实现中,从而推动数字力量的进一步扩大。互联网在将人与人相互联结的同时,也会通过大数据时代的数据分析而定制相应的基于个性特征的方案,让个人接触到的新闻、娱乐、产品都符合自身需求和审美标准,从而提升个人在网络空间中享受到的精神盛宴。麦克卢汉把媒介区分为"热媒介"和"冷媒介"。热媒介是供人看热闹的媒介,而冷媒介是供人看门道的媒介。如果媒介传输的信息是可以一目了然,不需要网民过多分析的就是热媒介,反之则为冷媒介。电脑计算机是为冷媒介的代表,而电视则为热媒介的代表。这两种媒介代表了两种不同的交往方式,大众性的交往方式和个人化的交往方式,追求深度的交往方式和追求广度的交往方式。数字信息技术首先导致的是媒介革命，其次才是文化的革命。在数字革命下，人们由大众化的潮流分散进入个人化潮流，实现了从无到有的迈进。

微信、QQ 等社交软件都是基于人际交往关系展开的，而这些社交软件中的大部分好友仅是现实存在的物理关系，并无或者极少存在情感和心理上的交流，甚至在性格心理上存在着截然相反的对立关系。大数据时代体现出了强大的信息汇总和统计功能，网络技术可以将浏览记录中的视频、音频、文字、图片通过数据的方式进行汇集整理，根据浏览记录的合集汇总出适合个人使用的社交区域，从而模拟形成所需的社交领域。网络社交并不仅仅意味着一对一固定搭配式的交流，而是通过数据的分析将一个个单独的个体进行归类总结，形成一个具有鲜明特色的文化圈。当同一种人聚集在一起时，他们不仅有共同的知识框架、思想基础，还有相类似的审美情趣和品德操守以及由此而激发出的新内容和新思想。技术更新换代的速度随着时间推移而逐步加快，技术的掌握者和拥有者伴随技术的不断改进发生变化，一种技术一旦被一些人掌握，就会有新的技术得到创新发展，继而由新的人群所掌握。网络是对视觉的延展，而电话则是对听觉的延展，但技术也只是延展某些感官，却不能实现对人体机能器官的完全替代。汽车、电话、飞机等实现了人自身机能所无法完成的事情，扩展了人们的实践范围和运动轨迹，但同时也一定程度上削弱了人体自身的机能。人们在驶入便捷、快速通道时必然也会让自己处于一定程度的劣势之中。

三、造成价值异化——消解社会主义核心价值观

社会上偶尔会出现对本民族文化不屑一顾,对先进优秀文化置若罔闻,对舶来文化称赞有加的非理性文化倾向,这种文化倾向导致文化迷失,严重制约了先进的健康文化产业发展。文化迷失不仅是在文化一个领域的迷茫,还表现在其他的很多方面:一是政治上的迷失。政治素质的高低取决于文化素质的积淀,一些人轻视思想文化的学习,长此以往,文化辨识能力和思想能力逐渐减弱,理想信念崩塌,政治意识淡漠,政治理念淡忘,政治方向迷失,政治态度歪曲,一心只关心自己的个人得失,毫无社会公德感和社会责任心,盲目地排斥政治、诽谈政治、曲解政治。一些人对政治的追求和向往并非是出于政治理想,而是企图利用政治谋私利,现实行为毫无政治底线和政治原则,所有的界线都决定于自身利益获取的多少,私欲是一切行为的准则和标杆。一些人虽然在原则上没有触碰政治底线,但日常生活中却没有关注政治文化知识,提升政治素养,即使有忧国忧民、爱国爱民之心,在实际能力上则显得尤为薄弱,缺乏理性判断力和分析力。面对国外"普世价值"的渗透、不良势力的渗入,不能快速识破,缺乏侦查意识和紧迫感,反而成为腐朽思想和落后思想的粉丝,助长了歪风邪气。二是思想上的迷失。思想水平的提升源于优秀文化和先进文化的不断滋养,文化水平低下、缺乏文化素养、文化认可度不高的人无法接触到先进科学的世界观和方法论的指导,无法与深邃的灵魂展开直接的对话,无法感悟精神的洗礼与心灵的净化,甚至有可能被不良

思潮所左右,沦为与主流价值思想相抗衡文化的俘虏。那些思想浅薄、头脑简单、目光短浅的人,满脑子都是崇洋媚外与迷信鬼神,寄命于神,寄命于天,荒废大好时光去追求唯心主义的处世观,缺乏高尚的思维品质和崇高的理想信念。有的人思想肮脏,作风不正,心胸狭隘,目中无人,不允许别人与自己有半点相左意见存在;有的人盲目自大,骄傲自满,稍微取得一点成就便沾沾自喜,忘乎所以;有的人虚与委蛇,当面一套背地一套,活在自己的想象中无法自拔。三是生活的迷失。一个人的品位离不开文化底蕴的支撑,有的人缺乏诗书的熏陶,优秀文化的浸染,观念庸俗,思想媚俗,欲望低俗,把人生的价值与自我享受联结在一起,沉迷纸醉金迷之中而忘却了人生应有的价值。一些人沉迷于麻将扑克的赌博之中,一些人陶醉于歌舞升平的欢乐之中,一些人热衷于吹牛拍马的假象之下,这些人看似领悟到了人生的真谛,欲望得到满足,实际将自己置身于低级趣味之中,生活的意义极尽低俗卑微。这种文化迷失的现象与我们所要建设的社会主义现代化文化强国是格格不入的,如何在文化迷失的道路上迷途知返,是建设网上思想文化阵地需要思考的重要内容。

经过改革开放40多年的发展,中国的经济发展水平实现了迅猛发展,人们的生活物质生活水平获得极大的提升,一些人炫耀性消费现象成为社会的主要问题之一。"炫耀性消费"由美国经济学家凡勃伦提出,他认为炫耀性消费是个人为了证明其财富或权力提供,以获得并保持某种尊荣的消费活动。炫耀性消费作为中国社会的重要经济现象,体现了人们消费观念的变革和消费理念的变化。在社会生活中,人们通过消费获取生活必需品,本无可厚非,但这仅针对有原则、有界限的适度消费而言,健康合理的适度消费不仅可以让人们获得精神的享受,也可以推动经济社会的发展和中国品牌推广。当消费的标准变得过于注重产品的符号价值,过于在乎产品的消费能为自己带来多少名利时,而忽略产品本身具有的使用价值,消费就变成了超越适度性的炫耀消费,成为满足虚荣心的重要途径。当消费的目的变成了炫耀,那么消费就改变了其原有的意义,人们看到的消费都成了体现欲望、贪婪、浪费的畸形消费,久而久之也就歪曲了正确的消费观。在炫耀性消费中,人们对符号价值的关注超越了人自身精神的关注,消费由一种手段变成了目的,从理性领域跨越到了非理性领域。资本增殖的逻辑就是无限地扩大对所有物的占有,却漠视了精神生活的提升,炫耀性消费恰恰是人内心空虚的反映,是人主体地位丧失的表征。炫耀性消费体现了一种比赛和冒险病态心理的作祟,反映了这一群体的文化迷失和浮躁的社会心理,如果一味地追捧这种建立在奢靡基础上的偏执心态,人作为主体就会异化成为物的奴隶。我们应该正视炫耀性消费产生的后果,理性分析背后的原因,这对于解决炫耀性消费危机,扭转文化迷失现象有着重要意义。根据马斯洛需要层次理论,人的需求有不同层次,如果生命的意义仅仅在于享乐和填充欲望,那么人生的价值和理想信念都无法得到真正的实现。从用金钱堆砌的炫耀性消费到价值意义的转变是一个具有难度的过程,这期间需要经历思想文化的洗礼和净化,我们可以通过努力获取财富,但如何有价值地使用财富、驾驭财富,运用财富来充盈我们的内心世界,在不断获取、不断学习、不断努力中提升自我,从思想上、品德上、习性上实现巨大改变,需要在丰富物质世界的同时重视精神世界的补给。

伴随着信息化时代下自媒体的快速发展,传播兜售色情、低俗、恶搞的现象日益严重。一些媒体网站过度消费明星,炒作名人,用夸张的标题、伪科学的信息来换取点击量,宣扬拜金主义和享乐主义,推动了低俗之风的蔓延,阻碍了整个网络文化产业的有序发展,污染了网上思想文化阵地的环境。低俗的网络文化之所以泛滥成灾,源于审美教育的缺失和高雅文化亵渎,再加上各种不良思潮的渗透,致使浮躁之风兴起,颓废之风盛行,使一些人逐渐丢弃了对真实美好事物的追寻。低俗文化往往可从反面通过感官的刺激来消解人们的精神压力,但与此同时又颠覆了人们的世界观和价值观,冲击着社会道德底线,牵制了文化的健康发展。就文化的分类来看,可以分为体现庙堂文化的雅文化和体现"江湖之远"的俗文化。俗文化又可根据价值分为通俗文化和低俗文化。低俗文化与人们的理想信念相悖,是毫无艺术价值和思想内涵的文化,对人们的精神生活毫无益处,甚至产生负面影响的文化。如何让大众文化在发挥娱乐功能的同时,还可以起到丰富人们精神世界的作用,发挥文化消遣娱乐和休养身心的功能,是网上思想文化阵地建设需要解决的重要问题。基于此,要将体现错误价值观和理念的文化产品与人民群众喜闻乐见的文化产品区别开来,发挥主流文化的引领力和规范力。主流文化的引领力和规范力不强,就会给低俗文化的发育提供生存空间,面临被低俗化的风险。网络时代,面对文化传播渠道的多样化和个性化发展,代表主流价值体系的文化产品有渐趋被低俗文化同化的危险。主流文化被边缘化的问题体现了改革开放以来我国面临的思想文化上的调整。

以经济建设为中心来推动国家社会生产本应是国家物质发展的一个重要手段,却在实际过程中,被一些人曲解为目的,宣扬物质利益是人生的第一目标追求。当人们的思想观念发生扭曲,正义的天平偏向利益一边,物欲变成为人们的第一追求。面对形形色色的"三俗"文化,主流文化在发挥正确的价值引领功能方面受到了阻碍。人们对文化的需求源于情感认同和情绪的宣泄调试,而这两方面的需求同时受到个人信仰和社会现实功利的影响。当主流文化无法满足这些需求时,低俗文化就会大行其道。某些低俗文化创作者赚得盆满钵满,而社会上的一些专业的文化艺术部门,却与之形成了鲜明对照。主流文化是代表大众的主流文化,因此,也应该是反映民情、体恤民心的大众文化,是国家和民族精神的支柱。发展和繁荣主流文化,要疏通而不是堵塞,是解决而非回避,在宣扬主流文化价值的同时,要对低俗文化进行深刻分析,发挥文化教化育人的作用,让人民群众明白何者可为,何者不为,从而发自内心树立起对主流文化的信仰和尊崇。

巴赫金的狂欢理论划分了两个世界,一个是严肃的,体现官方色彩的世界,统治阶级拥有绝对至高无上的权力,而平民只能谨小慎微地服从权威;一个是平等的狂欢的广场,平民和权贵没有等级差别,人们可以通过对官方权威的解构来搭建一个充满乌托邦色彩的世界。第二个世界和网络虚拟社会有着共通之处。人们在现实社会中无法满足的欲望和要求,可以通过虚拟社会来实现,网络社会成为人们表达自我,挑战权威的重要途径,通过对经典的重新解读、对权威的戏谑和嘲讽来使平民在网络虚拟世界中得到现实生活中无法满足的欲望。这个过程实际上是大众在网络虚拟社会进行的一场狂欢。后现代主义的理论包含着解构主义,解构主义最初是针对文本的解构提出的。解构主义认为结构没有中心,结构也不是固定不变的,由一系列的差别组成。在大众传媒的视角下,解构主义是通过质疑和颠覆性过程来对传统艺术进行新的整合和分析。网络恶搞就是通过解构主义来批判社会主流价值体系,通过解构主流文化来宣泄情绪。

网络技术的快速革新、文化形态的迅速变迁和青少年不成熟的心理,是恶搞文化盛行的重要原因。我国在转型期产生的各种"结构性压力"是亚文化及其抵抗性出现的原因,同样,网络恶搞也产生于此。从社会的角度分析,网络媒体作为文化的传播载体为恶搞文化的盛行创造了环境,网络媒体"草根性""匿名性"的特点也为网民参与网络恶搞的制作与传播提供了技术支持。同时,以符号和心理的视角分析,恶搞文化具有后现代的叙事特征,是无焦点、非线性的随机叙事风格,有着去中心化和碎片化的叙事特征。由于具有无焦点叙事特征的作品既可以被不断非焦点化,又可以被持续再焦点化,所以网民不再是被束缚在任何特别的组织和等级原则中的对象,而成为具有主动性的创造者。非焦点的叙事特征引导网民始终意识到此边缘之外还有更广阔的空间。而非线性叙事则是指网民可以根据自己的选择来构建出各自认知后的作品,"多向选择"和"页面内容意义不固定"成为非线性的叙事特征的两个核心参数。网络恶搞有互文性、反主流以及集群性的文化属性和特征,现在与主流文化并存的,是脱胎于后现代主义的"后亚文化",原来以社会、经济、群体化的分野的那种分析模式,让位于新的分析框架:年轻人以某种特定的形式来自我娱乐、自我满足,并以此确认自己的身份。他们通过消费各种物品,尤其是消费各种时尚,来在同龄人圈子里确认自己的存在或者地位。

民族英雄是为人民和国家作出贡献,有益于民族的时代楷模,任何篡改民族英雄、利用民族英雄、恶搞民族英雄的现象都不允许存在。然而,网络文化中恶搞人民英雄的事件却屡禁不止。众多英雄都成为网友们茶余饭后的逗乐谈资,更有甚者竟然公开质疑英雄事件的合理性,质疑历史、虚妄历史。泛滥的恶搞文化对真相与现实造成了极为恶劣的影响,如何管理和消解这种恶搞风气,净化文化氛围,需要我们每一个人审慎思考。对英雄人物的恶搞事件不是最近才出现,而是存在已久,错误的价值观对恶搞经典起到了推波助澜的作用。甚至有人认为诋毁经典的做法是社会文化多元化的体现,是符合现代人口味的艺术再造,而个别公众人物不以为意,竟然公开称赞恶搞文化,认为这是符合现代文化多元化的要求,是艺术的再创造,这对恶搞文化的泛滥起到了推波助澜的作用。当下流行的权威解构、对于主流文化的抵抗、个性张扬的后现代文化、经济利益的驱使、网络技术发展带来的视频制作和流通的低成本,都被看作是恶搞流行的原因。改变文化的发展态势,就要转变"文化搭台、经济唱戏"的固有观念,发挥文化的引领作用。在文艺工作座谈会上,习近平总书记曾对"调侃崇高、扭曲经典、颠覆历史,丑化人民群众和英雄人物"的现象严厉批评,并强调文艺工作者的中心任务就是创作,要"努力创作生产更多传播当代中国价值观念、体现中华文化精神、反映中国人审美追求,思想性、艺术性、观赏性有机统一的优秀作品"①。优秀的作品在做到"养眼"的同时,更要做到"养心""养精神"。

四、来自内部的矛盾——自在文化与自为文化的张力

文化从本质上体现了人对自然的超越,是人从自在到自为的过程。人自身存在着自在性和自为性的内在矛盾,体现在文化上,就是自在文化和自为文化的矛盾。自为文化处于文化系统的高层次上,是人们在日常生活中形成,又超越日常生活的人们自觉的生活方式,具有系统性、抽象性和自觉性的特点,由道德、哲学、艺术等等要素组成。自在文化和自为文化也可以体现社会的心理体系和思想体系。马克思在《1844年经济学哲学手稿》中指出了自在文化和自为文化的关系,其中自在文化是基础,而自为文化则是人本质的超越。"一个种的整体特性、种的类特性就在于生命活动的性质,而自由的有意识的活动恰恰就是人的类特性。"②自在文化体现了人们的生活习性和生活状态,具有一致性、重复性和稳定性特征,而自为文化代表着人们日常生活以外的领域,具有创造性、异质性和风险性特征。

自为文化以自在文化为基础而逐渐发展起来。马克思在《德意志意识形态》中谈到的意识的两个发展阶段,在一定程度上可以反映这个过程,"意识起初只是对直接的可感知的环境的一种

① 习近平:《在文艺工作座谈会上的讲话》,人民出版社2015年版,第7页。

② 《马克思恩格斯选集》第1卷,人民出版社2012年版,第56页。

意识,是对处于开始意识到自身的个人之外的其他人和其他物的狭隘联系的一种意识。同时,它也是对自然界的一种意识,自然界起初是作为一种完全异己的、有无限威力的和不可制服的力量与人们对立的,人们同自然界的关系完全像动物同自然界的关系一样,人们就像牲畜一样慑服于自然界,因而,这是对自然界的一种纯粹动物式的意识(自然宗教);但是,另一方面,意识到必须和周围的个人来往,也就是开始意识到人总是生活在社会中的。这个开始,同这一阶段的社会生活本身一样,带有动物的性质;这是纯粹的畜群意识……分工只是从物质劳动和精神劳动分离的时候起才真正成为分工。从这时候起意识才能现实地想象:它是和现存实践的意识不同的某种东西;它不用想象某种现实的东西就能现实地想象某种东西。从这时候起,意识才能摆脱世界而去构造'纯粹的'理论、神学、哲学、道德等等。"①自在文化是自为文化的基础和根基,自为文化以非日常性的方式来面对日常生活,从自在文化中获取养料,同时自在文化的转变也会带来自为文化的改变,通过对人们思想体系上的引导,将常识性、大众性和普遍性的思想转变为自在文化,进而对现实生活产生影响。运用马克思主义辩证法的方法论分析,自在文化和自为文化是一对矛盾文化,二者既体现了同一性,也体现了斗争性,二者在相互作用中所展示的关系有两种模式,既包括同一性占主导的关系模式,也包括斗争性占主导的关系模式。当同一性占据主导地位时,历史就会处于相对稳

---

① 《马克思恩格斯选集》第 1 卷,人民出版社 2012 年版,第 161—162 页。

定的状态,社会生活和人们的思想处于保守稳定的状态;当斗争性处于主导地位时,历史就会向发展跃进靠拢,社会生活和人们的思想处于不断进取的状态。

文化在历史进程中的不同时代、不同的地域范围和民族群体中存在差异,不同地区、不同民族在自在文化与自为文化的关系上存在差异,其呈现出的历史面貌也会存在着差异。自在的文化与自觉的文化之间存在着必要的和恰当的张力和冲突,使文化具有一种内在的发展活力和驱动力,并且具有在特定时代发生转型的内在推动力;自在的文化与自觉的文化之间缺少必要的张力,会使文化缺少内在的驱动力,无法通过内在因素进行创造性转化而完成转型。自为文化和自在文化之间存在内在张力是推动文化发展的重要动力,二者之间要体现出相应的斗争性,否则文化发展就会变得死气沉沉,缺乏内在驱动力。一个民族由于自身自为文化和自在文化关系模式的不同,在文化转型的关键会出现不同的历史境遇,内源型或者外源型。一种情形是,传统习惯、经验和情感等内在的文化基因过于强大,而压制了自为文化的发展,或者说哲学、道德、艺术等自为文化的体系尚未建立起来。在这样以自在文化为基础开展活动的传统社会中,人们的行为是由传统习俗、既定习惯、故有常识等自在文化因素来决定的。另外一种情形是,已经发展起自己的科学、艺术、哲学、理论等自觉文化因素的民族,由于自觉的文化因素并没有建立起超越自在文化的维度,却表现为对自在的文化因素的自觉肯定与维护,结果导致自觉的文化因素往往成为自在的文化因素的自觉的文饰,大大地加强了自在文化因素的强度。这种社会比根本没有建立起自觉的文化层面的传统社会更加保守与停滞不前。各种原生文化都经历了第一种情形,一般出现在远古时代社会发展水平的民族中,而第二种只属于部分民族,是体现民族特色的情形。

第四章　习近平关于网上思想文化阵地建设的重要论述

面对纷繁复杂的网络环境,习近平总书记高度重视网络社会管理问题,提出了一系列治理网络社会的新思想、新理念,为建设网上思想文化阵地提供了方法论指导和理论依据。其中,有关网络强国的重要论述勾画了网上思想文化阵地的全貌;有关网络价值的重要论述反映了网上思想文化阵地的时代精神;有关网络守护的重要论述映射出网上思想文化阵地建设的主体责任;网络文化软实力建设相关重要论述体现了网上思想文化阵地的力量表征。

第一节　网上思想文化阵地建设的必要性

一、迎接信息化发展历史机遇的必然选择

随着信息技术与人们现实生活的密切接轨,网络信息技术对社

会历史发展产生了重大影响,展现出强大的科学技术力量。在马克思主义语境中,社会形态的演变往往以更高层次的物质生产力为根本动力,科学技术力量在融入社会生产的过程中,使各个生产要素更为紧密地凝结在一起,成为最直接、最现实的新的生产力,推动了人类社会历史发展阶段的革新。互联网作为科学技术发展的产物,创造出社会历史发展的新的生产力,影响着世界格局的调整,人们的社会物质生活、社会精神生活因而实现了质的飞跃,进入了信息化高速发展的大数据时代。习近平总书记指出,随着信息技术和人类生产生活交汇融合,互联网快速普及,全球数据呈现爆发增长、海量集聚的特点,对经济发展、社会治理、国家管理、人民生活都产生了重大影响。随着网民人数的不断扩增,网络空间越来越成为人们学习、工作、生活的新空间,成为获取公共服务的新平台,网络购物、电子支付、网络阅读等数字生活方式新业态新模式蓬勃发展,大数据时代信息化发展为众多生产领域创造了新的推动力量与引领力量。习近平总书记总结了大数据时代的时代特征与发展前景,将网络空间治理与党的执政、社会治理,以及中国发展的前途命运紧密联系在一起,对大数据时代我国信息化发展的历史机遇和历史挑战作出了科学研判。"我们必须敏锐抓住信息化发展的历史机遇,加强网上正面宣传,维护网络安全,推动信息领域核心技术突破,发挥信息化对经济社会发展的引领作用,加强网络领域军民融合,主动参与网络空间国际治理进程,自主创新推进网络强国建设,为决胜全面建成小康社会、夺取新时代中国特色社会主义伟大胜利、实现中华民族伟大复兴的中国梦作出新的贡献。"①

---

① 《习近平谈治国理政》第三卷,外文出版社2020年版,第305页。

　　面对信息化极速变革、错综复杂的网络空间,习近平总书记在论述网络虚拟社会治理问题和对策时,呈现出矛盾论基础上的发展思路,科学定位了网络与信息化时代是机遇与风险共生,优势与劣势共存的发展时代。既看到了信息革命带给我国政治、经济、文化、社会的发展时机,又看到了复杂多变的网络虚拟环境下潜藏的发展风险;既看到了先进发达的信息技术带给人民生活的高效便捷,又看到了层出不穷的网络社会问题造成的发展阻碍;既看到了互联网技术的发展推动了人们精神文化生活的交流,也看到了网络文化对于人们思想文化的形成和价值观的塑造产生的巨大影响。信息化历史机遇下如何在表达自由、价值多元、传递迅速、交流便捷的网络空间中帮助人们厘清正负文化,梳理好主流价值文化与其他文化的关系,树立正确的价值取向和价值观念需要建设和巩固好网上思想文化阵地,进而守好我们的思想净土,固好思想城墙。

二、治理网络空间思想文化乱象的重要抓手

　　“一个政权的瓦解往往是从思想领域开始的,政治动荡、政权更迭可能在一夜之间发生,但思想演化是个长期过程。思想防线被攻破了,其他防线就很难守住。”①网络空间不仅是人们开展活动的生活空间、进行贸易往来的经济空间,更是人们进行思想文化

---

　　①　中共中央文献研究室编:《习近平关于社会主义文化建设论述摘编》,中央文献出版社 2017 年版,第 21 页。

交流的文化空间,也是提升政治认知,参与政治生活的政治空间。治理网络空间的思想文化乱象,是处理网络空间意识形态安全问题频发的现实需要。面对日趋透明的信息化时代,如何将国家、个人的隐私威胁降到最低,如何保护国家和个人网络信息安全,减少群体性网络安全事件的爆发,如何有力回击西方国家妄想通过互联网"扳倒中国",捏造"中国威胁论"的网络攻击渗透是我们亟待解决的问题。"西方反华势力一直妄图利用互联网'扳倒中国',多年前有西方政要就声称'有了互联网,对付中国就有了办法','社会主义国家投入西方怀抱,将从互联网开始'……在互联网这个战场上,我们能否顶得住、打得赢,直接关系我国意识形态安全和政权安全。"①治理网络空间的思想文化乱象,是应对不健康的网络舆论频发的现实需要。网络虚拟社会的隐蔽性特征为人们依靠理性、道德抑制的思想和行为提供了延伸空间,一些人在现实中唯唯诺诺,在网络上却异常活跃,公然进行"网络骂架","网上动武",甚至捏造事实来制造热点、看点,引导不健康的网络舆论。"我们要本着对社会负责、对人民负责的态度,依法加强网络空间治理,加强网络内容建设,做强网上正面宣传,培育积极健康、向上向善的网络文化。"②建设网上思想文化阵地,要抓好党在意识形态领域的宣传思想工作,这是党在信息化时代的重要使命职责。习近平总书记指出,要想让政治工作过得了时代关,就必须让其过

---

① 中共中央文献研究室编:《习近平关于社会主义文化建设论述摘编》,中央文献出版社 2017 年版,第 28—29 页。

② 习近平:《在网络安全和信息化工作座谈会上的讲话》,《人民日报》2016 年 4 月 26 日。

得了信息化关卡,必须过得了网络关,这是信息化时代衡量中国共产党执政能力的重要指标。思想纷争、舆论纷争,如果仅靠行政、法律等强制性手段来压制,无法实现对问题根源的解决,解决思想根源矛盾,需要发挥马克思主义强大的旗帜作用来进行引领,需要风清气正的网上思想文化阵地来对思想领域中的污气、浊气予以净化。网络虚拟社会作为信息化时代人们进行思想交锋、舆论交锋的主战场,引导不好、治理不佳极有可能成为杂乱无章、混乱无序的领域,甚至被其他国家、其他文化所占领。"很多人特别是年轻人基本不看主流媒体,大部分信息都从网上获取。必须正视这个事实,加大力量投入,尽快掌握这个舆论战场上的主动权,不能被边缘化了。"①建设网上思想文化阵地,加强阵地意识,固守网络宣传思想阵地,巩固马克思主义在意识形态领域的指导地位,巩固党和全国人民共同的思想基础,是我们迎接信息化历史机遇,高擎马克思主义旗帜的重要抓手。

三、构建网络空间命运共同体的内在要求

网络虚拟社会的发展和网上思想文化阵地边界的守护是相互依存相互助力的共生关系。清晰明确的网上思想文化阵地边界是网络虚拟社会有序发展的基础和前提,而网络虚拟社会的发展则会为网上思想文化阵地的建设和巩固带来新的机遇。信息化时代

---

① 中共中央文献研究室编:《习近平关于社会主义文化建设论述摘编》,中央文献出版社 2017 年版,第 29 页。

互联网技术的革新打破了不同国家、不同民族之间的时空和距离阻隔,加快了世界走向统一整体的进程,习近平总书记指出,互联网是人类共同的精神家园,世界各个国家都应该推动网络空间的互联互通,共治共享,并提出了建设网络空间命运共同体的重要主张。"网络空间是人类共同的活动空间,网络空间前途命运应由世界各国共同掌握。各国应该加强沟通、扩大共识、深化合作,共同构建网络空间命运共同体。"①建设网络空间命运共同体,将网络虚拟社会打造成为世界各国、各民族文化平等交流、平等对话的机制载体,需要各个国家放下霸权思想,放下强权理念,摒弃零和思维,正视互联网时代人类命运休戚与共的特征;需要各国政府、国际组织、互联网企业携手努力,建设一套尊重主权、公平正义、安全有序的国际网络空间治理体系;需要我国网信部门努力做好网络安全和信息化工作,借助信息化渠道让中华民族优秀传统文化走向世界。"中国愿通过互联网架设国际交流桥梁,推动世界优秀文化交流互鉴,推动各国人民情感交流、心灵沟通。我们愿同各国一道,发挥互联网传播平台优势,让各国人民了解中华优秀文化,让中国人民了解各国优秀文化,共同推动网络文化繁荣发展,丰富人们精神世界,促进人类文明进步。"②当前,西方一些国家在网络虚拟社会大肆宣扬自己的价值观念,甚至颠倒黑白,采用捏造事实的卑劣手段来左右国际舆论,抹黑中国,唱衰社会主义,严重违反了国际网络空间交流规则,对网络空间命运共同体的建构形

---

① 《习近平谈治国理政》第二卷,外文出版社 2017 年版,第 534 页。
② 《习近平谈治国理政》第二卷,外文出版社 2017 年版,第 534—535 页。

成了巨大阻力。形成网络空间命运共同体，借助网络虚拟社会来推动中华优秀传统文化走向世界，讲好中国故事，传播中国声音，需要建设和坚守网上思想文化阵地。通过网上思想文化阵地边界来辨析中伤马克思主义、中伤中华文化的错误言论和错误思想，并对其予以强有力的回击。通过创新中国特色社会主义话语体系来将经过历史和实践检验的中国特色社会主义道路、当代中国的价值理念、当代中国的先进文化向世界传递，向世界展现我们的国家形象和国家力量。用事实来驳斥谎言，用自信来直面质疑，提升国家文化软实力，展现中国特色社会主义文化魅力，丰富人们网络文化精神世界，为形成网络空间命运共同体作出贡献。

第二节　网上思想文化阵地建设
理论和方法

一、反映网上思想文化阵地总体面貌的"网络强国论"

1. 技术是网上思想文化阵地建设的关键核心

习近平总书记关于网络强国建设的重要论述源于对互联网和新媒体技术在我国发展的生动实践，是精准把握大数据时代脉搏基础上的治理理念。当今世界，科技进步日新月异，互联网、云计算、大数据等现代信息技术深刻改变着人类的思维、生产、生活、学习方式，深刻展示了世界发展的前景。大数据时代浪潮中，谁能掌握互联网技术的制高点,就能在信息革命中赢得主动权与话语权,这是中华民族实现伟大复兴的重要机遇。"互联网是二十世纪最伟大的发明之一,给人们的生产生活带来巨大变化,对很多领域的创新发展起到很强带动作用。"①习近平总书记高度重视核心技术领域的进展与突破,"抓关键""抓命门""抓重点"是他在推进网络强国建设中一以贯之的思想指导。"要紧紧牵住核心技术自主创新这个'牛鼻子'""要树立这个雄心壮志,要争这口气,努力尽快在核心技术上取得新的重大突破"。相对于西方发达国家而言,我国互联网发展时间较短,在技术领域存在许多欠缺,技术研发水平、基础保障机制仍处于跟跑者阶段。"互联网核心技术是我们最大的'命门',核心技术受制于人是我们最大的隐患。"②在技术领域取得突破性进展是摆脱被动发展态势,巩固网络安全防线,保护国家安全的突破口。技术作为国之重器,同样是网上思想文化阵地建设的关键核心。无论是网上思想文化阵地的管理机制、预警机制还是发展机制,都需要核心技术的支撑与推动,技术落后了,发展也就停滞了。"纵观世界文明史,人类先后经历了农业革命、工业革命、信息革命。每一次产业技术革命,都给人类生产生活带来巨大而深刻的影响。现在,以互联网为代表的信息技术日新月异,引领了社会生产新变革,创造了人类生活新空间,拓展了国家治理新领域,极大提高了人类认识世

---

① 中共中央文献研究室编:《习近平关于科技创新论述摘编》,中央文献出版社 2016 年版,第 103 页。

② 习近平:《在网络安全和信息化工作座谈会上的讲话》,《人民日报》2016 年 4 月 26 日。

界、改造世界的能力。"①要抓好网络技术这个核心关键,把握科技制度改革和教育推动两个关键,打造人才发展的新质态,拓宽人才引进渠道,构筑起全方位、多元化的人才网络,汇集高层次人才。同时,搭建科技成果孵化、加速和转移转化平台,促进产学研紧密结合,增加科技人员获得感,提高科技成果转化率,在质疑与创新精神的启发下推动科技创新,突破网上思想文化阵地建设的技术瓶颈,构建饱含技术生命力的网上思想文化阵地。

2. 综合治理体系是网上思想文化阵地建设的基础保障

习近平总书记明确提出了形成政府管理、社会监督和网民自律等多主体相参与,经济、法律和技术等多手段相结合的综合治网格局在推进网络强国进程中的重要意义。综合治理体系是应对千变万化的网络空间环境,解决层出不穷网络空间问题,打造预防和治理相结合、教育与惩戒相依托的网络空间的根基。科学的综合治理体系是建设井然有序、整齐划一网上思想文化阵地的防御体系和基础保障,构建综合治理体系,不仅要在治理队伍上下功夫,也要在制度体系上下功夫。在治理队伍上下功夫,需要政府管理与多方参与共同发力,加强党对互联网领域的统一领导,增强企业、科研院所等组织的社会责任,提升广大网民的自律意识,同时充分凸显网络空间民主力量,强化社会监督,通过多种渠道共同发力米搭建综合治网格局。各级党委和政府要在思想和技术上共同

---

① 中共中央文献研究室编:《习近平关于科技创新论述摘编》,中央文献出版社 2016 年版,第 86 页。

发力,建构网上思想文化阵地的防治体系;企业要守好底线,做网上思想文化阵地建设的共同助力者,而非秩序扰乱者;网民要严以律己,用高标准、严要求对待自身网络行为,形成网上思想文化阵地建设的强大合力。此外,网上思想文化阵地的存在形式虚拟,但规则制度却真实存在,面对瞬息万变的网络空间,管理部门要有预见性与前瞻性眼光,在制度体系上下功夫,对网络空间可能出现的各项问题进行科学审视,制定相应法律规章,减少管理缺位与规则滞后的现象发生。面对网络侵权事件,要规范网络市场秩序,鼓励良性竞争,杜绝侵权违法事件,加大产权保护力度。

3.人民群众占据网上思想文化阵地的主体地位

习近平总书记关于网络强国建设的重要论述是唯物史观的思想传承与话语表达,他要求在推进网络强国中深入贯彻以人民为中心的治理理念,蕴含着人民史观和群众史观的哲学思维,充分肯定了人民群众的主体地位,明确提出了人民是治理的推动者、主力军以及治理成果的享用者。"网信事业发展必须贯彻以人民为中心的发展思想,把增进人民福祉作为信息化发展的出发点和落脚点,让人民群众在信息化发展中有更多获得感、幸福感、安全感。"①建设网上思想文化阵地要时刻把握人民群众的主体地位,以造福人民为价值旨归,互联网技术的提升、网络虚拟社会的治理要以满足人民的期待和需求为宗旨,要降低网络应用成本,提高信

---

① 《习近平谈治国理政》第三卷,外文出版社 2020 年版,第 307—308 页。

息化服务的普及度,加快农村互联网建设步伐,帮助广大农民同样可以用得上、用得好便捷的信息化服务。网上思想文化阵地的建设离不开人民群众的参与和创造,网上思想文化阵地的建设成效的关键在于人民。"我们的脑子要转过弯来,既要重视资本,更要重视人才,引进人才力度要进一步加大,人才体制机制改革步子要进一步迈开。"①互联网是创新的热土,年轻人是创新的主角,要不拘一格降人才。互联网领域的人才,不少是怪才、奇才,他们往往不走一般套路,有很多奇思妙想。对待特殊人才要有特殊政策,不要求全责备,不要论资排辈,不要都用一把尺子衡量。人民群众作为网络社会的主体,在网络社会的各个环节都扮演着重要角色,承担着重大责任和义务。在人才流动上要打破体制界限,让人才能够在政府、企业、智库间实现有序顺畅流动。"改革人才引进各项配套制度,构建具有全球竞争力的人才制度体系。不管是哪个国家、哪个地区的,只要是优秀人才,都可以为我所用。"②网上思想文化阵地的建设要将人民放在中心地位,一支有想法、有活力的优秀人才队伍是网络空间治理的核心,一批注重社会效益、勇担责任的企业和网站是网络空间治理的基础,各级管理部门运用大数据来提高管理效率是网络空间的监管保障,众多有底线、有秩序的网民群体是维护网络生态的根本。

---

① 习近平:《在网络安全和信息化工作座谈会上的讲话》,人民出版社 2016 年版,第 24 页。

② 习近平:《在网络安全和信息化工作座谈会上的讲话》,人民出版社 2016 年版,第 25—26 页。

二、反映网上思想文化阵地时代精神的"网络价值论"

网络虚拟社会作为文化信息的重要集散地,为思想文化的形成和传播提供了便利场所和快捷渠道,信息高速公路将世界各地的文化景观印刻在网络空间中,网络空间内容的丰富多彩与一应俱全是其他思想文化领域所不能比拟的,这也造成了网络空间多元思想与主流价值之间的矛盾冲突。针对网络空间的多元思想和多种声音,习近平总书记明确指出了强化网络空间共同理想与共同价值观的重要意义,网络社会的治理,网络强国的建设需要社会方方面面同心干,需要全国各族人民心往一处想,劲往一处使,需要社会共同理想、共同目标和价值观,否则就整天乱哄哄的,什么也做不成。"网络空间不是'法外之地'""要坚持依法治网、依法办网、依法上网,让互联网在法治轨道上健康运行。"①这里的共同理想和共同价值观是指导中国发展进步的思想启明灯,是马克思主义旗帜和社会主义核心价值观引领下的网络价值体系,是网络社会的精神旗帜,凝聚着人民群众的共识,反映了网上思想文化阵地的风貌特征与时代精神。

体现网上思想文化阵地的时代精神,要从网络思想文化的价值引导着手,巩固马克思主义的指导地位,发挥社会主义核心价值观的生命力、凝聚力和感召力,用统一明确的主流价值来凝魂聚

---

① 《习近平谈治国理政》第二卷,外文出版社2017年版,第534页。

气,建设"滋养人心、滋养社会,做到正能量充沛、主旋律高昂"①
的网上思想文化阵地。构建网上思想文化阵地,党和政府要发挥
国家力量在弘扬主流价值、协调文化冲突、正确引导舆论中的重要
作用,通过宣传教育途径,对人们的思想、观念和意识形成起支撑
作用,指导人们正确认识世界、改造世界的价值观和方法论。凸显
网上思想文化阵地的主流价值,就要为网络文化定好文化基调和
文化格调,使之体现网上思想文化的总体趋向,体现网络文化的价
值导向和文化发展动态。积极向上的网络文化基调给人以正向的
价值判断、审美情趣和道德追求,而负面的文化基调则牵制着人们
滑向消极、阴暗的深渊。习近平总书记所倡导的主旋律和正能量
的网络价值,正是网上思想文化阵地应该遵循的文化基调,这也是
我们应对网络虚拟社会新的危险挑战、立好思想道德标杆、守好价
值边界底线的基础。关于网络文化价值的守护,习近平总书记强
调,正能量是总要求,管得住是硬道理。这里的"管得住"是对党
的新闻舆论工作提出的更高要求。互联网媒体与传统媒体相比,
其作用范围、媒体格局、参与受众、舆论生态都发生了巨大的变化,
且网络媒体变化的速度之快是其他传统媒体所不能比拟的,管理
措施也在日新月异的网络媒体面前呈现出滞后性特征。在舆论战
场上掌握主动权,化解被边缘化的风险,是党的新闻舆论工作必须
高度重视的问题。习近平总书记深刻阐释了党新闻舆论工作的职
责与使命,指出:"必须把政治方向摆在第一位,牢牢坚持党性原

---

① 习近平:《在网络安全和信息化工作座谈会上的讲话》,《人民日
报》2016 年 4 月 26 日。

则,牢牢坚持马克思主义新闻观,牢牢坚持正确舆论导向,牢牢坚持正面宣传为主。"①做好坚守社会主义主流思想价值的网上舆论工作,要把握舆论工作的高质量开展和高效率管理,注重宣传思想工作的创新,抓好思想宣传的话语创新、表达方式创新以及基层管理方式的创新,提升主流价值的感染力和凝聚力,让网民在享受反映主流价值的网络文化盛宴中产生共鸣,增强共识感,帮助人民群众由被动接受主流价值文化向主动靠拢主流价值文化而转变。

对违背马克思主义意识形态、社会主义核心价值观,威胁国家安全,扰乱社会的有害思想,采取严厉取缔的态度,但这并不意味着网上思想文化阵地所宣扬的时代精神是主流价值对多元思想生存空间的全部占据与挤压,"形成良好网上舆论氛围,不是说只能有一个声音、一个调子,而是说不能搬弄是非、颠倒黑白、造谣生事、违法犯罪,不能超越了宪法法律界限。"②这里的"不是说只能有一个声音、一个调子"就体现了中华文化兼容并包、尊重差异的文化魄力,突出了对多元思想的兼收并蓄。弘扬网上思想文化阵地的时代精神,要在坚持网上思想文化阵地精神旗帜的前提下,尊重多元优秀思想文化的发展,激发多元思想与主流价值的内在张力,丰富网民精神家园。实际上,解决网络空间思想交流碰撞的过程,就是增进共识、处理多样性问题和强化网络文化主流价值的过程,在兼容并蓄的基础上,把握主流价值的方向感,对多元思想文化进行有效引领。

---

① 《习近平谈治国理政》第二卷,人民出版社 2017 年版,第 332 页。
② 《习近平谈治国理政》第二卷,人民出版社 2017 年版,第 337 页。

三、反映网上思想文化阵地主体责任的"网络建设职责论"

建设和守护网上思想文化阵地,需要政府部门、网民群体和社会机构等多方参与共同发力,这是瞬息万变的互联网环境的客观要求,也是层出不穷的网络社会问题的现实需要。"要采取特殊政策,建立适应网信特点的人事制度、薪酬制度","要建立灵活的人才激励机制,让作出贡献的人才有成就感、获得感。"①习近平总书记明确提出,治理网络空间,需要健全网络虚拟社会的监管体制,贯彻党和国家各级干部对互联网领域的统一领导,增强企业、科研院所等组织的社会责任,提升广大网民的自律意识,同时充分凸显网络空间的民主力量,强化社会监督,通过多种渠道共同发力来搭建综合治网格局。

守护网上思想文化阵地,关键需要一批责任心强、技术水平高、思想立场坚定的管理人员,这批管理人员不仅要在思想上、组织上具有高度的理想信念和责任心,更要有与其工作相匹配的高水平网络技术,要适应大数据时代管理需要,善于获取数据、分析数据、应用数据,这是做好网络管理工作的基本功。一方面,要增强加强党员网上思想文化阵地意识,学会应用大数据服务管理工作,借助信息化手段推进党务公开、政务公开,加快电了政务等一

---

① 习近平:《在网络安全和信息化工作座谈会上的讲话》,人民出版社 2016 年版,第 25 页。

体化在线服务平台,推进网络党建工作的实施。在实际操作中善于发现不足,整理归纳经验,提升自己的各项素能,守好网络空间的道德边界、价值边界、法律边界和行为边界。同时,要加强对网络主体的思想引导和舆论引导,"党管媒体,不能说只管党直接掌握的媒体。党管媒体是把各级各类媒体都置于党的领导之下,这个领导不是'隔靴搔痒式'领导,方式可以有区别,但不能让党管媒体的原则被架空。"①要整合相关机构职能,形成从技术到内容、从日常安全到打击犯罪的互联网管理合力,确保网络正确运用和安全。面对复杂严峻的网络安全形势,要保持清醒头脑,各方面齐抓共管,切实维护网络安全。"树立正确的网络安全观","加快构建关键信息基础设施安全保障体系","全天候全方位感知网络安全态势"。

"要探索网信领域科研成果、知识产权归属、利益分配机制,在人才入股、技术入股以及税收方面制定专门政策"。②习近平总书记明确要求企业、科研院所和智库等社会组织发挥在网络虚拟社会治理中的重要作用,各个地区的各类组织要高度重视网上思想文化阵地的建设进程。面对网络虚拟社会出现的新问题、新情况,社会群团组织要主动承担组织责任,发挥组织优势,引导网民行为真正发挥网上思想文化阵地守护者的重要职责。企业在致力于做大做强,获得经济利益和社会影响力,扩大发展规模的过程

---

① 中共中央文献研究室编:《习近平关于社会主义文化建设论述摘编》,中央文献出版社 2017 年版,第 42 页。

② 习近平:《在网络安全和信息化工作座谈会上的讲话》,人民出版社 2016 年版,第 25 页。

中,要坚持经济效益与社会效益的统一,任何为了谋取私人利益而不择手段危害网络空间生态环境的行为都是不可取的行为,要在发展中寻求社会效益和经济效益的统一,当二者发生冲突时,要以社会效益为先,在利益面前守好发展底线,不钻制度的空子,不搞恶性竞争,不滥用市场支配地位,与主管部门建立密切协作协调的关系,将企业积累的社会数据与公共服务领域的数据进行对接,协助政府管理部门共同发挥大数据时代的强大力量,增强互联网技术的正向力量,削减互联网技术变异的负向力量,共同成为网上思想文化阵地建设的强大合力。

守护网上思想文化阵地,需要科学认识网络虚拟社会,守好行为边界。由于网络空间所呈现的景象是虚拟的数字化产品,现实世界的"在场感"被模糊,一些人便利用网络空间"虚拟化"和"不具体化"的特征,用作遮蔽自己主体责任的"障眼法",在网上思想文化阵地建设中逃避自己的主体责任,拖延网上思想文化阵地建设进程。实际上,守土有责是每个网民在进行网络活动时都应尽到的责任和义务,网络空间的存在形式虽然是虚拟的,但网络行为所产生的现实影响却是真实的,网络行为的表达方式虽然是虚拟的,但网络行为的表达范围却是有边界的。"网络空间同现实社会一样,既要提倡自由,也要保持秩序。自由是秩序的目的,秩序是自由的保障。"[①]习近平总书记清晰表达了自由与秩序的辩证关系,实现行为自由是构建行为边界的目的,而明确的行为边界则是行为自由的支撑与保障,为网民处理好行为自由与行为边界的关

---

① 《习近平谈治国理政》第二卷,人民出版社2017年版,第533页。

系提供了思想指南。

四、反映网上思想文化阵地力量的"网络文化软实力建设论"

习近平总书记指出,互联网是一个社会信息大平台,亿万网民在上面获得信息、交流信息,这会对他们的求知途径、思维方式、价值观念产生重要影响,特别是会对他们对国家、对社会、对工作、对人生的看法产生重要影响。[①] 习近平总书记强调了繁荣发展网络文化,培育积极健康向上的网络文化,提升网络文化软实力的重要意义,同时也对加强网上思想文化阵地力量提供了理据和方法论指导。

增强网络文化软实力,增强网上思想文化阵地力量,要强化中华优秀传统文化在网络空间中的文化根基。文化根基问题牵涉中华民族的民族认同和民族凝聚力问题,中华优秀传统文化作为中华民族内部紧密团结的核心力量,是民族团结协作与奋发向上的深层动力,优秀传统文化在民族同胞心底认同感的高低体现了民族文化力量的强弱。加强中华优秀传统文化在网络社会发展中的文化根基,将中华民族的精神命脉、精神气节与精神节操渗透到网络文化的发展中,这是我们在激荡起伏的世界文化浪潮中应对价值各异、思想多元的网络文化的力量所在,也是向世界舞台弘扬中华优秀传统文化,向世界宣扬中国精神的内涵底蕴。文化软实力

---

① 《习近平谈治国理政》第二卷,外文出版社 2017 年版,第 335 页。

是一个民族、一个国家的精神力量,一个屹立于世界民族之林的强国,必然也是文化交流碰撞中的精神强国,民族的振兴离不开文化的支撑,中华民族伟大复兴的实现需要中华优秀传统文化的繁荣发展与与时俱进,网络文化软实力的提升同样离不开民族文化的积淀与传承。强化民族文化根基,要创新中华优秀传统文化的表达方式,赋予其时代精神,运用网络语言和网络形式讲述传统美德与历史故事,增强优秀传统文化的时代感与新颖性,运用时代语言阐释民族文化中蕴含的精神价值,运用便捷的网络技术传递民族文化精髓,帮助人民群众可以多渠道、多领域、多形式地从民族文化中汲取营养,获取力量,进而提升对民族文化的认同感,通过逐渐壮大的民族文化来净化不良网络风气,提升网络文化软实力。

增强网络文化软实力,增强网上思想文化阵地力量,要加强网络文化话语权。文化话语权代表了文化的影响力,是通过话语载体来阐释自身观念,使他人接受、认同并影响其行为的能力。话语权的强弱决定了社会舆论走向,也具有影响社会发展方向的功能,是体现网络文化软实力的重要标识。习近平总书记要求,"大国网络安全博弈,不单是技术博弈,还是理念博弈、话语权博弈"①。构建对外话语体系,加强网络文化软实力,要做好对外宣传工作,创新对外宣传的话语表达和表达形式,运用融汇中外的新理念、新思想、新形式来讲好中国故事、传播中国声音,努力提升我国在国

① 习近平:《在网络安全和信息化工作座谈会上的讲话》,人民出版社 2016 年版,第 19 页。

际环境中的网络话语权,发挥好网络媒体的纽带作用,在高度体现全球化进程的网络空间提升中国声音的国际传播力,推动中国文化迈向在世界舞台,提升网络文化软实力的提升、加强网上思想文化阵地力量。

第三节　网上思想文化阵地建设方略和基本要求

一、强化主权意识,守住网络意识形态安全防线

网上思想文化阵地的建设和网络空间安全防线的防固是协调统一,齐头并进的共生关系,建设网上思想文化阵地离不开网络文化空间安全边界的设立,筑牢网上思想文化阵地的安全边界能够有效推动阵地的建设和巩固。守好网络主权,固好网络安全防线,不仅是建设网上思想文化阵地的重要条件,更是维护我国互联网空间领土安全,守护我国国家主权的实践要求。习近平总书记高度重视网络安全问题,将网络安全问题上升到国家安全问题的战略高度,指出:"没有网络安全就没有国家安全,没有信息化就没有现代化。"①守好网络主权、反对网络霸权,用好网络治权,巩固网络空间安全防线,是网络社会正常运行的保障,也是建设网上思想文化阵地的必然要求。守好网络主权,固好网络空间安全防线,

① 《习近平谈治国理政》,外文出版社 2014 年版,第 198 页。

要固好法律防线、技术防线和制度防线,在法律规章领域和技术领域取得突破进展。巩固网络文化空间安全防线,在信息领域的发展中取得主动权,获得抵御网络风险的能力,必须攻克核心技术难题。核心技术要取得突破,需要人才支撑,要"聚天下英才而用之",发挥企业家、专家学者、科技人员等技术领域领军人才的集聚效应,组建优秀人才队伍,根据网信人才的特殊性建立相适应的人才制度、薪酬制度,念好人才经,下大力气引进高端人才,构建具有全球竞争力的人才制度体系,争取实现在互联网技术的某些领域取得突破性进展,实现技术发展的"弯道超车"。在先进技术基础上建构兼具防御性和抵抗性的网络空间法律防线和制度防线。"我们必须既积极主动阐释好中国道路、中国特色,又有效维护我国政治安全和文化安全。我们必须坚持以立为本、立破并举,不断增强社会主义意识形态的凝聚力和引领力。"①知己知彼,百战不殆,网络空间潜藏着难以发觉的暗网与黑客组织,需要法律高压线的保护和防御。"要树立正确的网络安全观,加强信息基础设施网络安全防护,加强网络安全信息统筹机制、手段、平台建设,加强网络安全事件应急指挥能力建设,积极发展网络安全产业,做到关口前移,防患于未然。"②要立足于先进互联网技术的前提下,加强对危险系数的检查评估,探悉风险,查找漏洞,查处暗网,形成全方位感知危险态势,从实际出发,以实效为目标建立网上思想文化阵地的安全防线。

---

① 《习近平谈治国理政》第三卷,外文出版社 2020 年版,第 311 页。
② 《习近平谈治国理政》第三卷,外文出版社 2020 年版,第 306 页。

二、强化底线思维,做好网上宣传思想文化工作

建设网上思想文化阵地,各级领导干部和宣传思想部门要严格坚持底线思维,做好网上宣传思想工作。意识形态领域和思想文化领域的许多问题都是因网而生,因网而增,许多有害思想和错误思潮也都以网络为培养皿而发酵。建设网上思想文化阵地,必须坚持底线思维,在错综复杂的网络文化空间中进行缜密思维,进行精准判断,对于超过网络文化边界的网络客体要主动摒弃,要勇于驱逐。习近平总书记指出:"建设具有强大凝聚力和引领力的社会主义意识形态,是全党特别是宣传思想战线必须担负起的一个战略任务。要做好做强马克思主义宣传教育工作,特别是要在学懂弄通做实新时代中国特色社会主义思想上下功夫。"①营造清朗的网络空间,清除网络空间的乌烟瘴气和恶化生态,需要旗帜鲜明地坚持正确政治方向、价值取向,唱响主旋律,凝聚亿万网民,发展健康向上的社会主义文化。加强底线思维,做好网上宣传思想工作,不仅要加强各级宣传思想部门的底线思维,更要注重加强网络虚拟社会各个网民的底线思维。要加强对网络主体的思想引领和价值引领,要坚持以理服人,用科学的世界观和方法论来引导网络行为,通过先进思想文化的灌输和渗透来起到正面教育网民的宣传作用。扩大主流意识形态的在网络文化内容中的占比,用正面舆论导向挤压错误舆论的生存空间,发挥社会主义先进文化的

---

① 《习近平谈治国理政》第三卷,外文出版社 2020 年版,第 312 页。

示范作用,加大优秀网络文化产品供给力度,抢夺空间建设主权。加强底线思维,做好网上宣传思想工作,要对网络主体进行正确的舆论引导,让网民树立"何者可为,何者不可为"的底线行为观念,恪守网上思想文化阵地行为边界。面对复杂的网络舆情和网络社会中营造舆论热点的负面信息,"加强网上正面宣传,旗帜鲜明坚持正确政治方向、舆论导向、价值取向,用习近平新时代中国特色社会主义思想团结、凝聚亿万网民,发展积极向上的网络文化,创新改进网上宣传,形成网上正面舆论强势。"①同时,各级宣传部门也要积极发挥引导作用,坚决坚持底线思维,当仁不让、义正词严地对错误舆论加以管制。在错误舆论面前,态度鲜明,行动果断,绝不放任自流,不因行动缓慢造成行为拖延而给负面舆论赢得扩散时间。对于简单问题要迅速处理,局部问题要全面看待,个性问题要辩证治理,通过刚性手段和柔性方式共同出力取缔越界行为。

三、强化责任意识,形成共治共享的清朗网络空间

随着信息化技术的发展,网络虚拟社会管理的体制与水平越来越成为衡量国家治理能力和治理现代化水平的标准与手段。管理好网络虚拟社会,建设网上思想文化阵地,需要管理部门和网络主体积极承担使命责任,形成治理网络空间的强大合力,维护网络

---

① 中共中央宣传部编:《习近平新时代中国特色社会主义思想三十讲》,学习出版社2018年版,第221页。

虚拟社会秩序,捍卫网上思想文化阵地主权。主权是一个国家独立的根本标志,世界各国,无论大小,都应有平等参与国际互联网事务的权利,拥有建构互联网国际规则的发言权和话语权。承担使命责任,维护网上思想文化阵地主权,需要充分发挥管理部门的重要职责,互联网有全球化的特征,但各国的网上阵地主权都不应受到他国的干预和威胁,信息主权作为国家主权的一部分同样需要尊重和保护。"要整合相关机构职能,健全基础管理、内容管理、行业管理以及网络违法犯罪防范和打击等工作联动机制,健全网络突发事件处置机制,形成正面引导和依法管理相结合的网络治理强大合力。"①治理好网络文化空间,建设网上思想文化,作为网络主体代表的广大文艺工作者要紧跟信息化时代特征,掌握网络空间文化发展新规律,归纳网上思想文化阵地和网下思想文化阵地之间的特点和受众,明确网上思想文化阵地和网下思想文化阵地之间不是断裂关系,而是延伸与互补关系。"要坚持把社会效益放在首位,引导文艺工作者树立正确的历史观、民族观、国家观、文化观,自觉讲品位、讲格调、讲责任,自觉遵守国家法律法规,加强道德品质修养,坚决抵制低俗庸俗媚俗,用健康向上的文艺作品和做人处事陶冶情操、启迪心智、引领风尚。"②随着网络虚拟社会的发展,网络空间逐渐成为强势文化与弱势文化展开较量的战争场所,不同民族国家之间存在文化内涵和文化习俗差异,技术雄厚的国家抓住信息化时代的特点,借助技术手段单方面强制向文

---

① 中共中央宣传部编:《习近平新时代中国特色社会主义思想三十讲》,学习出版社 2018 年版,第 221 页。

② 《习近平谈治国理政》第三卷,外文出版社 2020 年版,第 313—314 页。

化弱势民族输入自身的精神文化内涵,对弱势文化民族尤其是青少年的价值边界的守卫产生严重影响。习近平总书记高度重视信息化时代对青少年价值观的正确引导和树立。青少年群体作为网络主体的重要组成部分,具有群体的特殊性,其价值观尚在形成阶段,任何不健康、不正确的网络文化内容都有可能对其价值观的正确形成和树立产生影响,因此"要抓住青少年价值观形成和确定的关键时期,引导青少年扣好人生第一粒扣子"[1]。承担使命责任,建设网上思想文化阵地,要让体现马克思主义和社会主义核心价值观的优秀作品、体现中华优秀传统文化的文化产品、体现中华民族精神命脉和思想内核的文化内容在网络空间汩汩涌流。

---

[1] 《习近平谈治国理政》第三卷,外文出版社 2020 年版,第 313 页。

第五章　网上思想文化阵地构建的
现实路径

　　建设健康有序的网上思想文化阵地需要清晰明确的边界意识与阵地意识,需要构建完善的网络文化发展机制,优化处理阵地结构,正确处理网上思想文化阵地建设中的关系。建设网上思想文化阵地不仅是党、国家、管理人员的工作职责,也体现了亿万网民为建设风清气正的思想家园的需求。网上思想文化阵地的构建路径是:牢牢把握党和政府对网上思想文化阵地领导权、主动权和话语权,强化国家意识,反对网络霸权,捍卫网络主权,优化网络治权,不搞网络强权;强化主体意识,正思想以显自觉、崇道德以高其节、遵纪律以规其心、彰价值以端行止;强化法治意识,共担使命、共谋良策、共建网上思想文化阵地;强化责任意识,形成抵制网上低俗之风、恶搞之风、虚假之风和浮泛之风的自觉行动。发挥网络管理主体的协调监管作用,文明办网,利用"互联网+"和大数据技术,综合发挥政治的引领作用、经济的支撑作用、社会的协同作用、主体的能动作用和文化的增殖作用;合理用网,既体现主流价值观在网络思想文化阵地的指导地位,又维护其有机结构;依法管网,形成科学的网络思想文化管理规章和考评体系;以德治网,规范网络文化内容,形成良好的价值寄托。

第一节　强化网上思想文化建设的阵地意识

一、明确交流边界,增强网民的安全意识

网络虚拟社会在提供便捷快速的享受的同时,其中的安全隐患也衍生出来。网民作为网上思想文化阵地的主体,网络文化的创造、传播、吸收和发展都离不开网民的参与和支持,一定程度上,网民的个人意识中的责任感左右着网上思想文化阵地的形貌结构,而网民的安全意识也体现着网上思想文化阵地对内部危机和外来风险的消化能力、抵抗能力和防御能力。在网络社会应对文化交流中的风险并保持有高度的警惕性,是每个网民都必须面对的问题。树立清晰的交流边界意识,强化安全思想来自觉抵御各种冲击网上思想文化阵地的危险因素,对于网络安全,遏制扰乱网络空间安全的破坏因素的蔓延发展有着重要意义。管理部门要定期整理网络安全问题的相关案例,通过官方网站、官方微博、微信公众号等具有权威性的渠道加强网民对网络安全的认知,从而在网络社会中正确应对出现的各种危险隐患。网民要以高度的理性思维来应对网络空间的各种诱惑,面对利益诱惑要保持头脑清醒。

增强网民的安全意识,不仅包括对个人信息、财产的安全意

识,还包括维护国家主权的安全意识。网络空间的开放性意味着衡量国家是否真正安全已经不能仅仅用常规的疆域边界是否受到侵犯、领土是否保持完整来进行评估了,网络空间同样是我们维护需要维护,而且是重点关注的国家领域。随着互联网技术的发展,网络军事化也接踵而来,"'网军'主要通过病毒等手段使敌方的电力、武器系统丧失战斗力,通过网振病毒和激光等手段破坏敌方的信息通讯系统,通过日常的网络心理威胁等给对方造成重大打击。"①"没有网络安全就没有国家安全,没有信息化就没有现代化。"②要用马克思主义旗帜武装头脑,用社会主义核心价值观指导实践,时刻牢记个人与国家是荣辱与共的共生关系。面对形态各异的不同民族文化,要把握好交流与吸收的标尺,客观对待外来文化的精华与本民族传统文化的糟粕,不可以以偏概全、崇洋媚外而全盘否定本民族优秀传统文化的在场性。网民要主动在网络社会争做马克思主义的守卫者和传承者,将国家利益置于个人利益之上,不为自身利益出卖国家利益,不为眼前利益放弃长远利益,把一切中伤国家的言行阻隔在交流边界之外,把一切威胁网民自由活动的安全问题终止于网民的防御下。

二、明确价值边界,增强网民的道德意识

道德意识是帮助网民在网络虚拟社会摒弃各种腐朽思想、抵

---

① 孙会岩:《习近平网络安全思想论析》,《党的文萃》2018 年第 1 期。
② 《习近平谈治国理政》,外文出版社 2014 年版,第 198 页。

制不良利益诱惑、拒绝低级趣味的自我约束。随着网络社会形式多样、内容复杂、价值观各异的网络文化呈现井喷式发展，对网民的道德情感与价值理念也会产生不同倾向的影响，道德失范成为阻碍网络社会有序运行的重要因素。杜尔凯认为，道德失范"是一种规范缺乏、含混或者社会规范变化多端以致不能成为为社会成员提供指导的社会情境"①。网络虚拟社会与现实社会虽然有着巨大的差别，但并不意味着这些差别中剔除了现实社会所带有的自律意识，无论是现实或虚拟社会，都离不开道德作为心中律例对人们在社会场所参与活动所体现出的管理作用。增强网民的道德意识，对于在网络社会建立起新的符合网民行为的道德规范，预防由于现实社会与网络社会的差异而造成的道德真空状态，维护网络社会的整体生态环境，规范人们正常的网络秩序，维护网民身心健康，建立清晰的文化价值边界有着重要意义。增强网民的道德意识，在网络空间中构建具有兼容原则、正义原则、允许原则的网络道德规范，在这个道德规范的约束下，每个网民的言行举止都应符合道德规范的架构，不得逾越价值边界，在网络社会中树立自由空间不等于道德缺失，虚拟体验不等于道德约束凌空，开放门槛不等于价值边界意识游离的道德信念。网络空间虽无国界之别，文化在网络空间交流的过程中却体现着浓厚的国家色彩与民族情感，"国无德不兴，人无德不立。一个民族、一个人能不能把握自己，很大程度上取决于道德价值。如果我们的人民不能坚持在我

---

① ［美］杰克·D.道格拉斯等:《越轨社会学》，河北人民出版社 1987 年版，第 53 页。

国大地上形成和发展起来的道德价值,而不加区分、盲目地成为西方道德价值的应声虫,那就真正要提出我们的国家和民族会不会失去自己的精神独立性的问题了。"①要用爱国主义情怀巩固价值边界,作马克思主义主流意识形态的代言者和发声人,守护马克思主义价值边界,拒斥不良思潮的演化入侵与"普世价值"的渗透,传承中华优秀传统文化的教化作用和中国特色社会主义文化的自信精神。同时,要增强网民的社会责任感与诚信意识,"网络的虚拟性和非实名制使网民的自律性弱化"②,人们在网络社会忘乎所以地畅快交流时,社会责任感难免会随之削弱,要用社会主义荣辱观和核心价值体系净化网民心灵,唤醒社会责任意识与诚信观念的指导作用,提升网民道德修养。无论是虚假身份的设定,自我信息的保护或是为求开心的一时兴起,都不能成为公然在网络社会谎话连篇、诓骗欺诈的理由,公民的权利与义务在网络社会同样并存,网民对自己的行为同样要有所限制,健全网络道德规范人格,践行网络规范,所思所想不触及文化价值边界,共同维护网上思想文化阵地团结有爱、协作共享的精神样态。

另一方面,网民在网络空间进行活动时,要平衡好道德偏好与利益偏好的关系,工具理性和价值理性之间的关系。面对琳琅满目、让人目不暇接的网络文化产品,要遵守道德规范,守好价值底线,任何时候都不把道德品质作为换取利益目标的筹码。在文化消费的过程中,远离具有低级趣味的文化资源,远离对道德情感产

①　中共中央文献研究室编:《习近平关于社会主义文化建设论述摘编》,中央文献出版社 2017 年版,第 139 页。
②　宋元林:《网络文化与人的发展》,人民出版社 2009 年版,第 87 页。

生威胁的文化产品,远离价值迷失、色情外溢的肮脏网络文化垃圾,拒绝成为粗鄙消极文化的消费者,防止低俗网络文化对网民自身道德情操的荼毒和污染。其次,在网络社会生活中,保持个人利益与社会利益的一致统一。网络文化活动中所体现的个人利益与集体利益是相辅相成、互为依托的,集体利益的实现需要个人利益的支撑,个人利益的集合又影响着集体利益的表现。在进行网络文化消费时,要顾己及人,不以剥夺他人利益为手段,不以侵害国家利益为渠道,任何为谋求个人利益而损害社会利益的网络文化消费行为都是泯灭人性、消解价值的不道德行为,实现个人利益与社会利益的公约最大、互利共赢,才是体现网民道德意识、边界意识,维护网上思想文化阵地价值边界的行为举措。再次,要协调网络自由空间与道德规范约束的关系。自由空间并不意味着网民可以在网络社会随心所欲、为所欲为,而道德约束对网民行为的规范作用不是对自由的消解,网络文化的自由性在道德律例的管制作用下愈加显示出其张力。网民自由吸收网络文化信息资源并不意味着可以随意冠之以自己的名号而掠夺其版权,这是攫取他人劳动成果,忽视他人艰辛付出的超越道德边界、价值边界的非理性行为。因此,把握好自由与自律的时、效、度,为文化消费构建道德伦理路径,框之以价值边界的区分,让网络社会成为网民进行文化活动的真正自由场域。此外,道德监督机制也是增强网民道德意识的必要途径,通过网络后台的密集监控,对超越道德底线的网络文化内容,超越行为边界的越轨失范行为,超越价值边界的媚俗价值取向进行实时监控,以第三方的客观标准来帮助网民提高网络文化审美品位,增强道德意识,切断一切与社会主义核心价值观相悖的网络文化内容和网民行为入侵网上思想文化阵地的途径,强化价值边界对不良思潮的拒斥功能。

三、明确行为边界,增强网民的守法意识

"法律是成文的道德,道德是内心的法律,法律和道德都具有规范社会行为、维护社会秩序的作用。治理国家、治理社会必须一手抓法治、一手抓德治,既重视发挥法律的规范作用,又重视发挥道德的教化作用,实现法律和道德相辅相成、法治和德治相得益彰。"①增强网民的法律意识,要发挥法律作为国家机器强有力的威慑作用,弥补道德教化作用对网民行为约束的不足,明确网民的行为界限与活动场域,从根源上阻止网络失范行为的产生,同时对已经存在的不良网络行为予以惩治。网民的法律意识呈现出网民对法律本身和涉及法律的网络事件的基本观点、看法和认知,体现出网民的法律知识储备、法律意识强弱和法律信仰存无,是网民在网络虚拟社会开展活动的最低行为底线。网络虚拟社会不是法外之地,更不是可以为所欲为的空间。网络社会的虚拟性仅是针对网络空间的存在形式依托互联网技术而言,网民在网络社会进行思想文化交流活动的过程及网民行为所产生的影响力仍旧是有迹可循的真实存在,任何网民都要对自己在网络空间所产生的违法行为承担责任。增强网民的法律意识是建设有法可依、有法必依的网上思想文化阵地的关键所在,增强网民的法律意识,发挥法律

---

① 《习近平谈治国理政》第二卷,外文出版社2017年版,第116页。

在网络虚拟社会的重要作用,需要网民发自内心地尊崇和信仰法律。信仰法律是人们内心深处对法律的一种情感表现,这种表现包含了对法律的认同、信服、尊崇、敬畏等方面,体现的是对法律自觉自愿地忠诚与尊重。随着网络社会的飞速发展,网络空间展现出思想多元化、利益多样化、矛盾冲突凸显化的特点,而建立规范、整合网民行为的理想力量即为法律意识的强化。因为法律代表了上升为国家意志的全体人民意志,培养网民法律意识的过程,起到了一定程度的凝聚作用,可以帮助不同群体的网民在不同的利益诉求、不同的价值取向和不同的思想观念中,寻求和扩大网络虚拟社会的"最大公约数"。法治作为社会主义核心价值观的重要组成部分,是网络社会治理的主旋律,是时代精神和公民意识的主要内容之一,培育网民的法律信仰,增强网民以法律意识为主要内容的行为边界意识,有利于祛除网络不正之风,推动网络虚拟社会治理现代化发展。将网络社会冠以"法治"之名,清除网络社会以身抗法、蔑视法律的不良网民行为,将法律意识融入网民行为边界意识中,建立公正严明行为边界,肃清扰乱网络社会秩序的违法行为。

培育网民法律信仰,增强网民的法律意识,引导网民从自发树立的边界意识到自觉的边界意识的转变,是与现实社会增强人们的法律意识同样重要的事情。要将有关法律规章通过多渠道转发、多形式宣传的方式强化网民熟悉法律知识,帮助网民知法、识法、守法。网民在网络虚拟社会活动时,厘清法律与网络自由权的关系,一些有权无法、有法则夺权的思想是对网络自由与法律的曲解,网民在网络空间所拥有的自由权是受法律规范的自由权,网民行为自由也是法律意识框定下的自由。网民法律意识的增强同时也是行为边界意识的增强,体现出网民对个体网络行为的自我约束和规范,任何淡薄法律意识、超越边界的行为都不能称之为真正的自由行为。网民要加强维权意识,对于侵犯自身权利、损害自身名誉的行为,要运用法律武器予以回击,形成抵制不良行为的防守边界。明确有关法律观念是增强网民法律意识的必要储备,在强化网民法律观念的基础上明晰行为边界,增强边界意识对网民行为善与恶、是与非、能与否的分隔作用,是打造矩步方行的网上思想文化阵地的重要保证。

第二节　做好网上思想文化阵地建设的
基础性工作

一、巩固马克思主义思想在网络空间的核心地位

马克思主义作为网上思想文化阵地的旗帜,是我们建设网上思想文化阵地的指导思想,也是人民群众在网络虚拟社会开展认识活动和实践活动的行动指南。充满国际性、开放性、共享性的互联网平台上,鱼龙混杂、消解权威、诟病历史的网络文化内容和网络行为充斥其中,在一定程度上动摇了马克思主义旗帜的树立与稳固。巩固马克思主义旗帜在网上思想文化阵地建设中的指导地位,借助网络平台加强马克思主义主流意识形态的传播,扩大马克思主义的国际话语权,是建设网上思想文化阵地的关键。巩固马

克思主义的指导地位,要为马克思主义主流意识形态的表达创造良好的网络生态环境。马克思主义作为中国共产党的指导思想,是网上思想文化阵地的精神旗帜,要把马克思主义思想内涵和精神实质通过形式多样的网络渠道加以传播,增强马克思主义意识形态在网络空间的感染力和传播力。要发挥党的官方媒体网站和马克思主义研究者、传播者的榜样示范作用,吸引越来越多的人成为马克思主义的"代言人"和"发声者"。网络监管部门要有针对性、有计划性地选取一些弘扬马克思主义理论精髓的代表性网站,通过传播马克思主义的理论精华和实践经验,马克思主义践行者的先锋事迹,展现马克思主义团队的精神面貌,吸引越来越多的网站和网民自觉扩大马克思主义信息传播量,吸引越来越多的人民群众自愿加入马克思主义信仰者的队伍中,坚定不移地巩固马克思主义旗帜在网上思想文化阵地中的指导地位。

巩固马克思主义指导地位,要加强马克思主义主流媒体的服务意识,加强马克思主义在网络虚拟社会的影响力。马克思主义旗帜作为一种指导思想,在网上思想文化阵地中对网民起着潜移默化、深远持久的滋养、整合和塑造作用,是通过思想教育和引导实现的。加强马克思主流媒体的服务意识,一方面要建立可供人民群众学习和了解马克思主义理论的网站资源,知马、学马方可用马,畅通马克思主义理论知识的获取渠道,用生动形象、易于熟记的卡通动漫、趣味故事等形式转化马克思主义经典作家的哲理与法理,传递马克思主义经典文献中的思想精髓;用马克思主义中国化最新成果联系社会实际与中国发展进程中的经典案例,有力回击丑化、质疑中国共产党的不良言论;用网站留言、电子信箱、导航办理等新型电子政务方式代替传统"穿针式"办公手法,凸显马克思主义与时俱进的品质。让人民群众在马克思主义理论的赏阅中感受经典魅力,在日常生活中体验指导思想的价值寄托,在国家发展富强中感悟马克思主义实践力量,从理论到实践中正确认识马克思主义,继而成为马克思主义维护者和信仰者。另一方面,要培养一批巩固马克思主义旗帜的网络群体。党员作为网上思想文化阵地的第一守护者,要"先声夺人",起先锋模范带头作用,大力弘扬中国特色社会主义先进文化,唱响文化主旋律,把握线上与线下两个渠道,党员和网民两个团体、趣味和严肃两种风格,虚拟与现实两个空间,在网络虚拟空间传递党的核心价值理念,精准解释理论层面的政策问题,深入剖析现实层面的实际问题,对于网上各种思想的模糊解释和片面认识,要积极做出合理分析和解释,用深厚的理论学养和非凡的职业素养主动出击消释网络空间中的各种不良思潮。

二、创新社会主义核心价值观在网络空间的表达方式

社会主义核心价值观作为网上思想文化阵地的灵魂,肩负着凝聚人心的重要作用,反映了社会主义现代化建设中网民的思想道德建设要求。面对网络虚拟社会多元化、复杂化、趋利化的价值状态,创新社会主义核心价值观的网络表达形式,增强其理论穿透力、思想渗透力和内容的可读性,是建设网上思想文化阵地,规范网民言行举止的重要保障。创新社会主义核心价值观的网络表达

方式,第一要树立社会主义核心价值观话语表达自信。一些人禁不住诱惑,为了显示自己的特立独行痴迷于网络用语,常常表达一些与社会主义核心价值观相悖的话语,质疑甚至歪曲社会主义核心价值观,极大削弱了核心价值观在阵地建设中的影响力。要树立话语自信,主动参与到网上意识形态战场中,通过自信的话语表达与各种反马克思主义的价值思潮进行交锋,摸清它们解构社会主义核心价值观的原因和途径,并给予正面回击;主动与多元价值体系进行对话,在自信的话语表达中传递社会主义价值观的深刻内涵,提升核心价值观在多元价值体系中的引导力和向心力,指导网民树立正确的世界观、人生观和价值观,从贪图利益、享受奢靡的消极价值体系中脱离出来,回归到正确的发展路径中。第二要创新网上思想文化的发声方式。网上思想文化发声方式的创新主要体现在表达语言的创新和表达形式的创新两个层面。从表达语言的创新来看,网络语言突出形象化、创新性、生动性和表达清晰化,追求快节奏的更新速度和在场感极强的表达方式,这就为网络语言的任意发挥提供了空间,构成的词组或句子也就充满了与传统语法相悖之处。大数据网络时代的到来,人们的语言表达方式和思想方式受网络语言的影响很深,它要求贴近生活、贴近现实、贴近群众,结合网络语言的表达特点,根据不同受众人群的教育程度、年龄变化、理解能力,转变传统方式,向浅显易懂、轻松活泼和带有网络行文特征的方式转变。网络社会为社会主义核心价值观表达形式的多样性提供了条件,扩大了社会主义核心价值观的表达渠道,官方网站的建设拉近了政府与人民的关系,不同网络板块的划分使网民可以迅速找到需要的信息资源,通过各种图片分析、动漫人物、短视频讲解等多种形式向网民传递社会主义核心价值观所蕴含的理念,消解网民由于不良的求利思想、无聊的窥探心理而造成的无度文化狂欢。第三是丰富社会主义核心价值观的表达内容。表达内容是核心要素,决定了表达主体的价值偏向和思想载体。"人们的观念、观点和概念,一句话,人们的意识,随着人们的生活条件、人们的社会关系、人们的社会存在的改变而改变。"①诚如马克思所说的那样,人们的客观生活发生了改变,相应的思维观念也会随之发生变化,价值取向多元的社会思潮冲击着主流核心价值体系的地位。社会主义核心价值观的表达内容也因网络时代的特点而进行调整,迎合客观环境变化和网络主体的需要。丰富社会主义核心价值观的内容表达,建立在对国际国内两个环境综合把握的基础上,将核心价值观的表达内容由传统的理论说教、知识体系接轨人们的日常生活和行为活动,选取有代表性、有特殊性、有影响力的热点问题作为表达内容的重要组成部分,选取与人们学习、娱乐、保健、出行等各方面与衣食住行息息相关的生活经验和生活贴士纳入表达内容,与表达方式的创新相呼应,形成一种动态平衡,发挥社会主义核心价值观的主导作用,提升社会主义核心价值观在网上思想文化阵地的影响力和渗透力。

三、提高优秀网络文化产品的供给能力和服务能力

提高优秀网络文化产品的供给能力,既是形势所迫也是现

---

① 《马克思恩格斯文集》第 2 卷,人民出版社 2009 年版,第 50—51 页。

实所需,这对提升我国网络文化产品在国际领域的竞争优势,提升国际领域话语权,以高质量的网络文化产品满足人们日益增长的精神文化需求,增强文化获得感、幸福感有着重要作用。

一是要发挥网络文化企业在产品供给中的重要作用。优秀网络文化产品的供给离不开网络文化企业的有序运行和健康发展,网络文化企业作为发展网络文化产业的主体,要注重提升文化产业发展方式,创新网络文化发展理念,进行文化产业内部结构调整,推动科技与文化的融合,将大数据、人工智能等富含现代技术元素的应用进行普及,为网络文化产品的创造注入新的活力。在把握正确价值导向的基础上,结合现实环境,拓宽网络文化产品的涉猎领域,将其由网络文学、游戏、影视等传统领域向旅游、教育、文化与历史传承等多个领域扩展。在推动网络文化产品与多领域协调发展的过程中,要充分发挥突出自身优势,找准文化产品发展的切入点,注重品牌效应的打造,确保网络文化产品在精神上注重价值内涵,在技术上注重先进科学,在推广上注重面向世界。任何全盘模仿而缺乏创造性突破的文化产品终将被历史所淘汰。在网络文化产品的创造方面,要严格遵守法律法规,强化边界意识,守好创作底线,提升文化产品的原创能力,让具有中国元素,体现民族精神和时代精神的网络文化产品充分涌流。在网络文化产品的市场扩大方面,要创新融资理念,提升融资能力,紧跟改革开放时代潮流,善于运用国际方法拓展国际市场,提升自己文化产品的国际知名度。同时,管理部门要为网络文化企业的发展方向掌好舵、带好头,确保企业运行不出轨、不脱节,创造有益于优秀网络文化产品供给的生态环境。

二是要发挥互联网技术作为网络文化产品引擎的重要作用。激发网络技术正能量,要发挥技术引领网络文化产业发展、提升文化软实力的价值。我们追求网络技术对物质财富的作用,同时要兼顾精神生活。"文化是一个国家、一个民族的灵魂。文化兴国运兴,文化强民族强。"①科学技术作为文化的一种形式,拥有强大的软实力,对提高人们的精神境界、开拓思维、提升认知发挥着重要力量。文化中科技含量的多少是衡量文化软实力的重要因素,发展网络文化产业,要提升先进互联网技术在网络文化产业、网络文化事业、网络文化产品中的比重,革新网络文化生产方式,整合文化表达方法,拓宽网络文化产品传播渠道,将科技力量的价值渗透在网络文化发展的各个环节。合理运用科技力量的价值,发挥互联网技术的引擎作用,让高技术与新观念携手,生产商与需求品匹配,消除低技术与旧观念对优秀网络文化产品供给的阻滞力,在理性与感性并存、欲望与底线并存、真理与实践并存的有序状态下充分发挥网络技术的精神力量和物质力量,优化网络文化产业结构,加大优秀网络文化产品供给力度,为网上思想文化阵地建设构建先进健康、丰富多彩的内容体系,继而提升我国文化软实力。

三是发挥亿万网民的创造热情,激发全民族的创造活力。人民群众作为网上思想文化阵地的主体,既是网络文化产品的享用

---

① 习近平:《决胜全面建成小康社会 夺取新时代中国特色社会主义伟大胜利——在中国共产党第十九次全国代表大会上的报告》,人民出版社 2017 年版,第 40—41 页。

者,也是网络文化产品的创造者,在对优秀网络文化产品进行评价、选取和创作方面最有代表性和发言权。随着越来越多的人加入网络社会,不同层次、不同职业、不同年龄段、不同喜好的网民群体丰富了网上思想文化阵地的主体构成,要充分激发这些不同主体的首创精神,借助平等、开放的网络虚拟社会所搭建的亲和包容的网络文化创造平台,依托于网络文化独特的技术支持和空间优势,鼓励网民主动创造健康向上的网络文化作品,集中展示健康、美丽、和谐、温暖的网友文化的魅力,让人们对好莱坞大片津津乐道,对日本动漫乐此不疲的同时,逐渐将注意力与兴趣爱好转移到我国蓬勃发展的网络文化产业上来,聚合与释放网络文化正能量,为优秀网络文化产品的供给添砖加瓦。

第三节 正确处理网上思想文化阵地
建设中的重要关系

从其外表来看,网上思想文化阵地借助于互联网技术而存在,但就其本质而言,网上思想文化阵地是网民作为主体进行思想传递、文化交流的社会场所。建设网上思想文化阵地,要处理好治理"虚拟世界"与"现实世界"的关系、国内治理与国际共治的关系、网络主体与网络客体的关系以及网上思想文化阵地建设与人的发展关系。

一、正确处理"虚拟世界"和"现实世界"的关系

虚拟世界是现实世界在互联网区域的拓展与延伸,为现实生活中人们的行为活动提供了一个崭新的场所和平台,基于此,绚丽多彩却似幻而真的网络虚拟社会逐渐在人们丰富的活动中发育起来。虚拟世界中的"虚拟"不是所谓的"虚无"和"虚假",而是存在方式上体现出的特殊样态,这种特殊样态让虚拟世界与现实世界相比较来说,既有重叠相同的部分,又有革新独有的特征,正确分析虚拟世界与现实世界的区别与联系,是建设网上思想文化阵地的重要前提。任何一个人只要面对着一台联网的电脑,便可以打开通往世界和缤纷多彩社会生活的大门,虽然门内所呈现的景象都是虚拟的数字化产品,但却是现实社会的折射与汇聚。网民可以利用技术手段超越时空局限来获取知识、沟通感情、行使权利和进行民主监督,虚拟世界所拥有的超越时空的"时效性",对于革新社会治理理念、创新社会治理方法、提升党和国家的社会综合治理能力提供了丰富的路径选择。

互联网系统可以将信息转化成井井有条、有序可循的实用数据,方便信息查询者一目了然地进行分析比较,省去了传统查找、整理、记录信息的繁杂程序,而且准确性和快速性也是传统信息整理查询所不能比拟的。发挥大数据时代互联网的作用,需要各个职能部门搭建大数据信息平台,借助量化的数据来处理治理中遇到的问题,运用电子政务来提高公共服务质量。要充分发挥大数

据时代储存管理信息资源的巨大优势,建立网民个体信息数据库、网络群体性事件数据库、网站建设经验教训案例分析数据库、政党理论宣传材料数据库等全方面、多领域、满足多种需求的各类数据库,这对于现实社会和虚拟社会的治理来说都是重要的。由于网络数据库可重复使用,不受区域限制、时间限制的特征,减少了重复整理数据所需要的人力、物力、财力,同时可以在不影响先前数据资料使用的基础上进行更新,可以避免出现传统档案管理工作中材料丢失、材料漏写、材料错写等无法补救的问题。建设官方数据网络平台,增强官方信息、真实数据的可获得性,在不影响国家、企业、个人私密信息的前提下,可以向公众免费开放具有精准性、动态性、前沿性以及不具保密性质的数据信息,扼杀虚假信息妖言惑众的生存空间,断绝扰乱视线的网络垃圾、网络广告抢占头条迷惑人心,换取点击率的恶劣行径。发挥大数据在社会治理中的沟通作用。在大数据互联网背景下,各部门要充分发挥互联网平台的桥梁作用,通过官网、微信公众号、微博等网络平台加强与群众的沟通联系和双向互动,知群众心里所想,懂群众切实所需,通过网络平台进行隔空交流打开群众心扉,改善群众对政府的传统认知,提升群众对党和国家的好感度和认可程度。关于群众时常受到"网络垃圾""网络虚假信息"困扰的问题,要在网络空间进行综合治理,公开不涉及机密的党务工作、政务工作的信息,积极引导网民,尤其是大龄群众及时关注党的官网平台和官方公众号,及时对虚假信息进行揭露,以防更多的人遭遇骗局,伤人伤财。打造网络空间与现实空间便民、利民工作的一体化模式,科学划分电子办公与传统窗口办公的比例,充分发挥电子办公的高效优势,扩大电子政务在政府办公中的比例,让群众"动动手指头"就可以完成的事情不必再去"跑跑腿",跑一次就可完成的事情不必再来回跑,营造党员群众诚心诚意做朋友、亲密无间打交道、坦诚相见做事情的和谐局面。

二、正确处理国内治理和国际共治的关系

现代网络技术打破了时空界限,消除了国家之间、地区之间的交流障碍,世界各国、各民族、各区域在开放中相互学习,在学习中进行思维碰撞,在碰撞中提高管理能力。互联网技术的开放性在全球化进程中显得尤为突出,它抹去了时空间隔,将世界真正变为近在咫尺的"地球村",正如马克思对全球化所描述的那样,"过去那种地方的和民族的自给自足和闭关自守状态,被各民族的各方面的互相往来和各方面的相互依赖所代替了。物质的生产是如此,精神的生产也是如此。"①全球化浪潮在网络虚拟社会平等性和共享性的共同作用下达到从未有过的广度和宽度,国家之间、民族之间、区域之间的交流变得更加频繁,各个国家的思想文化中都包含着外来文化的影响和渗透,世界文化在网络空间中逐渐融合,形成互相影响互相渗透的共同体。这就意味着,对于网络社会而言,国内治理与国际治理是同生同存的关系,任何脱离国际大背景,只"埋头清扫家门雪"的国内治理都无法彻底解决网络空间的问题。国内网络社会治理需要用全球性的视野,立

① 《马克思恩格斯选集》第 1 卷,人民出版社 2012 年版,第 404 页。

足于国际大背景之下进行战略部署,国际网络社会的治理则需要各个加入互联网的国家共同守卫与保护,在这个互利共赢的网络世界中,一个国家的网络动荡都有可能掀起全球范围内的"蝴蝶效应",因此,各个国家在互联网领域有序运行,共谋发展是构建国际网络秩序的根本路径。"互联网发展是无国界的、无边界的,利用好、发展好、治理好互联网必须深化网络空间国际合作,携手构建网络空间命运共同体。"①网络命运共同体的构建是人类命运共同体在网络空间的衍生,符合历史发展规律、回应时代主题和时代要求,是正确处理国内治理和国际共治关系的核心要义。

正确处理国内治理和国际共治的关系,构建网络命运共同体,要将历史回顾、现实回应和未来展望三者结合起来,从时代主题中寻找建构基调,从自主创新中获得技术支撑,在社会主义先进文化影响下树立文化自信,在合作共享中谋求互利共赢。和平与发展的时代主题,使处理国内治理与国际共治关系有了现实基础。维护网络空间安全,守好网络净土也是保卫国家主权领土的重要组成部分,网络安全不仅单单是网络社会有序运行的保障,也与现实生活中的政治、经济、文化、军事、领土等息息相关。不同国家在应对网络安全问题时,要以维护国际网络安全为己任,共同尊重网络主权,共同解决威胁网络安全的问题,维护网络空间和平发展态势;平等竞争,倡导合作精神和团结意识,拒绝使用网络威胁、网络

---

① 习近平:《在第三届世界互联网大会开幕式上的视频讲话》,新华社,2016 年 11 月 16 日。

军事化和网络攻击等不正当手段来侵占网络空间。在国际网络社会中建立统一管理体系,不搞似是而非、朝令夕改的双重标准,保证管理尺度在大国与小国之间、强国与弱国之间保持平衡。技术是治理网络社会发展的关键要素,也是进行国内治理和国际共治的强大引擎。要大力提高自主创新能力,推进科技创新向时效性和前沿性方向发展,在科学技术力量的壮大中由跟跑者向领先者转变。注重教育和提升网络技术人员、网络管理人员的操作能力和整体素质,强化高层次培养机制和鼓励机制,发挥人才资源的创新优势。

三、正确处理网络主体和网络客体的关系

虚拟生存是与现实社会互动的开放性创新过程,在这个由人创造的符号世界里,网民面对以电子符号为主的各种形式,需要根据现实条件来作出识别、判断和选择。有人把虚拟主体界定为现实生活的符号虚拟存在,是二进制技术影响下的特定组合方式,一个主体无法感知符合所指的现实另一个主体的存在。对于接受网络文化的主体而言,必须具有一定的技术适应性,网民活动就是一种利用既得的技术表达自己观点和意向的过程。网络社会中,拥有一定技术水平的网民是网络交流的主体,而相对于另一批网民主体时,有可能成为网络客体,主体客体化和客体主体化是网络空间的常见表现形式。虚拟主体和客体是即时生成的,可以直接在场也可以间接在场。直接在场是网民之间的直接沟通,是现实互动的;间接在场是网民之间的媒介交流,

是虚拟互动的。通常情况下,借助信息高速公路和数字化空间进行间接在场交流,是超越直接在场的形式。间接在场是虚拟生存的现身形式,网络空间里,主体、客体以及环境都转化为信息符号并产生相互作用。网民在场时可以是主体或客体,是即时的虚拟主体,网民缺场时有可能成为客体对象,是随机的虚拟客体。这使得网民面对着多样化的身份选择,"由于虚拟环境不再是自然生成的环境,而是人工设计的环境,虚拟生存是借助网络虚拟技术实现的数字化生存,因而主体完全可能脱下在现实社会中形成的面具,主体有可能创造自己喜爱或需要的生存环境,使得虚拟生存的身份甚至虚拟主体的生离死别仅仅是一个技术问题,是可以多样化选择的。"①虚拟社会中的网民活动是一种行为演绎,可以不拘一格地呈现出来,可以根据自己的需要选择生存方式,身份和角色也是自我设计的。网民的交流互动也是主客体互现的过程,网民之间具有多维度、非中心化的关系,网民自身在身份和角色上也经常转换。虚拟环境中的主客体并不是在单一国家或区域内界定的,而是在全球层面上的网络空间考量,它不仅包括了不同主体之间的多维度和非中心关系,打破了单一的或分离的"主体—客体""主体—主体""客体—客体"之间的交流结构,缔造了对话、交流和反馈共存的状态,每一方都不是单纯的主体和单纯的客体。虚拟主体甚至可以把自己隐匿起来,用一种别人不能直接感知的符号体现自身,

———————

① 郑元景:《虚拟生存研究》,社会科学文献出版社 2012 年版,第 57 页。

其他网民面对的客体已经不是"原型"或原来的自在之物,而是经过计算机加工改造的"虚拟客体"。

无论从网络虚拟社会存在——依附于互联网技术的物理性角度分析,还是从网络社会意义——包含的社会文化内容的价值角度分析,网络社会的生成、存在和发展都是依托于人这一行为主体而完成的。网络客体是网络主体在网络环境中的自我展现和思想传递,是相对于网络主体而言的客观存在。人作为行为主体在网络空间进行行为活动,将自己的情感、心境、愿望、需求在网络社会中通过各种各样的形式加以表达,所形成的网络文化即为网络客体。网络文化作为网络客体,由人们在网络虚拟社会中的实践活动所构成,反映了人们对现实社会的认识和感悟,网络文化的一切内容和形式依靠于人的主导。在网络虚拟社会中,网络主体和网络客体的关系和地位经常错位,主体异化为客体,受客体的支配,而网络客体则渐渐掌握主导权,主体客体化和客体主体化的现象成为常态。首先是主体客体化。一方面,随着网络社会和现实社会接轨面积的逐渐扩大,人们逐渐将工作、娱乐、学习、出行等越来越多的生活领域迁移到网络虚拟社会,长期沉浸在网络文化盛宴的丰富、网络办事效率的便捷、虚拟情感交流和虚假成就感的获取中,极有可能忽视甚至忘记一些现实社会的生活技能,一些人在遇到技术故障时往往会产生心理挫折。有些人沉醉在网络文化狂欢中,享受空前的网络自由,却走向了自由的对立面,日益被网络客体所主导,甚至转向网络沉溺和网络成瘾综合征。另一方面,有些人作为网络主体,经常从自我为中心出发,其实践和分析的对象随之变为客体存在,这不可避免地使一部分作为主体的人和网络文化转化为客体对象。其次是客体主体化,互联网技术的发明源自人们社会需求的呼唤,是帮助人们认识世界和便捷生活的工具。但在技术力量的壮大过程中,"技术决定论""唯技术是从"的技术主导观念和技术炫耀行为却层出不穷,那些仰仗自己拥有较高网络技术水平的人,在"技术至上"观念的引导下,只看重技术层面的不断超越,探寻对任何规则的"豁免权",享受突破网络拦截的快感,忽略了对自我行为的反省,成了技术的奴隶。而人们也在大批量垃圾网络信息的诱导下,丧失理智分析能力,漠视自身作为网络主体的义务与责任,失去主导地位,转化为网络客体。

正确处理人民群众作为网络主体和网络文化作为网络客体之间的关系,防治和应对主体客体化、客体主体化中的异化现象发生,需要行为主体自身和社会监管部门合力作用的共同推进。人作为网络行为主体的角度分析,人们要对在网络虚拟社会所享受到的虚拟成就感和现实生活中的挫折感进行理智分辨,正确应对夸张心理作用下的极端感受,网络主体要明确责任意识,帮助道德意识和社会责任从游离状态回归到其本来的社会位置,强化内心自我约束,建立一套凌驾于道德规范、责任意识和行为边界之上的行为准则,用坚定的意志来抵抗邪恶诱惑,勤于内省,常于反思,自持慎独。从社会管理的角度分析,要正确引导人们的价值取向,尤其是青年儿童群体的价值取向。充分借助校园网络平台的宣传优势,通过美化设置板块、创新表达方式、编辑亲民内容等途径引导学生树立正确的价值取向,自觉抵抗网络内外环境的负面影响。

加强社会舆论监督,发扬党媒的舆论引导力,帮助人们有据可循、有理可依,依靠健全的网络社会监管机制保护人民群众在网络虚拟社会的主体地位。

四、正确处理网上问题与网下问题的关系

就"现实生活"和"行为互动场所"而言,人们的社会生活和行为活动空间确实发生了变化,在一定程度或者某些方面,人们的行为活动重心,由网络虚拟社会以外的"现实直观社会"向"虚拟形态"的电子网络空间转移。这种转移并不意味着、事实上也无法真正达成"网上虚拟社会"对"网下现实社会"的完全替代。"网上虚拟社会"和"网下现实社会"都是"人的社会",从产生的先后顺序来看,"网上社会"是对"网下社会"的反映,前者是对后者的延伸和"部分转换",而非完全转换的关系。网上与网下这两者的互动关系是依托于人们的日常行为活动而调动起来的,二者之间不存在矛盾与冲突的干扰,是各自保持相对独立性基础上的联系与互动。当人们在网上与网下两个不同形态的社会之间可以理智转换生活方式时,"网上虚拟社会"和"网下现实社会"所呈现的互动关系为互不侵犯的良性互动关系,但每当人们在二者之间的转换过程中无法理智切换时,网上和网下的互动关系极易产生冲突。能否妥善处理网上和网下的切换环节,涉及网民认知和行为两个方面的内容。从认知方面来看,对"虚拟"社会的解构存在误区是干扰人们对网上社会进行正确认知的重要前提。一些人将"虚拟"和"虚无"等同起来,认为网上社会是自由无限扩大,一切限制

与约束失去生存空间,毫无管束的社会形态,从思想中就架空了网络管理的法律规章制度,形成自身可以横行无忌、为非作歹的错误认知,陷入对网上虚拟社会的误区中;从行为方面来看,行为者不能善待网络虚拟社会,没能对自己的"虚拟行为"做到自我把控,网络表达时常超越道德边界、法律边界、行为边界的束缚,在"进场"与"出场"的度的把握上心余力诎。一些人或者将现实生活中的心情不快和情感垃圾在网上空间随意发泄,肆意妄为,污染网络生态;或者将网络社会调侃、不以为意的随意性特征带入网下现实社会中,将游戏、剧目、网络文字中的不良行为带入现实生活;或者整日沉迷于网络社会中,过度依赖网上生活的虚假遐想,将网上生活完全代替网下现实生活,给现实生活中人与人之间正常的关系状态带来威胁。

对网上虚拟社会和网下现实社会无论在认知层面存在欠缺或行为层面有失妥当,都会造成网上与网下关系的互动失衡,要想保持网上社会和网下社会的良性互动,需要人们对网上虚拟社会和网下现实社会的生活模式进行妥善切换和平衡。这就要求网民这一能够展开"网下现实行为"也能够开展"网上网络行为"的唯一主体,能够根据不同的"行为活动场域"中相应的规则规范,冷静行使自己行为活动的权利,理智发挥开展行为能力。人们应清醒认识到,无论是"网上活动"还是"网下活动",对于自己而言都是一种活动场域。场域之间进行转换的实质,是人们的行为活动在不同场域中的"进入"和"退出"。无论在哪个活动场域,行为主体都应该具备高度的自律意识、规则意识、道德意识和法律意识,在转换中传递积极向上的正能量,取缔消极、暴力、腐朽思想的扩大和蔓延,处理好"行为主体—活动场域—行为活动"之间的组合关系,明确网上与网下是延展而非替代关系,做到"从心所欲而不逾矩",在网上与网下的互动中可以自由出入与徜徉。诚如曼纽尔·卡斯特所勾勒的场景:"网络生存已经成为人类无法选择的生活方式,就像我们只能接受计算机成为人类生活中必不可缺的一部分一样,我们所能做的就是不断调整人与机器的关系,去创造在新的生活方式中所需要的新的情感与价值认知。"①此外,网络管理部门应通过技术提升、内容审核、违规惩治等方法来维护网上虚拟社会和网下现实社会的良性互动关系,构建技术之网,隔绝在网下现实社会被严厉禁止的行为向网上社会阵地转移,侵蚀其正常运行,封堵色情暴力、有悖社会主义核心价值观、威胁国家文化安全的有害内容入侵网上社会。同时借助网络社会巨大的宣传影响能力,促进富含民族精神和时代精神的网络文化产品从网上向网下蔓延,广为流传,渗入网下现实生活中,充分发挥优秀思想文化的教化熏陶作用。完善法律法规,根据网上与网下的不同特点设定各具特色的规章制度,从各个环节入手为网上网下的互动关系保驾护航,注重互动前警醒作用、互动中警诫作用和互动后的审视作用,保障网上与网下互动关系的有序进行。

五、正确处理网上思想文化阵地建设与人的发展的关系

马克思、恩格斯关于科学技术的论述建立在唯物史观和唯物

———————

① 陆群:《假如网络也有生命》,社会科学文献出版社 2002 年版,第 268 页。

辩证法的基础上,以人类生活的现实世界和历史进程的话语向度,叙述了科学技术在人类认识自然、推动社会发展和实现自身的解放中的重要作用。人的解放和发展是马克思、恩格斯科学技术思想的旨归,也是他们揭示科技力量本质的标尺。网络技术的发展同样标志着人类向前迈进的一大步,互联网络的开放性和发散性将科技力量渗透进社会生活的方方面面,同时彻底打破了地域和时空间隔,将世界连为一个整体,更新了世界性的物质生活、精神生活和文化生活的存在方式,也成为推动人类发展的强有力杠杆。科学技术在人们对美好生活向往的引领下发展进步,互联网技术在本质上是作为促进人类自身发展出现的,当其被社会借助于实现其他目的时,异化现象就会发生了。异化的网络技术打乱了原有的经济秩序,同时也影响了人们的社会价值理念和价值选择。

消除网络技术发展和人的发展之间的悖论,解决网络交往异化中的问题,让互联网技术真正助力于人类发展是建设网上思想文化阵地的终极目标和价值回归,也是正确处理网上思想文化阵地建设与人的发展关系的基本方略。一方面,要大力提升互联网技术的自主创新能力。"中国要强,中国人民生活要好,必须有强大科技。"①网上思想文化阵地需要强大的技术支撑,提升互联网技术的自主创新能力,要把握科技制度改革和教育推动两个关键,从政治、文化等方面来营造利于科技发展的社会环境。革新科技体制,从各个环节入手创建有利于先进技术诞生的温床,提升技术"孵化率";同时"培育符合创新发展的人才团队",激发技术人才、

① 《习近平谈治国理政》第二卷,外文出版社 2017 年版,第 267 页。

管理人才等各类人才的创造活力。前进的轨道"需要的决不是响亮的词句,而是扎实的知识"。① 要让治理网络社会的综合性人才遍地生花,在质疑与创新精神的启发下推动网上思想文化阵地建设,为人的自由而全面发展营造良好氛围。另一方面,网络技术的发展要走出工具理性困境,推动科学与人文的融合。强调科技与人文接轨,展现人文关怀是价值理性指导下的必然结果。"人民的需要和呼唤,是科技进步和创新的时代声音。"②科学和人文是不同层面的两个尺度。科学是对何为的追根溯源,是客观层面的探索活动,而人文是对为之何意的考量,是价值层面的探索活动。我国的人本科技观是立足于世界向度上的价值理性,"科技助力人类命运共同体"的崇高理念是走出全球化进程中,科技竞争所带来的工具理性困境的基础路径,也是对马克思、恩格斯所倡导的全人类解放发展的现实回应。走出工具理性困境,要厘清科技与人的本末关系,在价值理性的引导下合理运用互联网技术,扬其积极力量,避其消极影响,把人的能动性充分渗透进互联网技术的运用过程中,让网络社会治理展现民本情怀,绽放人文光辉。

第四节　构建网上思想文化阵地建设的机制体系

健全的机制体制可以为网上思想文化阵地的建设保驾护航。

---

① 《马克思恩格斯文集》第4卷,人民出版社2009年版,第446页。
② 《习近平谈治国理政》第二卷,外文出版社2017年版,第272页。

创新管理体制,重在事前预防,减少网上思想文化阵地的异化机会;健全舆论引导机制和道德规范机制,注意思想引导,在思想上占领高地,为网上思想文化阵地的建设营造健康思想氛围;构建良性互动机制,以政府的管理为主导,配合网络主体的多方参与,促进政府与网民之间的积极沟通,建立多方参与、团结协作的网络管理机制。

一、探索网上思想文化阵地的管理创新机制

在预防的价值理念层面,要建立健全网络安全教育机制体系。对于网上思想文化阵地的异化问题,要综合考量,而不片面分析,要高度重视,而非放任自流,要疏通引导,而不强力压制。在网上思想文化阵地的建设过程中,要高擎马克思主义旗帜,牢记社会主义使命,巩固社会主义核心价值观的灵魂地位,把握教育导向、建设导向、思想导向、发展方向与社会主义方向高度一致,价值理念与社会主义核心价值观高度契合。建立健全网络虚拟社会教育机制体系,在培训和教育主体方面,把握网络管理人员和网民群体两个组成部分,在方法和路径方面,兼顾主旋律与多样化两个部分,用社会主义先进文化凝神聚魄,汇聚人心。在此基础上,网络安全教育要抓好三个方向:第一,注重理论灌输与多方互动相结合。网络安全教育机制是上下互通的"多对多"教育方式,单方面采取"一对多"、由上到下的强制灌输模式,不仅与网络社会的平等性相悖,容易激起人们尤其是青少年的逆反心理,明知不可为而为之,导致过激行为;而且这种"居高临下"的教育方式与传统教育

模式相同,容易造成"审美疲劳",网民得不到信任和理解,结果教育成果收效甚微。因此,要采取灵活多变的教育模式,在互动中传递价值取向,收获网民真实想法,进而推动网上思想文化阵地朝着真、善、美的方向迈进。第二,加强舆论引导与伦理规范相结合。对于网上空间存在的问题,不能坐视不理,袖手旁观;不能无序引导,含糊不清;不能虚张声势,不为所动,虎头蛇尾;不能过分抬高市井文化,贬低精英文化,纵容网络民粹主义泛滥。要树立道德标杆,发挥伦理道德规范作用,对于不良行为的惩治要掷地有声,镇压网络歪风邪气,营造网民行为理智、畅所欲言的良好氛围。第三,促进自律与他律相结合。在网上思想文化阵地的建设上,所有网民都应献策出力,守土有责,与社会监督共同发力,共建网络生态环境。同时互联网运营商要强化责任意识,开通便于社会监督的通道,在发展中求质量,在质量上求效率,在效率上重规则,共建和谐、互动、包容的网络社会。

在预防的实践路径层面,要建立健全网络虚拟社会管理的规章机制体系。实现网络社会监管体制制度化,把好网上思想文化阵地内容的价值取向关和质量关,严谨涉嫌不当和泄密信息上网,对于漏网之鱼要围追堵截,严厉惩治,以免不良文化的渗透妨碍我国网络信息安全,让健康向上、积极先进文化在网络社会蔚然成风。明确网上思想文化阵地边界划分,建构网络社会安全之网、防"漏"之网、道德之网和法律之网,提升网络社会管理的现代化水平,运用好大数据时代的统计功能,完善网民信息统计存档工作;建设网络社会"防火墙",拦截破坏网上思想文化阵地建设的不良行为,引导网民的"兴奋点"实现消极向积极转变、恶俗向高雅健康转变。根据马克思主义的终极旨归,网络社会管理机制的出发点和落脚点是人的解放和发展,因此党和国家在制定法律和管理规章时,要以人民为中心,提升管理机制体系的政治合法性,在管理过程中才能有理有据有底气,不慌不忙不乱搞,防止管理过程中出现随心所欲、"三天打鱼两天晒网"的现象发生,形成网络教育、网络管理、网络监督、网络执法多管齐下,综合治理的局面。

在预防的方法方向层面,建立网络社会关系协调机制体系。一方面健全网络社会管理的组织机制,完善网络党建工作中的管理机制,平衡网络空间特有的平等关系和管理组织内部上下级之间的等级关系,加强上下级管理人员之间的对话、政府和网民的对话、党和网民的对话,为解决网络群体性事件和网络暴力事件提供组织保障。对管理政策贯彻落实情况要一级一级管理,一层一层把握,避免管理效果在层级之间传递中有效性减弱的现象发生,在不违背民主集中制的前提下保护基层管理人员的自由裁量权,丰富网络管理者与群众对话的趣味性、多样性。另一方面,畅通民意表现渠道,各级党委和政府要积极与网民沟通,面对网络虚拟社会中存在的问题,该回应的及时回应,该处理的及时处理,该承担的主动承担。网络虚拟社会作为民意的"聚集地",所反映的问题数目庞大,组成繁杂,是各种问题叠加、多种意见累积的体现,也是各级党委和政府知民情、解民意最佳途径之一。面对这些问题,要正面回应,当机立断,一味地逃离、躲避,只会造成误会的扩大和舆论的沸腾,甚至堵塞这个民意"发声器"的网络渠道,造成非对抗性矛盾的对抗化。分门别类地处理网络社会存在的问题,思想方面的由社会主义核心价值观来引导,内容方面的由网络文化产业和文化事业牵头,国家层面的由国家安全管理部门出面解决,价值观方面的由马克思主义主流意识形态来抵御。党和政府在对网络民情和民意的态度上应积极谦恭,对不良言行的态度要坚决制止,对不同文化思想交流的态度上应择善而从,以高度的责任意识和为国为民的担当意识出发,构建绿色网络生态环境。

二、健全网上思想文化和网络舆论引导机制

1.加强对网络主体的思想引导

网络虚拟社会作为社会舆论的放大器和思想文化的汇聚所,是各个国家不同样态的思想文化碰撞交流,进行意识形态交锋前沿阵地,也是人们享受文化产品、开展精神活动的重要场所。网上思想文化阵地的坚守,只依靠政府部门的监管是无法有效守卫的,需要全部网络行为主体的共同努力。加强思想引导,要坚持以理服人,用科学的世界观和方法论来引导网络主体行为,通过先进思想文化的灌输和渗透来起到正面教育网民的宣传作用。网上思想文化阵地的坚守更是如此,如果积极健康的思想文化不去占领,消极腐化的网络垃圾便会占领。扩大主流意识形态在网络文化内容中的占比,用正面舆论导向挤压错误舆论的生存空间,发挥社会主义先进文化的示范作用,加大优秀网络文化产品供给力度,抢夺网上思想文化阵地建设主权。面对复杂的网络舆情。借助网络社会信息集散地的重要作用,施展互联网技术传播速度和传播广度的优势,对于网络社会中积极向上的方面,要广之传之,宣之扬之;消

极伪劣的方面,要舍之弃之,抛之弃之;陈旧腐朽的方面,要更之换之,变之革之;新颖独特的方面,要推之广之,增之添之。此外,要重视社会主义核心价值观对网民行为的引导作用,通过正确价值观的引领来促进网络社会在正确轨道上运行,确保人民群众在网络虚拟社会中获得自由而全面发展。这既是解决网络虚拟社会各种问题的现实需要,也是网上思想文化阵地的建设宗旨。发挥社会主义核心价值观的思想引领作用,要结合网络社会的特点讲求方式方法,一方面改良对网民的教育方法,把广而泛的教育模式向开展有针对性的教育转变,通过理论知识再解读,行为规范再强调,社会问题再分析,提升网民的思想道德水平,加强网民自律意识和行为边界意识;另一方面,媒体网站在追求利益的同时要强化社会责任意识,提高主打内涵文化和精神净化主旨的网络文化产品的供给能力,并通过网民喜闻乐见的电影、动漫、歌曲、综艺、文学小说等多样化形式展现出来,集思想性、生动性、内涵型、吸引性于一体,充分调动网民的热情和积极性。此外,可以借助节日氛围、纪念活动等形式,加强网民对社会主义先进文化的感知力,推动精神教育在与网民的互动中,内化于心,外化于行。

2. 加强对网络主体的舆论引导

随着互联网技术的发展,网络虚拟社会与人们现实生活的密切度逐渐加深,小到人与人之间的沟通交流,情绪情感宣泄,大到处理办公室事务,参与公民政治生活,互联网平台渐趋成为网民自由表现自我、宣泄情感的重要窗口。在这个窗口中,热议什么,强调什么,谈论什么,争辩什么都是舆论导向的表现。"党管媒体,不能说只管党直接掌握的媒体。党管媒体是把各级各类媒体都置于党的领导之下,这个领导不是'隔靴搔痒式'领导,方式可以有区别,但不能让党管媒体的原则被架空。"①对于网络社会中营造舆论热点的负面信息,政府和各级党委必须按照党的要求,发挥党媒的引导作用,守土有责、守土尽责,政府和各级党委在引导舆论导向时,根据网络虚拟社会特点,讲究效率,注重引导的方式方法。加强对网民的舆论引导,不是一朝一夕便可妥善完成的事,需要经过长期的摸索和经验的总结,代表权威性的政府网站掌握着网络社会的舆论引导权,在引导正面舆论导向的过程中,要强调时效性,讲究引导艺术和引导速度,将涉及国家发展、国计民生和社会安全的事情放在首位,熟悉网络语言的运用,实事求是还原事情真相,对虚假消息及时辟谣。遇到舆论事件,要第一时间介入,调查取证,作出客观评价,发布权威信息,阻止负面影响的蔓延。用权威信息的影响力量消除各种网络杂音,用高效快速办事效率挤压虚假信息的生存空间,不断提高正面舆论引导力,提升政府的公信力,继而提升网民的分析判断力和对社会主义先进文化的认同感,从而实现网民自主拥护网上思想文化阵地,自觉抵御西方意识形态渗透,自为建立网上思想文化阵地的法律边界、道德边界、行为边界,打造马克思主义旗帜高高飘扬、社会主义价值观融于内心的网上思想文化阵地。

---

① 中共中央文献研究室编:《习近平关于社会主义文化建设论述摘编》,中央文献出版社 2017 年版,第 42 页。

3.加强对网民的话语引导

一是推动话语结构符合雅俗共赏的标准。网上思想文化阵地所宣传的是形式多样、内容丰富、主题鲜明的思想理念,既包括体现科学的世界观方法论的马克思主义理论,也包括体现中国发展的马克思主义中国化最新成果;既包括社会主义思想教育体系,也包括体系在应用过程中的最新成果。不同宣传者在话语宣传中所体现出的风格不同。当宣传方式和话语内容能够相互映衬,"文字风格"和"写作风格"可以相互体现,宣传目标和话语表达可以相互衬托,这样的宣传效果往往事半功倍。在宣传格调上,讲求"清可远垢,莹可沁神",质朴而淳厚,进而达到使人心悦诚服之效。在宣传叙述上精益求精,求真务实,以理服人,真正解群众所困,真正为群众所想。网上思想文化阵地的思想理论宣传要以信息传递的意义为着力点,以群众的掌握程度为判断点,以受众的信服度为落脚点。做好网上思想文化阵地的思想理论宣传工作,要以真、善、美为评判标准。真的内涵在于讲真话、办真事、传真理;善在于提升社会公德、灌输传统美德、消解社会失德;美在铸造灵魂,发现心灵之美、社会之美和生活之美。但真善美的传递不是要在宣传的过程中虚张声势、装腔作势,而是要通过三个标准切实实现对网民的话语引导。当前网络虚拟社会的理论宣传体系仍旧存在一些问题,一些表达迎合低俗趣味而粗俗不堪,不是向人民群众传递积极向上的正能量,而是故作丑态惹人注目,不是传递美德而是助长不良风气,这对话语引导工作的开展造成了阻碍;一些思想带有庸俗化色彩,削弱了理论力度,颠倒了事非黑白,直接降低了群众的认可度。加强对网民的话语引导,不能矫揉造作、夸大其词,也不能断章取义、无病呻吟,消极应对和狂妄轻薄,言在此而意在彼的迷离观念都是话语引领的对立表现。

二是坚持符合人民群众需要的话语标准。不同时代和不同环境下的话语表述各具特色,话语风格各有千秋。古人言古语,今人言今语,时代造就不同的话语特色,而不同社会环境下的语言风格也体现了不同的时代特征。通过代表主流文化的宣传来加强对网民的话语引领,推动网民的话语表达与网上思想文化阵地的主流价值靠拢,这是阐释党的理论和沟通联系群众的重要途径。宣传主流文化,传播思想理论教育,既要紧跟时代潮流,体现时代特征,又要贴近群众,倾听民众心声。这是坚持党的领导和社会发展需要的必要选择,也是贯彻落实全心全意为人民服务宗旨的现实体现。网络时代下,主流价值和思想理论的宣传话语要体现时代特色,能够反映中国发展方向和发展理念,体现传统文化底蕴和前进方向。网络时代的话语表达在符合人民需要和社会发展的基础上,其表现形式多种多样,可以用谆谆教导的方式娓娓而谈,可以用深微远大的方式体现话语意蕴。宣传话语应是生动、活泼又富有内涵的表述,是立意深远、富含美文标识又通俗易懂的叙述,而不是空洞无物和晦涩难懂。

三是坚持选择有积极导向的话语标准。在思想表达中具有负面效应的话语所带来的不良影响是毋庸置疑的,"三俗"语言体现出的不良价值取向严重阻碍了社会舆论的正向发展。一些人将消极腐败美化为社会发展的正常经济行为,将腐朽愚昧说成质朴无华,将糟粕恶俗说成形式多样,颠倒了丑与美,混淆了黑与白,是非不分、好坏不分,导致宣传话语良莠不齐。思想上寻找漏洞,话语上制造漏洞,给价值各异的话语表达制造了生存空间,挤压了主流价值的生存空间,模糊了网民的思想边界和价值边界。在话语阐释时,由于思想边界的不清晰,很容易造成歧义和理解上的误差,甚至会曲解党的理论,造成受众对社会的误解,在言语表达上偏离正确的话语轨迹。在网络话语表达中,往往有言辞激烈者容易剑走偏锋。有的人表达豪迈粗犷,有不拘一格的大气;有的人表达温柔平和,有温婉细腻的柔和,而有的人则言不由衷口蜜腹剑,所言所行皆是污秽之言、失德之举。网上思想文化阵地中的话语表达,既强调从实际出发以饱满的热情讴歌国家的振兴、社会的发展,又强调从细节深入以理性客观的态度针砭社会弊端。

三、建立网络主体与网络客体良性互动机制

1. 协调好政府、网站、网络、网民之间的关系

网络社会的有效治理离不开对网络空间主体之间的关系协调和处理,应建立健全网络主体的良性互动机制。首先,协调好政府与网民之间的关系。政府与网民之间的关系是彼此之间的良性互动关系,政府应借助网络平台扩大人民群众参政议政的民主政治权利,引导正确开展网络活动,对于网民存在的疑惑和不解的问题,要细心解答,耐心回应。政府与网民之间是"鱼水关系"不是"水火关系",在与群众交流中,定位要准确,语气要温柔,态度要平和,不趾高气扬,不颐指气使,充分体现亲民爱民的工作原则和

工作态度。面对各种问题,要客观分析,辩证对待,不偏不倚,不逃不避,不拐弯抹角,不含糊其词;面对各种质疑,要心平气和回应;面对各种舆情,客观辩证,积极回应,切实保护好互联网络平台这个与人民群众密切联系的通道。其次,协调好网民之间的关系。网络社会将远在天涯的网民变成近在咫尺的距离,频繁联系与长期交心,让素昧平生和互不相识的双方成为心意相通、志同道合的两个人。互联网技术为不同空间人民提供了互动的前提,满足了双方互动的愿望,所体现出的互动效应也应该是健康良好的。网民之间的互动关系应是互相尊重,用换位思考的心灵交换关系,在交流的构成中,想要获得对方尊重,应先尊重对方,这是双方之间关系和谐的前提和基础。与此同时,我们将自己的内心世界的情感体验、思维方式等与对方联结起来,站在对方的立场上体验和思考问题,从而与对方在情感上得到沟通,增进与对方的情感,为增进理解奠定基础。网民之间良性互动关系应是,在表达上婉转健康,在情感上加入真诚,营造愉悦舒适、平等对话的互动氛围。第三,协调好网上与网下的互动关系。要将人们对生活的美好希冀寄托在网络科技力量之上,秉承着友好与善良的初衷,胸怀着对和谐悠远生态的憧憬,将网上值得称赞、值得讴歌的健康精神传递到网下社会,将现实的文明行为引申到网上,从而实现网上与网下的良性互动。

2. 建立一支高水平、尽责任、懂管理的网络人才队伍

维护网上思想文化阵地,关键要靠一支高水平的网络管理队伍,这支队伍不仅要在技术上水平高,更要在思想上、组织上具有

高度的理想信念和责任心。一是要加强党员网上思想文化阵地意识。建设网上思想文化阵地,需要一支思想觉悟和网络技术都具备的党员队伍。在纷繁杂乱的网络空间中,每个党员都要保持高度的政治觉悟,在大是大非面前不慌乱,不糊涂,面对网络信息安全问题、网民行为失范、网络内容粗鄙消极等网上思想文化变异问题具有高度的敏锐性,能够通过预警机制及时甚至先觉发现舆情,并快速处理应对,化解网络危机。在实际操作中善于整理归纳经验,提升自己的各项素能,统揽线上线下两个舆情场所,疏通网络民意表达渠道,建设好网上思想文化阵地的价值边界、道德边界、法律边界和行为边界。二是要加强网络管理队伍的组织凝聚力。网络管理队伍是推进网上思想文化阵地建设工作的中流砥柱,管理人员是否对管理工作饱含热情将直接影响阵地建设工作的进展情况。在推进管理工作中,要充分发挥领导干部的能动作用,完善网络监管机构的管理组织、监督机制、考评机制,借助网络媒介定期组织管理群体,就相关问题进行线上交流讨论,倾听同志们的想法建议,保障不同岗位的管理人员在网络平台中的知情权和参与权。完善管理群体的组织机制,协调网络空间特有的平等关系和管理组织内部上下级之间的等级关系,加强上下级管理人员之间的对话、政府和网民的对话、党和网民的对话,为解决网络事件提供组织保障,保障网民的利益诉求和建设性意见在网络空间畅通传递。完善网络管理工作的监督机制,打开网络虚拟社会民主监督检举的大门,拓展民主监督的网络渠道。新时代网络空间的扩大赋予了传统民主监督更多的创新性,要激发各级政府参与网络民主监督的积极性,完善实名举报和匿名举报的网络技术,保护基层群体的网络话语表达权。紧跟时代"直播热"潮流,通过精心策划,转化网络安全运行保护机制、预警机制的表达方式,通过短视频的科普形式在互联网平台放映,进行线上直播,向广大网友展现网络管理组织生活的多向性,打破个别群众对政府刻板严肃的固有认知,呈现网络管理团队与时俱进的活力,传递正能量。

3.形成多向发力、多路径推进的网上思想文化阵地建设态势

网络文化是互联网技术和文化内容相交融的产品,表现为信息化、数字化、符号化的形式。信息化的高度透明性、公共性和流动性,造成了网络文化在现实发展中不易管理、防御困难。网络社会是虚拟的,但网络行为及由此产生的影响却是现实存在的;网络活动可以平等开放,网络文化活动却不能脱离了中心目标;网络信息可以传递自由,人的心灵却不能四处漂泊。

一是网络思想文化教育机制化。我们要建设的网上思想文化阵地,其发展方向是社会主义方向,体现的主流文化是社会主义文化,表现出的价值取向是社会主义核心价值观。在此基础上,网络思想文化教育的机制化建设要做到"三个结合":第一,网络思想文化教育要与网民的文化交流相结合。目前占据主导地位的思想文化教育是上对下的单向宣传教育,人们只能被动接受,在"强势宣传、单向灌输"的宣传行为下,人们难以体会到被尊重与被理解,反而降低了思想文化的教育效果。与此同时,在开放、多元的互联网时代,网民需要的是表达形式多样、具有特色的思想文化教

育内容,而千篇一律、枯燥乏味的理论教育宣传只会让网民增加审美疲劳,产生排斥感。因此,在推进网络思想文化教育机制化的过程中,要有灵活多变的创造力,通过与网民的双向互动,提升网民的参与度和支持度,在信任和理解的基础上传递社会主义核心价值观,在接受和互动的过程中增进情感交流。第二,在网络舆论引导中做好对网民的道德教育工作。在正确引导网络舆论时,态度要坚决、旗帜要鲜明、引导要有力,用正确价值导向来引导网民行为,用优秀的道德风尚来净化网络风气。逐渐形成良性互动、理性行为、高尚品德的社会风气。第三,形成网络文化自觉和网络行为自觉相结合。建设网上思想文化阵地,推动健康向上的网络文化的建设需要全体网民的共同努力,所有网民都要守土有责,用高度的责任感和切实的行为来共同维护网络社会。同时,企业和营利性网站也要提升责任意识,在谋利的同时要将社会效益放在首位,先"义"而后利。

二是网络思想文化规章制度化。加强网络思想文化规章制度化管理,要改变重发展轻管理、重速度轻效率、重结果轻过程的管理方法,解决管理过程中的缺位现象、越位现象,组建一支强有力的网络文化管理队伍,提升管理效率,推动网上思想文化阵地的建设。完善管理体制,推动网络文化安全管理的机制化建设,按照管理责任制原则,谁负责谁管理,切实提升管理效率,减少责任推诿的情况发生。强化社会监督和网民监督,提倡网民文明上网、企业文明办网、政府文明管网,通过三方发力共同形成健全的网络文化管理模式。政府管理部门要通过不断探索和总结网络虚拟社会的发展规律,提升政府在网络管理工作中的权威性,主动掌握舆论引导权,提升处理网络群体性事件的时效性和针对性。健全认证评估制度,强化网络管理内控机制,通过对网络运行的风险评估、预案管理、预案分析、网络预警、紧急应对来形成一套完整的管控体系。加强网络文化管理队伍的政治素养、技术素养、道德素养和业务素养,规范网络话语表达、网络争论表达、网络文化表达方式。规范网站运营,将管理与自理相结合,多方位管理、多方位把关、多方位控制,通过技术手段将有悖网上思想文化阵地旗帜和灵魂的有害信息和不良文化过滤掉,为优秀网络文化的传播扫清道路,让高雅的得以弘扬,通俗的健康传播,低俗的无处容身。

三是网络文化关系协调化。推动网络文化的组织协调机制建设,搭建自上而下的网络文化管理网络,明确职责,层层落实,为网络文化管理提供组织保障。互联网在发展过程中产生的网络文化问题,往往涉及范围广、影响面积大、形式种类多,包含了不同的思想见解。对于这些"广而大"的网络文化问题,不能置之不理,也不能虚张声势,既不能夸大其词,也不能掩盖真相。面对网络虚拟社会多样化的表达方式和多元化的社会特性,忽略网络文化的多样性,是阻碍对网络文化进行有效管理的重要原因。要以和而不同的态度对待不同样态的网络文化,以实事求是的原则引导网络舆论,以高度的责任意识看待网络行为,在网络空间中提倡环保意识,推进绿色工程实施,借助互联网渠道传递党的思想,传达舆情民意,丰富精神生活。

四是网络文化问题排查总结机制化。推动网络文化问题排查总结机制化,要通过经常性的日常关注,建立网络文化安全奖惩机制,将网络文化安全工作以绩效形式加入各级网络管理部门的工作考核中,强化相关部门的责任感,形成系统化、常态化的网络文化管理机制。在管理过程中,抓好三个节点,事前加强预警机制,早发现,一旦发现情况立刻上报,采取行动;事中多疏导,要细致耐心地解决网络文化发展中的问题,仅靠强制手段和压迫手段非但无法找准问题根源,反而会引发不良影响,要以理服人、以情动人、以事感人;事后要多反思,认真总结经验,完善应急机制,最终以和谐化解紧张,以祥和代替焦虑,以理解传递真情。

四、打造网上思想文化阵地建设的联动机制

1.利用网络技术推进国家治理体系现代化,探索人的自由而全面发展的实践方式

大数据时代的管理要求的不只是规范问题,更需要深层次的价值观转变。从应对自然问题到处理现代信息问题,人类的管理水平与社会的发展水平是不断递进的。适应新技术发展的需要,追随人的自由而全面发展的脚步,是现代管理的技术导向,创新管理原则、管理方法和管理程序,也已经成为现代社会面临的实际问题。第一,探索数字化管理的新常态。大数据不仅是人们获取新知识、创造新价值的源泉,还是人们管理社会、治理环境、规范行为以及处理政府与公民关系的技术保障。尽管大数据极为庞杂,但管理大数据的仍然是人。技术推动下的大数据发展不会停步,人们对大数据的探索和应用也不会停步,每当社会有需要时,都能以

前所未有的力量推进大数据技术的发展。这样的情景提出了一个现实问题:一方面是探索永不停息的技术力量,另一方面是打造适应这种变化的管理方式。我们不能因为数字技术的变动性而排斥管理方法常驻性,不能因为某个方面的技术发展趋势而否定社会管理的常态形式,要把社会管理的新常态理念纳入人的自由而全面发展历程中。第二,构建技术化生存的新样态。有效利用大数据,需要专业技术和丰富的创造力,以及容纳大数据的良好心态。大数据撼动了世界的许多方面,以前依靠人的判断力能够解决的事情已经被计算机技术代替,借助云处理,人们在解决问题或作出决策时不需要随机采样。大数据运用大量的概率分析,较为客观地预见了事物的发展趋向,这将是技术生活化的新样态。数字化提供了促进人的发展的新工具,其技术平台是推进数字化生存的现代基础,在这样的环境中,理念必须创新、方法必须创新。"数据化意味着我们要从一切太阳底下的事物中汲取信息,甚至包含很多我们以前认为和'信息'根本搭不上边的事情。"[①]从技术样态看,如何应对各种风险的手段更有效,如何消除技术发展造成的过度消费问题、结构性失业问题和技术伦理问题,都是构建技术化生存新样态必须考虑和解决的。第三,寻找规范虚拟行为的新模式。大数据将"因果关系"拓展为"相关关系",如何使人们的行为因虚拟而有魅力,因现实而有引力,也离不开现代技术手段。大数据进一步模糊了主体客体的特征和界限,使现实和虚拟交融在一

---

① [英]托克维尔·迈尔-舍恩伯格等:《大数据时代:生活、工作与思维的大变革》,盛杨燕等译,浙江人民出版社 2013 年版,第 20 页。

起,此种环境中的管理和治理要求把"网上工作"和"网下工作"有机地结合起来。面对虚拟社会的种种风险,在管理上修修补补是不行的,要借助大数据提供的洞察力追寻人的自由而全面发展的真谛,用多维度的信息资源推动网络虚拟社会管理,把虚的工作做实,把实的工作做好,虚实并重,营造有利于社会协调的管理格局。身处大数据环境中,还要把虚拟与透明结合起来,将个人动因、公开原则和公正原则都纳入管理范围,以便在起点、过程和结果上都达到公正。大数据技术也有弊端,但它是社会发展的潮流和趋势,总体上说,大数据带来的好处要比它的弊端更重要。追踪大数据的脚步,顺应历史发展的潮流,是推动人的自由而全面发展的重要举措。随着社会越来越熟悉大数据的特征和缺陷,人们可以采取更多更自由的方式应对社会变迁,决不能因为大数据造成人际模糊和机器的冰冷感而逃避它,也不能因为大数据的疏离感而怀疑它在现实社会的作用。莎士比亚说,凡事过去,皆是序曲。大数据将过去作为人类进步的序曲,也可能将自身作为未来发展的序曲,每一次变化都是人类社会"壮丽的日出",都会极大地提升人的发展的内容和质量。网络时代的管理方法的变革、管理手段的变革、管理理念的变革,民主、开放、理性是大数据的基本特性,这与人的自由而全面发展具有一致性。"我们无法否定数字化时代的存在,也无法阻止数字化时代的前进,就像我们无法对抗大自然的力量一样。"①面

---

① ［美］尼古拉·尼葛洛庞帝:《数字化生存》,胡泳、范海燕译,海南出版社 1997 年版,第 269 页。

对不可逆转的大数据时代,要促进人的自由而全面发展,最现实的和最基本的是做好当前的实际工作。

2. 运用现代大数据技术实现统筹协调,营造和谐有序的发展空间

马克思、恩格斯论述的自由而全面发展的社会是一个和谐的社会,体现为人与社会、人与人、人与自然以及人自身的和谐,这些方面的和谐都离不开现代技术。不论从马克思主义理论看,还是从大数据的现实影响看,现代技术的发展都与人的自由而全面发展密切联系,而通过先进技术和理念推进各项治理,是实现人的自由而全面发展的重要保障。首先,通过社会治理达到人与人的和谐发展。社会治理对于人的全面发展必不可少,它在社会的公平与和谐方面为人的自由而全面发展提供了有效的基础保障。但是,这种保障不是传统的或落后的技术支撑下的低端模式,而是在管理设施、管理模式、管理内容、管理质量等方面浸透了技术含量的现代治理模式。就管理主体而言,如果没有高素质的管理队伍,如果没有能够驾驭现代管理技术的人群,要实现和谐的人际关系是不可能的。科学技术推动下的社会治理目标是实现社会的"大和谐",它是社会生活诸要素的合理摆置与科学衡量,是效率与公正的良好结合。科学技术的物化过程,本质上是人类生存与发展方式的变化工程,它在应用中产生的偏差还需要技术来矫正,如何将利益和效率协调起来,是当下社会治理的重要方面。这需要把技术的合理性贯彻到社会管理中,消除专制思维和暴力特征,减少"单向度"的发展形态,为人的自由而全面发展创造良好社会环境。其次,通过生态治理达到人与自然的和谐发展。生态环境的破坏主要是技术的不合理利用以及对人与自然的关系处理不当造成的,人类依靠技术扩大了社会福利,技术副产品又给人类带来了意想不到的问题。生态治理中,不能以技术的"商业逻辑"冲淡社会的"保障逻辑",不能让人在环境运动中戴着枷锁跳舞。解决这个问题,既要改变以前不合理的资源利用和管理方式,给人的发展和自然的发展提供良好的空间,也要改变不科学的技术理念和运行方式,充分发挥大数据在环境保护中的积极作用。大数据提供了进一步科学地改造自然和利用自然的可能性,把人和自然的关系境界提升到一个新水平,这个语境中的生态治理,不仅要关注重大技术项目对生态环境的影响,也重视民生技术对环境保护的积极作用。再次,通过人文治理实现人与技术的和谐发展。通过人文治理实现人与技术的和谐发展,既是建立人际和谐的基础,也是社会高度人文化的前提。大数据赋予当代生活以现代意蕴,"允诺我们一个全新的基础和根基,让我们能够赖以在技术世界范围内……立身和持存"①。人与技术和谐是主要依赖于人对技术的合理判断和科学利用,大数据时代的国家管理责任、技术过滤责任、人的行为责任是一体的,凸显法治意识,把技术发展、社会发展与人的发展统一起来,形成一个协调一致的综合体,是人文治理的重要任务。

---

① [德]海德格尔:《海德格尔选集》,孙周兴译,上海三联书店1996年版,第1240页。

3. 运用大数据技术与法治建设消除发展悖论,促进和保障人的各项权益

大数据时代,我们讲技术支撑也讲法治理念,其基本的原则是客观公正、以人为本、公众利益优先。尼葛洛庞帝将"数字化生存"的特征归结为分散权力、全球化、追求和谐和赋予权力,这种特质表现为三个层面上的优化:在国家层面上,充分发挥政府的社会整合功能,实现各阶层、各民族的利益关系优化;在社会组织层面上,促进社会分工和社会关系的优化;在个人层面上,体现心理素质和行为方式的优化。上述层面上的优化模式,都离不开现代技术及法治的支持。一是消除大数据技术中的自由悖论,促进人的全面发展。大数据张扬了人的自由个性,也让不少人处于悖论之中。就积极的方面看,它扩大了人的自由视域和活动空间,把自由意识从哲人心思扩展为民众理想。就它的消极方面说,大数据也夹杂着人际关系的非人化。大数据有自身的规律性和独立性,它的应用也需要摆脱无序性和随意性,尤其是在涉及人们的生产生活时,一定要遵循法制规范。如果一味打开潘多拉的盒子而任由不良事项扩展,人类迟早会受其害;如果一味征服自然而不尊重自然规律,活动于其中的人恰恰是不自由的。如果说,用自由实践促进人的发展是在社会这个实验室里进行的事业,那么大数据就是这项实验的技术手段,它的影响不仅仅在于"数量"的多少,更在于"本质"的提升。大数据时代的自由悖论因科技的无序运用而产生,消除这种悖论要靠技术的合理运用,还要充分发挥伦理道德的约束作用,使人真正进入自由境界。二是消除大数据技术中

的人权悖论,促进人的全面发展。对和谐的数字化生活的追求,是消解人权悖论、构建和谐互动关系的努力方向。伴随着大数据技术的不全是赞许之声,也有质疑和蔑视,因为它在实际运用中强化人权意识的同时,也在客观上破坏着人权的实践环境。当今世界中,经济权利张扬与社会权利缺失并存,政治权利发展与文化权利不足并存,褒扬人性与贬低自由并存。因此,运用数据技术增强社会的透明度,减少社会的阴暗面,是消除人权悖论,提高人权意识,减少主客体性矛盾的重要思路。而运用大数据技术加强人权教育,提升权利意识,增强权利认同,也是减少人权悖论的重要路径。三是消除大数据技术中的公正偏差,促进人的全面发展。实现社会公平正义需要物质环境,这离不开技术支撑;实现社会的公平公正也需要制度环境,这离不开法律支撑。由此,法律制度、思想宣传等方面的技术保障,就与大数据密切联系起来了。大数据以其公正性科学性,比以往任何时候都关注社会的公平,这种理念和技术中的劳动就业关系、物质分配关系、民主权利实践等,都要放在公平正义的天平上来衡量,与此相关的人的发展和社会进步内容也要在这个环境中进行考察。在这里,科学性原则、民主性原则、价值性原则、最优化原则以及发展性原则都是要综合考虑的,而运用大数据优化上述的关系,已经成为现代管理不可或缺的方面。

参 考 文 献

一、著作

1.《马克思恩格斯选集》第 1—4 卷,人民出版社 2012 年版。

2.《马克思恩格斯文集》第 1—10 卷,人民出版社 2009 年版。

3.《列宁选集》第 1—4 卷,人民出版社 2012 年版。

4.《毛泽东文集》第一至八卷,人民出版社 1993、1999 年版。

5.《邓小平文选》第一至三卷,人民出版社 1993、1994 年版。

6.《江泽民文选》第一至三卷,人民出版社 2006 年版。

7.《胡锦涛文选》第一至三卷,人民出版社 2016 年版。

8. 中共中央文献研究室编:《习近平关于实现中华民族伟大复兴的中国梦论述摘编学习读本》,中央文献出版社 2013 年版。

9. 中共中央宣传部、中共中央文献研究室:《论文化建设:重要论述摘编》,学习出版社 2012 年版。

10. 中共中央宣传部:《习近平新时代中国特色社会主义思想三十讲》,学习出版社 2018 年版。

11.《习近平谈治国理政》,外文出版社 2014 年版。

12.《习近平谈治国理政》第二卷,外文出版社 2017 年版。

13.《习近平谈治国理政》第三卷,外文出版社 2020 年版

14. 习近平:《在纪念马克思诞辰 200 周年大会上的讲话》,人民出版社 2018 年版。

15. 中央宣传部:《习近平总书记在文艺工作座谈会上的重要讲话学习读本》,学习出版社 2015 年版。

16. 本书编写组:《习近平新闻思想讲义》,人民出版社、学习出版社 2018 年版。

17. 习近平:《决胜全面建成小康社会　夺取新时代中国特色社会主义伟大胜利——在中国共产党第十九次全国代表大会上的报告》,人民出版社 2017 年版。

18. 新华通讯社课题组:《习近平新闻舆论思想要论》,新华出版社 2017 年版。

19. 陆群:《假如网络也有生命》,社会科学文献出版社 2002 年版。

20. 刘同舫:《理想与现实之间的人类解放境界》,人民出版社 2013 年版。

21. 张凤阳:《现代性的谱系》,江苏人民出版社 2012 年版。

22. 王永贵:《意识形态领域新变化与坚持马克思主义指导地位研究》,人民出版社 2015 年版。

23. 孟宪平:《嬗变与重组:转型时期社会主义文化建设机制研究》,人民出版社 2014 年版。

24. 李一:《网络行为失范》,社会科学文献出版社 2007 年版。

25. 贺来:《边界意识和人的解放》,上海人民出版社 2007 年版。

16. 薛小荣、王萍:《网络党建能力论——信息时代执政党的网络社会治理能力》,时事出版社 2014 年版。

27. 鲍宗豪:《网络与当代社会文化》,上海三联书店 2001 年版。

28. 宋元林:《网络文化与人的发展》,人民出版社 2009 年版。

29. 杨明照:《抱朴子外篇笺疏》(上册),中华书局 2007 年版。

30. [美]爱德华·W.萨义德:《文化与帝国主义》,生活·读书·新知三联书店 2003 年版。

31. [美]尼葛洛庞帝:《数字化生存》,海南出版社 1997 年版。

32. [英]迈克·费瑟斯通:《消解文化——全球化、后现代主义与认同》,杨渝东译,北京大学出版社 2009 年版。

33. [美]杜维明:《现代精神与儒家传统》,生活·读书·新知三联书店 1997 年版。

34. [德]哈贝马斯:《哈贝马斯论交往》,云南人民出版社 1998 年版。

35. [美]安德鲁·基恩:《网民的狂欢:关于互联网弊端的反思》,丁德良译,南海出版公司 2010 年版。

36. [奥]维特根斯坦:《逻辑哲学论》,贺邵甲译,商务印书馆 1996 年版。

37. [美]杰克·D.道格拉斯等,《越轨社会学》,河北人民出版社 1987 年版。

38. [美]李·雷尼、巴里·威尔曼:《超越孤独,移动互联网时代的生存之道》,杨伯淑、高崇译,中国传媒大学出版社2015年版。

39.［美］迈克尔·J.奎因:《互联网伦理信息时代的道德重构》,中国工信出版社,电子工业出版社2016年版。

40.［英］戴维·莫利、凯文·罗宾斯:《认同的空间:全球媒介、电子世界景观与文化边界》,南京大学出版社2001年版。

后　记

　　本书是国家社科基金项目"网上思想文化阵地型构模式及建构方式"（16BKS118）的研究成果，以网上思想文化阵地建设研究为题出版，所涉及内容是对有关问题的思考和理解。该书以习近平总书记近年来关于网络文化建设重要论述为指导，对网上思想文化阵地形貌、结构、表征、建构做出分析，较为客观地表达有关理论和实践问题，但对一些问题的论述还只是做了初步的基础性工作，仍然需要进一步深入认识。

　　陈东辉、孟睿、张晓旭、贾奎、索世帅、巫祖钰、薛琳钰、魏嘉琪等都参与了研究和调研工作，他们的一些阶段性成果也在书中体现出来。人民出版社赵圣涛对本书出版做了很多工作，张文玉、赵佳源、张宇、岑叶珍、韦露等对全文做了校对，在此表示衷心感谢。

孟宪平

2021 年 12 月

责任编辑:赵圣涛
封面设计:王欢欢
责任校对:吕　飞

图书在版编目(CIP)数据

网上思想文化阵地建设研究/孟宪平,张文君 著. —北京:人民出版社,
　2021.12
ISBN 978－7－01－023811－1

Ⅰ.①网… Ⅱ.①孟… ②张… Ⅲ.①网络文化-文化管理-研究-
　中国 Ⅳ.①G122

中国版本图书馆 CIP 数据核字(2021)第 204076 号

网上思想文化阵地建设研究

WANGSHANG SIXIANG WENHUA ZHENDI JIANSHE YANJIU

孟宪平　张文君　著

人民出版社 出版发行
(100706　北京市东城区隆福寺街 99 号)

中煤(北京)印务有限公司印刷　新华书店经销

2021 年 12 月第 1 版　2021 年 12 月北京第 1 次印刷
开本:710 毫米×1000 毫米 1/16　印张:17.75
字数:300 千字

ISBN 978－7－01－023811－1　定价:89.00 元

邮购地址 100706　北京市东城区隆福寺街 99 号
人民东方图书销售中心　电话 (010)65250042　65289539